本书为2019年湖南省社科基金重点课题：
“课程思政”提升高校思想政治教育实效的路径研究（19A02）研究成果

新时代 ›››
高校课程思政教学创新研究

XINSHIDAI GAOXIAO KECHENGSIZHENG JIAOXUE CHUANGXIN YANJIU

文学禹 韩玉玲 著

吉林大学出版社
·长春·

图书在版编目(CIP)数据

新时代高校课程思政教学创新研究 /文学禹,韩玉玲著.—长春:吉林大学出版社,2020.11
ISBN 978-7-5692-7604-6

Ⅰ.①新… Ⅱ.①文…②韩… Ⅲ.①高等学校—思想政治教育—教学研究—中国 Ⅳ.①G641

中国版本图书馆 CIP 数据核字(2020)第 219172 号

书　　名　新时代高校课程思政教学创新研究
　　　　　XINSHIDAI GAOXIAO KECHENG SIZHENG JIAOXUE CHUANGXIN YANJIU
作　　者　文学禹　韩玉玲 著
策划编辑　刘子贵
责任编辑　刘子贵
责任校对　安　斌
装帧设计　嘉禾工作室
出版发行　吉林大学出版社
社　　址　长春市人民大街 4059 号
邮政编码　130021
发行电话　0431-89580028/29/21
网　　址　http://www.jlup.com.cn
电子邮箱　jdcbs@jlu.edu.cn
印　　刷　广东虎彩云印刷有限公司
开　　本　170mm×240mm　1/16
印　　张　16.75
字　　数　236 千字
版　　次　2020 年 11 月　第 1 版
印　　次　2020 年 11 月　第 1 次
书　　号　ISBN 978-7-5692-7604-6
定　　价　98.00 元

序　言

放眼全国高校德育文库，研究高校思想政治理论教学、科研和学科的著作浩如烟海，汗牛充栋。但从专业课程融入思政元素，立德树人的视角专门探索与创新高校课程思政的著作却是寥若晨星，少之又少。而本书的出版，无疑是一部率先系统探索高校新时代课程思政的创新之作，是一朵植根于高校思想政治工作肥沃土壤含苞待放的理论奇葩。

纵览全书，仔细品读，一股清新书香扑鼻而来，主题鲜明、逻辑清晰，一气呵成，呈现三个特点：

一，立意高远。培养什么人、怎样培养人、为谁培养人是教育的根本问题，立德树人成效是检验高校一切工作的根本标准。落实立德树人的根本任务，就要立足高远，站在国际百年未有之大变局和国内中华民族伟大复兴的大势中审视。习近平指出，“放眼世界，我们面对的是百年未有之大变局”，地缘重心东升西降、国际格局南升北降大势不改，各种利益相互交织与博弈，地区热点突发，世界发展充满变数，机遇、风险、挑战、鏖战并存。特别是一些西方敌对国家和反华势力，总不愿看到也不承认中华民族的崛起与强大，千方百计地打压和围堵中国，从传播所谓的普世价值，寻找和培植他们的代理人，争夺青年一代，到赤裸裸的政治、经济、科技全面围剿，企图将我国演变成任人宰割的资本主义国家的附庸。国内改革步入深水区，依靠资源消耗和劳动力资源发展的红利基本枯竭，快速持续发展的动力不足，分配不公、两极分化依然严重，各种利益博弈，各种矛盾交错，社会处于不稳定期。在思想文化领域，也出现了不同杂音和噪声，有的高歌西方的所谓普世价值；有的鼓吹西方民主社会主义和宪政主义；有的借口改革开放，否认以毛泽东同志为主要代表的中国共产党人带领全国人民艰苦奋斗在新中国成立以来取得的伟大胜利；有的则用新中国成立前三十年否认改革开放以来的辉煌成就，企图干扰和消解走中国特色社会主义道路和实现中华民族伟大复兴的信心和决心。本书正是积极回应时代的需要，站在实现"两个百年奋斗目标"的交汇点上，从三全育人大格局的战略高度，依据教育部颁发的《高等学校课程思政建设指导纲要》文件要求，让所有高校、所有教师、所有课程都承担好育人责任，培养具有世界眼光，扛得住国际风浪，认清资本主义本质，坚持"四个自信"，实干笃定，担当民族复兴的时代新人。

二，布局科学。高等学校人才培养是育人和育才相统一的过程。建设高水平人才培养体系，必须将思想政治工作体系贯通其中，必须抓好课程思政建设，解决好专业教育和思政教育"两张皮"问题。本书围绕人才培养的中心地位，结合课程思政的实际，初步构建了课程思政育人的科学体系。全书六章，分为四个部分，第一部分即第一章，把握新时代高校课程思政的时代特征，就是要求站位要高，视野要宽，要准确把握国内外发展大势，通晓历史发展规律，直面新时代课程思政面临的机遇和挑战，站在中华民族伟大复兴和培养中国特色社会主义合格建设者和可靠接班人的高度开展课程思政。第二部分即第二章，主要明确课程思政的内容，厘清思政课程与课程思政的关系，把握课程思政的内容供给，紧紧围绕坚定学生理想信念，以爱党、爱国、爱社会主义、爱人民、爱集体为主线，围绕政治认同、家国情怀、文化素养、宪法法治意识、道德修养等重点优化课程思政内容供给，系统进行中国特色社会主义和中国梦教育、社会主义核心价值观教育、法治教育、劳动教育、心理健康教育、中华优秀传统文化教育等，将价值塑造、知识传授和能力培养三者融为一体。第三部分即第三、四、五章，主要创新加强课程思政的途径，从创新课程思政的教学方法，健全课程思政保障的体制机制，打造课程思政的网络平台，全方位立体式推进课程思政的建设。第四部分即第六章，从课程思政评价的基本原则、指标体系、基本方法和反馈机制，初步建构检验课程思政成效的指标体系，第一次较为系统地提出了检验课程思政成效的基本标准，为评价课程思政成效提供重要参考依据。这四个部分相互联系，相互映照，浑然一体，构成课程思政建设的科学体系。

三，知行合一。理论与实践相结合是马克思主义的基本原则。王阳明主张“知行合一”，知中有行，行中有知，有真知必有笃行，有笃行必有真知。毛泽东在《实践论》中也提出：“实践、认识、再实践、再认识循环往复的推进事物发展。”习近平总书记也指出，“以知促行，以行促知，知行合一。”本书坚持理论联系实际的原则，直面课程思政所面临的机遇和挑战，结合课程思政的实际，有针对性地提出了加强课程思政的措施和路径。一是高校要切实加强对课程思政建设的领导，做好顶层设计，全面规划，党政齐抓共管、教务部门牵头抓总、相关部门联动、院系落实推进，形成特色鲜明的课程思政建设新格局。二是要打造一支德艺双馨的师资队伍。习近平总书记强调，教师是人类灵魂的工程师，承担着神圣使命。传道者自己首先要明道、信道。高校教师要坚持教育者先受教育，努力成为先进思想文化的传播者、党执政的坚定支持者，更好担起学生健康成长指导者和引路人的责任。要加强师德师风建设，坚持教书和育人相统一，坚持言传和身教相统一，坚持潜心问道和关注社会相统一，坚持学术自由和学术规范相统一，引导广大教师以德立身、以德立学、以德施教。三是要创新教学方式。实现灌输教育与渗透教育，隐性教育与显性教育，刚性教育与柔性教育，PBL 和 CBL 的有机结合，开展问题式、研讨式教学，激发学生的主动性和参与性，培养学生的创新能力和解决问题的能力。四是要营造课程思政的浓厚氛围，打破分割界限，将课堂教学、课外实践、理论学习平台、校园文化环境、新媒体网络渠道等作为育人工作的各子系统同频共振，共同推进。实现不同载体之间的相互补充，建立立体化多维育人空间，实现协同效果的最大化和协同方法的最优化，在润物无声中帮助学生树立正确的世界观、人生观和价值观，成为中国特色社会主义事业的合格建设者和可靠接班人。

课程思政、同向同行正在兴起，可借鉴的做法和经验不多，本书做了开拓性的有益探索，自然也存在一些不完善不深入的地方。相信作者的不懈努力，一定能在课程思政建设方面取得更大的成绩。

傅如良

2020 年 9 月于长沙

目　录
(CONTENTS)

第一章　把握新时代高校课程思政的时代特征

认识和把握高校课程思政教育教学理念，首先要认清它产生的时代背景和特征。概括来讲，高校课程思政产生的时代特征体现为百年变局中的世界形势、中华民族复兴砥砺前行，高校价值引领日益凸显，课程思政导向日趋强劲。

第一节　百年变局中的世界形势

习近平总书记在全国高校思想政治教育工作会议上明确提出了“四个正确认识”的思想政治教育命题，即教育引导学生正确认识世界和中国发展大势，正确认识中国特色和国际比较，正确认识时代责任和历史使命，正确认识远大抱负和脚踏实地。新时代高校思想政治教育要以“四个正确认识”为切入点，引导学生在“乱花渐欲迷人眼”的国际形势中看清世界前进的整体趋势，从而增强大学生对中国特色社会主义的道路自信、理论自信、制度自信、文化自信的价值认同，成为合格的社会主义建设者和接班人。

当今世界，人类社会正处在大发展、大变革、大调整时期，习近平总书记多次强调“世界处于百年未有之大变局”，这正是基于对世情国情的敏锐洞察和深刻分析做出的重大判断。百年变局中的世界形势错综复杂，经济全球化深入发展，国际格局深刻调整，国际竞争日趋激烈，世界进入了转折的十字路口。

（一）经济全球化深入发展

苹果手机是全球畅销的手机品牌之一，但是它并不是由一家公司独立生产完成的。苹果手机在美国设计开发,在中国组装,零件供应商更是分布世界各地数十个国家。苹果手机的前 200 大供应商中,有 86 家来自中国,40 家来自美国,39 家来自日本,14 家来自韩国,其他还包括德国、新加坡、荷兰、芬兰和奥地利的公司。由此看出,一台苹果手机的背后是一个全球生产和贸易的产业链,这充分反映了当今世界经济发展的全球化趋势。

经济全球化是指世界经济活动超越国界,通过对外贸易、资本流动、技术转移、提供服务、相互依存、相互联系而形成的全球范围的有机经济整体的过程。经济全球化是商品、技术、信息、服务、货币、人员、资金、管理经验等生产要素跨越国家和地区的流动,是社会生产力发展的客观要求和科技进步的必然结果,而不是哪些人、哪些国家人为造出来的。众所周知,随着 15 世纪新航路的开辟和大航海时代开启,欧洲资产阶级为了不断拓宽市场而奔走于全球各地,"资产阶级,由于开拓了世界市场,使一切国家的生产和消费都成为世界性的了"①,客观上促进了世界市场的形成,世界日益成为一个联系紧密的整体。第二次世界大战以来,特别是 20 世纪 90 年代以来,交通运输的迅速发展、跨国公司的日益壮大等,进一步加速了资本和原材料的国际流动,大大加快了经济全球化的进程,促成了商品大流通、贸易大繁荣、投资大便利、资本大重组、技术大发展、人员大流动,形成了包括越来越多国家的全球产业链、价值链、供应链。毫无疑问,经济全球化不仅促进了资本、劳动力、技术等各种生产要素以及商品、产业、信息等开始在全球范围内自由流动和自由布局,优化了资源的配合和合理利用,极大地提高了人类社会的生产力发展水平,为世界经济增长提供了强劲动力,同时还使世界各个国家之间的人员往来更加频繁,文明交流更加密切,人类交往的世界性比过去任何时候都更深入、更广泛,各国相互联系和彼此依存比过去任何时候都更频繁、更紧密,人类真正形成了命运与共的共同体。

---

① 马克思恩格斯选集(第 1 卷)[M].北京:人民出版社,2012:404.

正如硬币有正反面，经济全球化也是一把“双刃剑”。经济全球化背景下各国经济相互依存、相互渗透的程度大为增强，但是在发达国家主导的不公正不合理的国际政治经济秩序下，发达国家处于全球价值链的高端，攫取了大部分的利润，发展中国家的产业发展长期处于低端，经济社会发展严重依附于发达国家，广大群众从经济全球化中获益很少，甚至部分国家出现经济结构失衡、贫富分化恶化等严重的经济和社会问题。经济全球化还使世界非传统安全的风险和挑战日益增大，经济全球化导致各国的命运也更多地与外部的稳定和发展紧密相连。全球气候变化、生态环境灾害、大规模传染性疾病、极端主义和恐怖主义、移民难民等全球性问题在全球范围内不断扩散，将使世界和平赤字、发展赤字、治理赤字变得越来越突出。此外，2008 年国际金融危机爆发以来，单边主义、贸易保护主义倾向有所抬头，逆全球化思潮不断涌现，民粹主义倾向泛起，经济全球化进程面临严峻挑战。特别是以美国为代表的一些国家近年来在国际社会频频挥舞贸易保护主义大棒，奉行“我赢你输”的零和思维，通过“退群”、加征关税、制裁等无赖手段来维护一己私利，表现出明显的逆全球化倾向。

经济全球化确实带来了一系列新问题、新矛盾，但是简单地把困扰世界的问题归咎于经济全球化，把经济全球化一棒子打死无疑是错误的。事物总是在矛盾运动中不断获得向前发展的动力，经济全球化进程中存在的不足并不能遮蔽它的积极性和进步性。人类社会发展到今天，经济呈现前所未有的繁荣，文明交流达到了以往难以想象的高度，各国之间的相互联系和彼此依存比过去任何时候都更频繁、更紧密，可以说在很大程度上是经济全球化的功劳。正是因为经济全球化促进了生产力大发展和人类文明的大交流，才推动形成了如今高度一体化的世界。经济全球化是历史大势、时代潮流，是任何力量、任何国家都无法阻挡的。正如习近平主席在世界经济论坛 2017 年年会开幕式上演讲时所强调的：“世界经济的大海，你要还是不要，都在那儿，是回避不了的。想人为切断各国经济的资金流、技术流、产品流、产业流、人员流，让世界经济的大海退回到一个一个孤立的小湖泊、小河流，是不可能的，也是不符合历史潮流的。”①历史的车轮滚滚向前，经济全球化的潮流浩浩荡荡，顺之则昌，逆之则亡。因此，面对逆全球化的思潮和全球化带来的消极影响，我们唯有进一步加强世界各国合作，努力消解经济全球化负面影响，逐步完善全球经济治理，引导经济全球化朝着更加开放、包容、普惠、平衡、共赢的方向健康发展。

面对这种加强全球治理的强烈需求，中国展现了负责任大国的使命担当，秉持共商、共建、共享的全球治理观，创造性提出推动构建人类命运共同体的中国方案。人类命运共同体，顾名思义，是指人类共同拥有一个地球，生活在历史和现实交汇的同一个时空里，越来越成为你中有我、我中有你的命运共同体。人类命运共同体旨在回答“建设一个什么样的世界，如何建设这个世界”这一关乎人类前途命运的重大课题，旨在建设一个政治上相互尊重、安全上对话协商、经济上互利共赢、文化上交流互鉴、生态上绿色和谐的国际社会，旨在建设 ·个持久和平、普遍安全、共同繁荣、开放包容、清洁美丽的人类社会。习近平总书记提出的人类命运共同体的未来愿景，反映了人类社会共同价值追求，汇聚了世界各国人民对和平、发展、繁荣向往的最大公约数，为实现人类社会共同发展、携手共创美好未来提供了中国智慧，贡献了中国力量。中国是经济全球化的受益者，更是贡献者，因此要积极打造好“一带一路”这个中国提供的深受国际欢迎的全球公共产品，坚持共商、共建、共享的全球治理观，维护多边贸易体制，反对一切形式的单边主义和保护主义，积极推动和参与全球治理体系变革，让世界各国共享经济全球化的发展红利，推动经济全球化往更有活力、更加包容、更可持续的健康方向发展。

(二)世界格局深刻调整

世界格局是指在国际舞台上的主要政治力量从自身的利益出发，在一定历

---

① 共担时代责任 共促全球发展[N]. 人民日报，2017：3.

史时期内相互制约所形成的一种稳定的结构状态，一种力量对比态势，包括政治格局、经济格局、军事格局等。当今世界格局处于深刻调整之中，西方主导权力相对下降的同时，伴随着发展中国家的群体性崛起，大国之间的战略博弈日趋激烈导致世界不稳定的风险日渐增大，富强起来的中国从世界舞台的边缘逐步走到中央，并积极提出全球治理格局的中国方案、中国智慧。

世界多极化深入发展使国际力量对比变得更加平衡。大变局主要体现在国际关系主要大国之间的力量对比发生重大变化，从而引起国际秩序出现大调整，国际格局产生大变化。回顾世界历史，第一次世界大战后形成了英国、法国、美国等国主导的凡尔赛一华盛顿体系，第二次世界大战后形成了美苏主导的雅尔塔体系，演变成美苏争霸的世界两极格局，直至苏联解体后，美国实现了独霸世界的目标。由此可见，大国之间的力量对比和实力变化是推动国际格局演变的主要力量。纵观世界历史，近代以来的世界格局基本由西方国家来主导，但是目前形势发生了重大变化，世界权力逐步从一个中心向多个中心扩散、各中心之间力量差距逐渐缩小，西方发达国家的世界主导地位持续走弱，多极化趋势逐步发展。新兴经济体和发展中国家群体性崛起，国际力量出现“东升西降”“南升北降”的明显态势，推动国际力量对比朝着更加均衡的方向发展。一项数据显示，当前新兴经济体和发展中国家的经济总量在全世界所占比重接近40%，对世界经济增长的贡献率已经达到80%，而且如果保持现在的发展速度，10年后新兴经济体和发展中国家的经济总量将接近世界总量的一半。在这其中，中国的崛起是最令人叹服的标志性事件，中国经济近40年来保持接近两位数的增长，并且还有巨大的增长潜力，中国在2010年超越日本成为全球第二大经济体，连续多年对世界经济增长的贡献率超过30%，成为世界经济增长名副其实的发动机。经济实力的快速增长推动中国大踏步地从国际舞台的边缘走向中心。以中国为代表的发展中国家的崛起必然促进国际力量对比朝着更加均衡的方向发展。

大国战略博弈加剧推动国际体系深刻变革。从主要战略力量之间的对比看，世界上主要大国战略博弈更加激烈。美国自特朗普政府上台之后，坚持所谓的“美国优先”“让美国重新伟大”，大力推行单边主义、保护主义等霸凌主义政策，置现行国际规则于不顾，先后退出《跨太平洋伙伴关系协定》《巴黎气候协定》、联合国教科文组织、《伊核协议》等协议和国际组织，变成一个纯粹的利益索取者，世界面临失序的风险明显增加。美国与传统盟友的关系裂痕日益加深，双方在贸易、伊朗核问题、中东战略等众多问题上分歧扩大，德国总理甚至强调欧洲需要把自己的命运掌握在自己手中，不能再过度依赖美国。由此可见，美国与传统盟友双方之间互不信任、渐行渐远已经成为不争的事实。俄罗斯虽然经济实力相对下降，但是依然保持强大的军事实力，和美国在中东的博弈也更趋复杂、日益紧张。中国经济增长继续在全球保持领先地位，综合国力日益增强，在国际舞台上更加积极、有为，但是受到美国前所未有的打压，美国在贸易、科技、文化、人员交流等众多领域对中国进行限制，企图遏制中国的发展。世界主要大国之间的交流合作相对减少，竞争和对抗却急剧上升，导致国际不安全、不稳定的因素持续增加，国际格局出现剧烈动荡。

总体来说，西方主导的国际格局与全球治理体系正在发生巨大变化，新兴市场国家和发展中国家集体性崛起已成事实，因此加强全球治理、推进全球治理体制变革已是大势所趋。中国作为现行国际体系的参与者、建设者和贡献者，是国际合作的倡导者和国际多边主义的积极参与者，应努力为完善全球治理贡献中国智慧、中国力量。中国向来不认同霸权主义、强权政治，主张国际关系要实现民主化，认为世界各国不分大小、强弱、贫富都是国际社会平等成员，全球事务应由各国共同治理。相反，试图垄断国际事务的想法和行动违背时代的潮流，是注定不能成功的。正如习近平总书记所强调的：“什么样的国际秩序和全球治理体系对世界好、对世界各国人民好，要由各国人民商量，不能由一家说了算，不能由少数人说了算。"①中国应坚定不移走和平发展道路，坚定地维护以联合国宪章宗旨和原则为核心的国际秩序和国际体系，构建相互尊重、公平正义、合作共赢的新型国际关系，进一步推动国际治理体系变革，使全球治理体系更好地反映国际格局的变化，更加平衡地反映大多数国家特别是新兴市场国家和发展中国家的意愿和利益。

(三)国际竞争日趋激烈

在经济全球化和世界多极化的发展进程中，各国之间竞争日趋激烈，尤其当今世界正经历百年未有之大变局，世界面临的不稳定性、不确定性更加突出，国际力量对比发生新的变化，国际战略竞争呈上升之势，大国之间竞争博弈更加激烈，不仅表现为人才资源竞争、科技实力竞争，还表现为文化和价值观的竞争。

国际竞争的关键是人才的竞争。纵观各国历史，可以清晰地看出人才对于一个国家的发展的重要性。一部国际竞争史，就是人才竞争的历史。在国际竞争日趋白热化的今天，各国无一不在实施人才强国的战略，努力将自己打造成人力资源强国。历史和实践反复验证着"人才资源是第一资源，是国家核心竞争力之所在"的论断。经济全球化时代，各国之间的交流往来更加频繁，进一步加剧了国家之间的竞争。我国正处于实现中华民族伟大复兴的关键时期，更是需要源源不断的人才和智力支撑。党的十九大报告提出："人才是实现民族振兴、赢得国际竞争主动的战略资源。"②面对科技进步日新月异、国际竞争日趋激烈的新形势，习近平总书记深刻指出，当今世界的综合国力竞争，说到底是人才竞争，人才越来越成为推动经济社会发展的战略性资源，教育的基础性、先导性、全局性地位和作用更加突显。因此，要想在激烈的国际竞争中站稳脚跟，发挥人才的潜在力量和后发优势，必须要坚持人才强国的战略，努力建设一支能够站在世界

---

① 中共中央宣传部编. 习近平新时代中国特色社会主义思想三十讲[M]. 北京：学习出版社，2018：295.

② 党的十九大报告学习辅导百问[M]. 北京：党建读物出版社、学习出版社，2017：51.

科技前沿、勇于开拓创新的高素质人才队伍,同时创造良好的环境,吸引全球各地的人才参与到现代化建设事业中,聚天下英才而用之。坚持优先发展教育事业的战略部署,把教育事业放在更加突出的位置,将建设教育强国作为基础工程。进一步深化教育改革,加快教育现代化,办好人民满意的教育,同时全面贯彻党的教育方针,落实立德树人的根本任务,发展素质教育,培养德智体美全面发展的社会主义建设者和接班人。

科技领域是国际竞争的重要层面。众所周知,科技是第一生产力。科学技术的发展是推动人类文明不断前行的重要动力。回顾近代以来的世界历史进程,科技改变了人类和世界,使世界生产力水平得以大幅度提升,人类文明得以大幅度前进,世界成为一个联系日益紧密的共同体。18 世纪,发端于英国的第一次科技革命,推动人类进入了蒸汽时代,英国走上了世界霸主的地位;19 世纪,第二次科技革命的兴起推动人类进入了电气时代,美国因成功抓住了第二次科技革命的机遇,成为此次科技革命的领头羊,赶超英国成为全球超级大国;20 世纪,第三次科技革命的兴起推动人类进入了信息时代。由此可以看出,每一次科技和产业革命都深刻地改变了世界的发展面貌和基本格局,改变了人类历史的发展轨迹。进入 21 世纪以来,人类社会进入有一个前所未有的创新活跃期,以人工智能、大数据、量子信息、生物技术等为代表的新一轮科技革命和产业变革正在积蓄力量,一大批科技创新成果不断涌现,催生大量的新产业、新业态、新模式,给全球发展和人类生活带来翻天覆地的变化。面对方兴未艾的新一轮科技革命,中国面临着难得的历史机遇,又面临着严峻的挑战。当前,中美战略竞争进一步加剧,美国在经济、贸易、文化领域不停挑起事端,而且打压华为、中兴、TikTok 等中国在全球市场有影响力的高科技企业,推行科技霸权,试图通过科技脱钩的手段遏制中国成为科技强国。因此,中国要坚定不移地建设世界科技强国,加快建设创新型国家,“咬定青山不放松”,大力发展科学技术,培养科技人才,加大科技创新攻关,在关键领域、卡脖子的地方要下大功夫,正如习近平总书记强调的，核心技术靠化缘是要不来的，只有自力更生。

国际竞争还体现在文化层面。国家间的竞争不仅是经济实力、军事实力等硬实力之间的竞争，同时还是文化、价值观等“软实力”之间的竞争。“软实力”是哈佛大学教授约瑟夫·奈提出来的概念，指的是“一国透过吸引和说服别国服从你的目标从而使你得到自己想要的东西的能力”，并且将“软实力”的价值提高到了与传统硬实力同等甚至更为重要的位置。确实如此，从国际范围来看，文化和价值观的竞争越来越激烈，尤其以美国为代表的西方国家在国际社会不停鼓吹“西方中心论”“文明优越论”“普世价值论”等，意图打造以西方文明为模板的一元化的价值世界。为达到此目的，西方资本主义国家从未放弃对我国进行和平演变的不良用心，利用全球化的机会，加紧对我国进行意识形态渗透，试图与我国争夺阵地、争夺人心、争夺下一代。广大青少年价值观尚未形成，价值辨别能力相对较低，容易受到西方错误社会思潮如普世价值论、历史虚无主义、新自由主义等的迷惑，从而造成价值迷惑甚至价值危机。因此，全社会尤其是高校要引导广大青少年不断增强中国社会主义道路自信、理论自信、制度自信、文化自信，特别是文化自信。“文化自信是更基础、更广泛、更深厚的自信，是更基本、更深沉、更持久的力量”①。高校是意识形态斗争的前沿阵地，要运用一切资源开展师生思想政治教育，教育学生努力学习马克思主义理论，用习近平新时代中国特色社会主义思想武装头脑，牢固树立共产主义远大理想和中国特色社会主义共同理想，从中华优秀传统文化中汲取丰富营养，积极传播和践行社会主义核心价值观。

第二节　中华民族复兴艰难前行

只有创造过辉煌的民族，才懂得复兴的意义；只有经历过苦难的民族，才对

① 中共中央宣传部编. 习近平新时代中国特色社会主义思想三十讲[M]. 北京：学习出版社，2018：194.

复兴有深切的渴望。中华民族曾经长期走在世界的前列，创造了灿烂的中华文明，但是在近代却陷入了落后挨打的悲惨境地。中华民族的伟大复兴是几代中国人梦寐以求的夙愿。如今，先辈们开创的中国特色社会主义进入了新时代，我们比历史上任何时期都更接近实现这个伟大梦想，比历史上任何时期都更有信心、更有能力实现这个目标，中华民族迎来了伟大复兴的光明前景。但是，中华民族伟大复兴梦想绝不会轻轻松松就会实现，新时代的长征路上需要我们付出更加艰苦的努力。中华民族的伟大复兴是在一代代青年人的接力中实现的，因此，我们教育培养的必须是能够担当起民族复兴重担的时代新人，这是新时代教育必须回答的时代课题。

（一）中华民族近代以来最伟大的梦想

在世界文明发展史中，中华民族以自己的勤劳和智慧创造了悠久灿烂的中华文明，在古代曾长期在经济、文化、科技等领域处于世界领先地位，为人类文明的发展做出了重大的贡献。然而近代以后，清政府的闭关锁国政策，导致中国看不到世界形势的发展变化，逐步落后于世界的发展潮流。落后就要挨打。鸦片战争后，西方列强用坚船利炮击碎了清政府天朝上国的美梦，打开了古老中国的大门，中国逐渐陷入半殖民地半封建社会的黑暗深渊，山河破碎、生灵涂炭、民不聊生，中国人民遭受了前所未有的深重苦难。一副晚清《时局图》生动形象地描绘了19世纪末帝国主义列强瓜分中国的狂潮。但是，勇敢的中国人民没有被困难压倒，而是挺起脊梁、英勇抗击，无数仁人志士为了民族的独立和人民的解放、国家的富强和人民的幸福，抛头颅洒热血，进行了一场场气壮山河的斗争，谱写了一曲曲可歌可泣的史诗。中国社会各阶层、各团体和各种政治力量陆续登上历史舞台，提出各自的救国方案。无论是轰轰烈烈的太平天国运动、戊戌变法，还是义和团运动，结果都以失败而告终。以孙中山为代表的资产阶级革命派虽然推翻了清朝的腐朽统治，结果了中国长达两千多年的封建君主专制制度，但还是依然没能改变旧中国被列强欺侮的悲惨命运，更不可能承担起时代赋予的实现民族复兴的使命。一次次抗争，结果却是一次次失败，不禁使当时的人们陷入苦闷和彷徨之中。“很奇怪，为什么先生老是侵略学生呢？中国人向西方学得很不少，但是行不通，理想总是不能实现”①，先进的中国知识分子把目光从西方投向东方。十月革命的一声炮响，给中国送来了马克思列宁主义。这场革命给正在苦闷中摸索、在黑暗里彷徨的中国先进分子提供了一条新的出路。1921 年 7 月，中国共产党成立后，便义无反顾地承担起实现中华民族伟大复兴的历史使命，中华民族才终于迎来凤凰涅槃、浴火重生的曙光，中国革命的面貌便焕然一新。

实现中华民族伟大复兴，必须推翻压在中国人民头上的帝国主义、封建主义、官僚资本主义三座大山，实现民族独立、人民解放、国家统一、社会稳定。中国共产党带领和团结中国人民进行了 28 年的浴血奋战，付出了巨大的代价，终于打败了日本帝国主义，推翻了国民党反动统治，完成了新民主主义革命，建立了中华人民共和国，彻底地结束了旧中国半殖民地半封建社会的历史，彻底结束了旧中国一盘散沙的局面，中国人民经过一百多年的抗争终于站起来了！

实现中华民族伟大复兴，必须建立符合我国实际的先进社会制度。1956 年，中国共产党带领中国人民完成社会主义改造，确立了社会主义基本制度，完成了中华民族有史以来最为广泛而深刻的社会变革，为当代中国一切发展进步奠定了根本政治前提和制度基础。

实现中华民族伟大复兴，必须合乎时代潮流、顺应人民意愿，勇于改革开放，让党和人民事业始终充满奋勇前进的强大动力。1978 年，党的十一届三中全会作出了改革开放的伟大决策，我们党团结带领人民进行改革开放新的伟大革命，极大激发了广大人民群众的创造性，极大解放和发展了社会生产力，极大增强了社会发展活力，形成了中国特色社会主义道路、理论、制度、文化，使中国大踏步

---

① 毛泽东. 毛泽东选集(第 4 卷)[M]. 北京：人民出版社，1991：1470.

赶上时代。

新中国成立70多年来，中国社会发生了翻天覆地的变化，从温饱不足迈向全面小康，从积贫积弱迈向繁荣富强，取得了令世界刮目相看的成就。中国经济总量超越日本成为世界第二大经济体，GDP从1952年的679.1亿元跃升至2018年的90.03万亿元，实际增长174倍。同时，中国还是世界货物贸易第一大国、外汇储备第一大国、服务贸易第二大国、使用外资第二大国、对外投资第二大国等。科技实力显著增强，载人航天、探月工程、量子科学、深海探测、超级计算机、卫星导航等诸多科技领域都取得了重大突破，科技创新能力持续提升；人民生活水平大大提高，2018年，居民人均可支配收入比1949年实际增长59.2倍，新"四大发明"——网上购物、手机支付、共享单车、高速铁路，给人们的生活带来了极大的便利；脱贫攻坚成效非常显著，到2018年，农村贫困发生率下降到1.7%，对全球减贫贡献超过70%；综合国力日益增强，已经成为世界工业第一大国、制造业第一大国，对世界经济增长贡献率居世界首位；国际影响力日益扩大，提出的"一带一路""人类命运共同体"等理念在国际社会中获得越来越广泛的认可。中华民族重新焕发出新的蓬勃生机和活力，中华民族伟大复兴展现出无比灿烂的前景。

(二)中国特色社会主义进入了新时代

一个国家，一个民族，要想在历史前进中始终站在时代的前沿，就必须找准自己的定位，把握住时代的潮流。习近平总书记在党的十九大报告中提出："经过长期努力，中国特色社会主义进入了新时代，这是我国发展新的历史方位。"① 这一重大的政治论断，是我们党在科学把握时代变化趋势和国际局势重大变化，科学把握世情、国情、党情深刻变化的基础上作出的，有着充分的时代依据、理论依据和实践依据。新时代，是承前启后、继往开来、在新的历史条件下继续夺取

① 党的十九大报告学习辅导百问[M].北京：党建读物出版社、学习出版社，2017:8.

中国特色社会主义伟大胜利的时代，是决胜全面建成小康社会、进而全面建设社会主义现代化强国的时代，是全国各族人民团结奋斗、不断创造美好生活、逐步实现全体人民共同富裕的时代，是全体中华儿女勠力同心、奋力实现中华民族伟大复兴中国梦的时代，是我国日益走近世界舞台中央、不断为人类作出更大贡献的时代。

中国特色社会主义进入新时代，我国社会主要矛盾发生了重大变化，已经由人民日益增长的物质文化需要同落后的社会生产之间的矛盾，转化为人民日益增长的美好生活需要和不平衡不充分的发展之间的矛盾。同时，我国社会主要矛盾的变化，并没有改变我们对我国社会主义所处历史阶段的判断，我国仍处于并将长期处于社会主义初级阶段的基本国情没有变，我国是世界最大发展中国家的国际地位没有变。要牢牢把握社会主义初级阶段这个基本国情，牢牢立足社会主义初级阶段这个最大实际，牢牢坚持党的基本路线，既不落后于时代，也不能脱离实际、超越阶段。应该说这一重大判断，反映了我国社会发展的客观实际，指明了解决当代中国发展主要问题的根本着力点，对党和国家工作提出了许多新要求。我国社会主要矛盾的变化要求我们在继续推动发展的基础上，着力解决好发展不平衡不充分问题，更好满足人民在经济、政治、文化、社会、生态等方面日益增长的需要，更好推动人的全面发展、社会全面进步。

我国社会主要矛盾的变化，反映到教育层面，相应地表现为人民群众日益增长的美好教育需要与教育发展不平衡不充分之间的矛盾。人民对美好生活的向往，就是我们的奋斗目标。中国共产党以全心全意为人民服务为根本宗旨，在带领全国各族人民实现共同富裕的实践中始终坚持以人民为中心的发展思想，关注人民群众的所急、所需、所想。经过几十年的发展，我国已基本解决广大人民的温饱问题，2020 年将全面建成小康社会。在物质生活获得极大提高的基础上，人民对美好生活的追求层次更加丰富和多样化。新时代，人民追求更加公平的教育、更加优质的教育。

毫无疑问，新中国成立70多年来，我国的教育事业取得了长足的进步。从教育规模上看，我国建成了当今世界上规模最大的教育体系，拥有2.76亿名在校生和1670多万名专任教师，教育规模位居世界首位。从教育质量上看，经过70多年的发展，我国教育整体水平上处于世界中上层行列，为我国现代化建设事业提供了源源不断的高质量人才。70年来，国家培养了2.7亿名接受过高等教育和职业教育的各类人才。1949年，我国人口的80%是文盲；2018年，我国九年义务教育巩固率高达94.2%，全民族的知识文化素养得到飞速提升。从教育影响来看，改革开放以来，我国教育对外开放的水平不断提高，影响力日益增强，已经成为世界最大的留学生生源国，亚洲第一留学目的国，是名副其实的国际教育交流合作的主力军之一。总体来说，我国教育改革发展取得了历史性成就、发生了历史性变革，教育现代化加速推进，人民群众教育获得感明显增强，教育的国际影响力加快提升，14亿多中国人民的思想道德素质和科学文化素质全面提升。

但是，实事求是地讲，我国的教育事业离人民对美好教育的期待还有差距。当前，我国教育在教育质量、教育效果、服务社会能力等方面还存在诸多不足，比如教育发展不均衡，城乡教育水平差距较大；基础教育质量有待提高；高校思想政治教育亲和力不够、实效性不强，思想政治教育合力尚未形成；部分高校重智育轻德育、重科研轻教学，师资配备和教师综合素养需进一步增强等。因此，新时代高校教育要有新气象、新作为，主动适应时代形势的变化，锐意改革创新，承担起时代赋予的责任。习近平总书记在全国教育大会上明确指出，要“坚持把服务中华民族伟大复兴作为教育的重要使命”，作为前进的原则遵循，以人民群众利益为根本，以人民对教育的需求为宗旨，以人民对教育的要求为指向，更好地抓住主要矛盾、主动回应人民群众对教育的新期待，落实好党的十九大和全国教育大会精神，办好人民需要和满意的教育。

(三)中华民族伟大复兴砥砺前行

中华民族自古以来就是一个拥有伟大梦想的民族,“天下为公”“协和万邦”“小康治世”是历代中国人孜孜以求的美好追求。2012年,习近平总书记在参观国家博物馆《复兴之路》展览时提出,实现中华民族伟大复兴,就是中华民族近代以来最伟大的梦想,这生动形象地表达出全体中国人对国家富强、民族振兴、人民幸福的不懈追求。中华民族伟大复兴的中国梦凝聚着几代中国人梦寐以求的夙愿,因此一经提出,就展现出强大的号召力和感染力,成为激励中华儿女团结奋进、开辟未来的精神旗帜。

今天,我们比历史上任何时期都更接近、更有信心和能力实现中华民族伟大复兴的目标。但船到中流浪更急、人到半山路更陡,越是接近目标,越是要打紧精神、一鼓作气,否则就有前功尽弃的潜在危险。习近平总书记反复强调:“中华民族伟大复兴,绝不是轻轻松松、敲锣打鼓就能实现的。全党必须准备付出更为艰巨、更为艰苦的努力。”①面对宏伟的目标,我们既要有“乘风破浪会有时”的自信和豪气,也应该有“行百里者半九十”的谨慎和认真。

实现伟大梦想必须保持谦虚谨慎、不骄不躁和艰苦奋斗的作风。在解放战争进入战略决战阶段、中国革命即将取得胜利的前夜,毛泽东在1949年3月党的七届二中全会上向全党指出,夺取全国胜利,这只是万里长征走完了第一步,革命胜利以后的路程更长,工作更伟大、更艰苦,并向全党发出“两个务必”的伟大号召。党的七届二中全会后,党中央由西柏坡迁至北平时,毛泽东形容这是“进京赶考的日子”,强调要“考试及格,不能退回来”,“决不当李自成”。习近平总书记在党的十九大报告中着重强调:“全党一定要保持艰苦奋斗、戒骄戒躁的作风,以时不我待、只争朝夕的精神,奋力走好新时代的长征路。”②回顾党史、国史,就是一部艰苦奋斗的历史。“历览前贤国与家,成由勤俭破由奢。”正是因为

---

① 党的十九大报告学习辅导百问[M].北京:党建读物出版社、学习出版社,2017:51.
② 党的十九大报告学习辅导百问[M].北京:党建读物出版社、学习出版社,2017:55.

我们党在长期革命、建设和改革过程中始终坚持艰苦奋斗的政治本色，才取得了非凡的历史成就，使中华民族迎来了从站起来、富起来到强起来的伟大飞跃。新时代实现中华民族的伟大复兴，我们面对的改革发展稳定任务之重前所未有，矛盾风险挑战之多前所未有，还有很多“雪山”“草地”需要跨越，还有许多“娄山关”“腊子口”需要攻克，因此，走好新时代的长征路，我们一定把艰苦奋斗精神一代一代传承下去，不忘初心、牢记使命，才能跨越“三大陷阱”，化解“四大危险”向人民交出一份满意的答卷。

实现伟大梦想必须进行伟大斗争、建设伟大工程、推进伟大事业。伟大梦想、伟大斗争、伟大工程、伟大事业相互贯通、相互作用，是一个环环相扣的统一的整体，体现了奋斗目标、实现路径和前进动力的高度统一。伟大梦想的实现必须进行伟大斗争，辩证唯物主义告诉我们，矛盾是普遍存在的，贯穿于一切事物发展的始终。有矛盾就会有斗争，新时代要继续发扬斗争精神，进行许多新的历史特点的伟大斗争。伟大梦想的实现必须建设伟大工程，中国共产党之所以能一直是中国人民的主心骨，就是因为中国共产党保持自我革命的勇气，敢于刀刃向内，刮骨疗毒，勇于坚持真理，勇于修正错误，从而能始终保持党的先进性和纯洁性。伟大梦想的实现必须推进伟大事业，中国特色社会主义是改革开放以来党的全部理论和实践的主题，是党和人民付出巨大的代价取得的成果，全党必须不断增强“四个自信”，坚持和发展中国特色社会主义。

实现伟大梦想必须走中国道路，弘扬中国精神，凝聚中国力量。中国特色社会主义不是凭空产生的，也不是天上掉下来的，而是中国人民将马克思列宁主义和本国实际相结合的产物，是深深植根于中国大地、反映人民意愿的道路选择，中国特色社会主义是社会主义而不是别的什么主义，因此，在中华民族伟大复兴的新征程中，我们要始终坚持和发展中国特色社会主义，既不能走封闭僵化的老路，也不能走改旗易帜的邪路。弘扬中国精神，就是要弘扬以爱国主义为核心的中华民族精神和以改革创新为核心的时代精神。要深入开展中国特色社会主义和中国梦教育，广泛开展党史、国史、改革开放史教育，传承和弘扬中华优秀传统文化，使爱国主义成为全体中国人民的坚定信念、精神力量和自觉行动。凝聚中国力量，就是在中国共产党的领导下，充分调动广大党员和人民群众的积极性、主动性和创造性，最大限度团结一切可以团结的力量。只要全体人民心往一处想，劲往一处使，万众一心，众志成城，14 亿人的智慧和力量就能汇集成不可战胜的磅礴力量，托举起伟大的中国梦。

第三节　高校价值引领日益凸显

源远流长的中华文明自古以来就有崇文重教的优良传统。教育强则国强，教育在任何时代都承担着传播知识、培养人才的重要使命，对于一个国家的发展、民族的延续和文明的传承，其重要性不言而喻。目前，我们比历史上任何时期都要接近实现中华民族伟大复兴的中国梦，对教育的需要越发显得迫切，对人才的渴求越发显得强烈。党的十八大以来，以习近平同志为核心的党中央，始终高度重视教育的重要作用，并站在中华民族的千秋伟业、党和国家事业薪火相传的高度，对高校教育做出了一系列战略部署，先后召开全国思想政治工作会议、全国教育大会、学校思想政治理论课教师座谈会等一系列重要会议，深刻指出教育是国之大计、党之大计，关系到“培养什么人、怎样培养人、为谁培养人”这一根本问题，因此，必须坚持党对教育事业的全面领导。我国的高校是社会主义高校，毫无疑问，培养社会主义建设者和接班人是高校的共同使命，这就要求高校教育必须发挥价值引领的作用，坚持不懈培育和弘扬社会主义核心价值观，引导广大师生做社会主义核心价值观的坚定信仰者、积极传播者、模范践行者，筑牢共同奋斗的思想道德基础。

(一)社会主义核心价值观的科学内涵

习近平总书记指出，人类社会发展的历史表明，对一个民族、一个国家来说，最持久、最深层的力量是全社会共同认可的核心价值观。核心价值观，是一定社会形态社会性质的集中体现，在一个社会的思想观念体系中处于主导地位，体现着社会制度、社会运行的基本原则和社会发展的基本方向，不仅承载着全体人民的精神追求，而且体现了一个社会评判是非曲直的价值标准。构建具有强大感召力的核心价值观，对于社会和谐稳定、国家长治久安意义重大。党的十八大以来，以习近平同志为核心的党中央一再强调，要积极培育和践行社会主义核心价值观，把弘扬社会主义核心价值观作为凝心聚气、强基固本的基础工程，不断筑牢中国特色社会主义的思想道德基础。

社会主义核心价值观是在社会主义核心价值体系的基础上提出来的，是对社会主义核心价值体系的内核凝练。2006 年 10 月 11 日，党的十六届六中全会通过的《中共中央关于构建社会主义和谐社会若干重大问题的决定》指出，“社会主义核心价值体系是建设和谐文化的根本。必须坚持马克思主义在意识形态领域的指导地位，牢牢把握社会主义先进文化的前进方向，弘扬民族优秀文化传统，借鉴人类有益文明成果，倡导和谐理念，培育和谐精神，进一步形成全社会共同的理想信念和道德规范”。深刻揭示了社会主义核心价值体系的内涵，明确提出了社会主义核心价值体系的内容。2011 年 10 月 18 日，党的十七届六中全会通过的《中共中央关于深化文化体制改革 推动社会主义文化大发展大繁荣若干重大问题的决定》强调：“社会主义核心价值体系是兴国之魂，是社会主义先进文化的精髓，决定着中国特色社会主义发展方向。”这一重要论述突出强调社会主义核心价值体系在文化建设中的灵魂作用，体现了我们党对社会主义文化建设规律的认识进一步深化。2012 年 11 月 8 日，中国共产党第十八次全国代表大会明确指出：“倡导富强、民主、文明、和谐，倡导自由、平等、公正、法治，倡导爱国、敬业、诚信、友善，积极培育和践行社会主义核心价值观。”首次从国家、社会、公民三个层面，提出了反映全国人民意愿和诉求的社会主义核心价值观，对社会主义核心价值体系建设提出了新的部署和要求。社会主义核心价值观把涉及国家、社会、公民的价值要求融为一体，体现了社会主义的本质要求，集成了中华优秀传统文化，吸收了世界文明的有益成果，体现了时代精神，是对我们“建设什么样的国家、建设什么样的社会、培育什么样的公民”等重大问题的深刻解答。

富强、民主、文明、和谐是国家层面的价值理想。这一倡导集中体现了我国在社会主义初级阶段正在追求实现的价值目标，深刻表达了社会主义中国的国家意志。其中，富强是中华民族复兴的美好愿景，是社会主义现代化国家经济建设的应然状态，意味着人民生活富裕、社会发展良好、国家综合实力强大，唯有国富民强，才能为社会主义奠定坚实的物质基础。民主是社会主义的生命之源，体现着社会主义的本质要求，其实质和核心是人民当家作主，社会主义民主是广泛的真实的民主，要坚持做到坚持党的领导、人民当家作主和依法治国的统一。文明是社会进步的重要标志，也是中国特色社会主义的重要特征，我们倡导的社会主义精神文明是迄今最进步、最高尚的精神文明，为社会主义现代化建设提供精神动力、智力支持和思想保证。和谐是中国特色社会主义的本质属性和内在要求，是国家富强、民族振兴、人民幸福的重要保证，我们要建设的社会主义和谐社会并不是没有矛盾的社会，而是民主法治、公平正义、诚信友爱、充满活力、安定有序、人与自然和谐相处的社会。

自由、平等、公正、法治是社会层面的价值取向。这一倡导体现了我国社会主义社会所应追求的理想价值属性，是立足于社会层面培育社会主义核心价值观所提出的价值目标和现实要求。其中，自由是社会主义的题中应有之义，指的是人的意志自由、存在和发展的自由，是人类社会的美好向往，也是马克思主义追求的社会价值目标。平等是社会主义的重要标志，意味着公民享有平等的权利、公民的人格一律平等、机会面前人人平等，无论是在国家价值目标层面，还是在公众价值判断层面，平等都是社会主义不可或缺的价值追求。公平是社会主义的内在要求，主要是指权利公平、机会公平、规则公平，公平正义是协调社会各阶层关系的基本准则，也是增强社会凝聚力、向心力和感召力的重要旗帜。法治是治国理政的基本方式，无规矩不成方圆，法治强调的是依法治国、法律至上，法律具有最高的地位，没有任何人或机构可以凌驾于法律之上，只有实行法治，才能有效预防和惩治腐败，赢得民心，巩固党的执政地位，实现国家的长治久安。

爱国、敬业、诚信、友善是公民层面的价值准则。这一倡导是从个人行为层面对社会主义核心价值观基本理念的凝练，涵盖了社会公德、职业道德、家庭美德、个人品德等各个方面，是与人们日常生活紧密相连的基本价值规范。爱国是神圣的公民义务，是我们的魂、我们的根，是基于个人对自己祖国依赖关系的深厚情感，爱国就是要爱祖国的大好河山，爱自己的骨肉同胞，爱祖国的灿烂文化，爱自己的国家。敬业是基本的职业操守，体现的是对职业价值和意义的高度认同，要求公民忠于职守、勤业精业、尽心尽力，遵守职业道德。诚信是为人的道德规范，是规范人与社会、人与人关系的伦理准则，强调诚实无欺、讲求信用、诚恳待人。诚信不仅是中华民族的优良道德传统，而且也是人类文明的共同财富，对现代社会各个方面的协作及和谐都有极其重要的作用。友善是人际和睦的基础，是人类大家庭中的成员求得共同生存和共同发展必不可少的要求，强调的是以宽广的胸怀关爱他人，在与人关系的处理上要相互尊重、理解宽容、协调合作，形成社会主义的新型人际关系。

理解社会主义核心价值观的科学内涵，还要把握好社会主义核心价值观和社会主义核心价值体系的关系。首先，二者密切联系、互为依存、相辅相成。社会主义核心价值体系主要包括马克思主义指导思想、中国特色社会主义共同理想、以爱国主义为核心的民族精神和以改革创新为核心的时代精神、社会主义荣辱观。社会主义核心价值观是社会主义核心价值体系的内核，体现社会主义核心价值体系的根本性质和基本特征，反映社会主义核心价值体系的丰富内涵和实践要求，是社会主义核心价值体系的高度凝练和集中表达。同时，社会主义核心价值观与社会主义核心价值体系又具有内在一致性，二者都体现了社会主义意识形态的本质要求和社会主义制度在思想和精神层面质的规定性，是实现中华民族伟大复兴的价值引领；其次，二者各有侧重。相比于社会主义核心价值体系，社会主义核心价值观更加突出核心要素、更加注重凝练表达、更加强化实践导向。

（二）社会主义核心价值观的价值意蕴

“国无德不兴，人无德不立。”习近平总书记强调：“世界上没有两片完全相同的树叶。一个民族、一个国家、必须知道自己是谁，是从哪里来的，要到哪里去，想明白了、想对了，就要坚定不移朝着目标前进。”①社会主义核心价值观，不仅是个人的德，同样是国家和社会的大德。高校积极培育和践行社会主义核心价值观，对于引导青年大学生扣好人生的第一粒扣子、践行立德树人的根本任务、筑牢意识形态工作的坚实堡垒，具有重要且深远的意义。

第一，引导青年大学生扣好人生的第一粒扣子。“青年兴则国家兴，青年强则国家强”，青年的健康成长，关系到党和国家的前途命运；而青年的健康成长，在很大程度上取决于是否形成正确的价值观。2014 年 5 月 4 日，习近平总书记在北京大学师生座谈会上指出：“青年的价值取向决定了未来整个社会的价值取向，而青年又处在价值观形成和确立的时期，抓好这一时期的价值观养成十分重要。这就像穿衣服扣扣子一样，如果第一粒扣子扣错了，剩余的扣子都会扣错。人生的扣子从一开始就要扣好。”②“扣子论”深刻而又形象地说明了青年价值观对于整个社会价值取向的重要意义。从社会整体来看，青年是一个群体，是未来建设国家的中坚力量，是社会主义事业的建设者和接班人，其地位的重要性不言而喻；从个体来看，青年是人生阶段的“拔节孕穗期”，处于价值观的形成阶段，最需要精心引导和栽培。因此，无论是为了党和国家事业的长治久安，还是为了青年的健康成长，都必须夯实青年价值取向的根基，引导青年扣好“人生第一粒扣子”。

我国高校大学生的价值观主流是积极的、健康的、向上的，广大青年拥护中

---

① 习近平. 习近平谈治国理政[M]. 北京：外文出版社，2014：171.
② 习近平. 习近平谈治国理政[M]. 北京：外文出版社，2014：172.

国共产党和社会主义，满怀爱国主义热情，是社会主义核心价值观的积极践行者和坚定倡导者。但同时也要看到社会变迁过程中青年价值观的养成面临一些挑战。改革开放 40 多年来，中国社会取得了举世瞩目的成就，发生了翻天覆地的变化，但随着国门的打开，中国进入一个经济大发展、社会大变革、生活大变化的时代，同时也进入了一个思想大活跃、观念大碰撞、文化大交融的时代，多元价值观并存，多种社会思潮涌动。尤其西方资本主义国家一些腐朽的思想观念比如拜金主义、享乐主义和极端个人主义等等，难免会对青年大学生价值取向造成巨大冲击，甚至在一定程度上造成大学生道德迷失和价值迷惑，形成所谓的“价值危机”。

移动互联网的快速发展也给青年大学生价值引领带来了全新的课题。当前，在校大学生主体为 1998—2001 年出生的一代，他们从小就开始接触网络、使用网络，是名副其实的“网络原住民”，网络是他们接受信息、反馈诉求的重要渠道，无人不网、无处不网、无时不网已经成为当代大学生的生活常态。第 45 次《中国互联网络发展状况统计报告》显示，截至 2020 年 3 月，我国手机网民规模达 8.97 亿，网络对青年的渗透率接近 100％。众所周知，网络是一把“双刃剑”。网络在给大学生学习生活带来便利的同时，也给青年的价值观带来了消极的影响。一方面，移动互联网的开放性、匿名性、虚拟性等特性导致网络空间信息纷繁复杂、良莠不齐，甚至充斥着各种虚假信息、网络谣言、黄色暴力信息等。青年大学生价值观尚未完全确立，辨别能力相对较差，很容易受到这些不健康的信息的影响；另一方面，抖音、快手等短视频的应用使部分自制力不强的大学生出现泛娱乐化倾向，他们沉迷于肤浅化、表层化、低俗化的娱乐元素中，“其结果是我们成了一个娱乐至死的物种”。娱乐的泛化消解了青年大学生的价值判断与价值甄别能力，歪曲了青年大学生的价值取向与价值追求，消解了青年大学生的主流价值观。

因此，青年独特的价值意义、社会环境的纷繁复杂、网络发展带来的负面影响等因素，日益凸显了社会主义核心价值观对于青年大学生健康成长的重要作用。新时代，高校要因事而化、因时而进、因势而新，遵循思想政治工作规律，遵循教书育人规律，遵循学生成长规律，通过各种途径积极引导学生培育和践行社会主义核心价值观。

第二，践行高校立德树人的根本任务。党的十八大以来，以习近平同志为核心的党中央针对教育提出了一系列新理念、新思想、新观点，把立德树人摆在前所未有的战略高度。2016 年 12 月，习近平总书记在全国高校思想政治工作会议上提出："要坚持把立德树人作为中心环节，把思想政治工作贯穿教育教学全过程，实现全程育人、全方位育人，努力开创我国高等教育事业发展新局面。"2017 年 10 月，习近平总书记在中国共产党第十九次全国代表大会上做报告时强调："要全面贯彻党的教育方针，落实立德树人根本任务。"2018 年 5 月，习近平总书记在北京大学师生座谈会上强调："人无德不立，育人的根本在于立德。这是人才培养的辩证法。办学就要尊重这个规律，否则就办不好学。"2018 年 9 月，习近平总书记在全国教育大会上把"坚持把立德树人作为根本任务"作为新时代推进教育改革发展所要遵循的"九大坚持"之一，提出："要把立德树人融入思想道德教育、文化知识教育、社会实践教育各环节，贯穿基础教育、职业教育、高等教育各领域，学科体系、教学体系、教材体系、管理体系要围绕这个目标来设计，教师要围绕这个目标来教，学生要围绕这个目标来学。凡是不利于实现这个目标的做法都要坚决改过来。"2019 年 3 月，习近平总书记在学校思想政治理论课教师座谈会上强调："新时代贯彻党的教育方针，要坚持马克思主义指导地位，贯彻新时代中国特色社会主义思想，坚持社会主义办学方向，落实立德树人的根本任务。"习近平关于"立德树人"的一系列重要论述，为新时代高校教育改革创新提供了根本遵循，是高校开展思想政治教育、进行价值引领的重要指南。

培育和践行社会主义核心价值观，明确了立德树人之"立什么德"的问题。"国无德不兴，人无德不立"。我们国家向来重视德育在人才培养中的重要作用，始终把“德”放在人才培养的首位，强调德才兼备、以德为先。要正确认识立德和树人的辩证关系，“立德”是“树人”的前提，“树人”是“立德”的目标，正如司马光在《资治通鉴》中所强调的“才者，德之资也；德者，才之帅也”，立德方能树人。立德，就是要引导高校青年明大德、守公德、严私德，就是要引导高校青年培育和践行社会主义核心价值观，树立共产主义远大理想和中国特色社会主义共同理想，不断增强中国特色社会主义道路自信、理论自信、制度自信、文化自信，解决好世界观、人生观、价值观这个“总开关”问题。“革命理想高于天”，理想信念是共产党人精神上的“钙”，也是所有高校青年大学生的精神之“钙”，缺失理想信念，能力再强的人也会魂无所定、行无所依。因此，青年大学生要把理想信念建立在对科学理论的理性认同上，用马克思主义中国化的最新成果——习近平新时代中国特色社会主义思想来武装头脑，脚踏实地，努力学习，把自己的理想同祖国的前途、把自己的人生同民族的命运紧密联系在一起，才能勇敢地肩负起时代赋予的艰巨责任，成为对国家、对社会、对人民有用的人才。

培育和践行社会主义核心价值观也内在包含了立德树人之“树什么人”的问题。习近平总书记指出：“培养什么人，是教育的首要问题。”我国是中国共产党领导的社会主义国家，这就决定了我们的教育必须把培养社会主义建设者和接班人作为根本任务，培养一代又一代拥护中国共产党领导和我国社会主义制度、立志为中国特色社会主义奋斗终身的有用人才。高校培养的青年大学生要成为社会主义事业的建设者和接班人，而不是旁观者和反对派。因此，培育和践行社会主义核心价值观，高校必须要坚持党对教育事业的全面领导，坚持正确的政治方向，明确“高等教育发展方向要同我国发展的现实目标和未来方向紧密联系在一起，为人民服务，为中国共产党治国理政服务，为巩固和发展中国特色社会主义制度服务，为改革开放和社会主义现代化建设服务”①，真正做到为党育人、为

① 把思想政治工作贯穿教育教学全过程 开创我国高等教育事业发展新局面[N]. 人民日报，2016：1.

国育才。

第三，筑牢意识形态工作的坚实堡垒。积极培育和践行社会主义核心价值观是维护我国意识形态安全的迫切需要。2013 年 8 月，习近平总书记在全国宣传思想工作会议讲话中强调，经济建设是党的中心工作，意识形态工作是党的一项极端重要的工作。“极端重要”意味着意识形态工作不是一般事务性工作，而是性命攸关的大事业，事关党的前途命运，事关国家长治久安，事关民族凝聚力和向心力，是中国特色社会主义实践的重要领域。高校要在师生中积极倡导培育和践行社会主义核心价值观，引导学生将社会主义核心价值观内化于心、外化于行，只有这样才能筑牢意识形态工作的坚实堡垒，完成培养中国特色社会主义事业建设者和接班人的重要使命。

从深层次看，高校意识形态斗争的复杂性是西方资本主义势力加紧在我国教育领域进行文化传播和价值观渗透的外在表现。全球化时代，各国经济、人员往来密切，资金流、人才流、技术流、物资流等突破国界的限制在全球进行自由流动，世界俨然成为名副其实的“地球村”。西方资本主义势力借着全球化的浪潮，想方设法对我国进行资本主义意识形态和价值观念的输出和渗透，传播西方意识形态和价值观，妄图在意识形态领域打开缺口，以实现其“西化、分化”社会主义中国的图谋。青少年更是西方敌对势力抢夺的重点对象。邓小平曾深刻指出：“帝国主义搞和平演变，把希望寄托在我们以后的几代人身上。”①令人警醒的判断时刻提醒我们要对此不良图谋保持清醒的头脑。20 多年前，拥有 1900 万党员的苏联共产党一夜之间垮台，社会主义苏联轰然分崩离析，留给我们的教训无疑是深刻的，背后的原因有很多，其中最重要的原因是苏联的意识形态领域出现了严重的偏差，主动放弃马克思主义在意识形态领域的指导地位，削弱甚至放弃苏共的领导地位，造成了思想领域的混乱，最终导致苏联亡党解体，令人无

① 邓小平. 邓小平文选(第 3 卷)[M]. 北京：人民出版社，1993：380.

限唏嘘。苏联亡党解体的教训时刻提醒我们，意识形态领域一旦被打开缺口，后果将是十分严重的，甚至是灾难性的。正如马克思所指出的："如果从观念上来考察，那么一定的意识形式的解体足以使整个时代覆灭。"①

意识形态斗争的严峻凸显了新时代高校必须增强价值引领，加强社会主义意识形态的引领力，用社会主义核心价值观凝心聚力。一是要坚持党对高校意识形态工作的全面领导。党政军民学，东西南北中，党是领导一切的。中国共产党的领导是中国特色社会主义最本质的特征，是中国特色社会主义制度的最大优势。高校党委要进一步提高政治站位，站在讲政治的高度，增强"四个意识"，切实担负起政治责任和领导责任，把意识形态工作牢牢抓在手上，做到守土有责、守土负责、守土尽责。二是把社会主义核心价值观的教育融入学生培养全过程，坚持用习近平新时代中国特色社会主义思想武装师生头脑，增强"四个意识"，坚定"四个自信"，做到"两个维护"，从而增强广大师生的中国特色社会主义道路自信、理论自信、制度自信、文化自信，构筑高校意识形态的坚实堡垒，抵制西方价值观的侵染。

（三）社会主义核心价值观引领的践行路径

培育和践行社会主义核心价值观，高校必须立足于中华优秀传统文化。牢固的核心价值观，都有其固有的根本。抛弃传统、丢掉根本，就等于割断了自己的精神命脉。博大精深的中华优秀传统文化是我们在世界文化激荡中站稳脚跟的根基。中华文化源远流长，积淀着中华民族最深层的精神追求，代表着中华民族独特的精神标识，为中华民族生生不息、发展壮大提供了丰厚滋养。中华优秀传统文化已经成为中华民族的基因，植根在中国人内心，潜移默化地影响着中国人的思维方式和行为方式。因此高校提倡和弘扬社会主义核心价值观，要利用好中华优秀传统文化蕴含的丰富的思想道德资源，深入挖掘中华优秀传统文化

---

① 中共中央马克思，恩格斯列宁斯大林著作编译局. 马克思恩格斯文集（第 8 卷）[M]. 北京：人民出版社，2009：170.

蕴涵的思想观念、人文精神、道德规范，深入挖掘和阐发中华优秀传统文化讲仁爱、重民本、守诚信、崇正义、尚和合、求大同的时代价值，推动中华传统文化进课堂、进教材、进头脑，使其成为大学生涵养社会主义核心价值观的重要源泉。

培育和践行社会主义核心价值观，高校要构建全员参与的育人格局。高校教师首先要成为践行社会主义核心价值观的引领者。“师者，所以传道授业解惑也。”高校教师肩负着培养民族复兴时代新人的重任，是高校培育和践行社会主义核心价值观的关键力量。高校教师的一言一行、一举一动都对学生起着重要的示范作用，对高校乃至全社会培育和践行社会主义核心价值观的成效会产生重要影响。因此，高校教师要率先垂范，亲自带头践行社会主义核心价值观，通过言传身教来引导和带动广大青年学子，并通过课内课外、线上线下相结合的方式向学生讲清楚社会主义核心价值观的本质、性质、属性、内涵、脉络，使思想政治理论课真正成为一门学生真心喜爱、受益终身的课程，其他课程老师、辅导员、班导师、高校思想政治教育工作者等都要守好一段渠，种好责任田，共同引导大学生树立正确的世界观、人生观和价值观。高校大学生作为大学校园的主体，是未来建设社会主义事业的生力军，他们将全程参与到两个一百年目标的实现征程中，责任重大、使命光荣，更要积极树立和自觉践行社会主义核心价值观，在勤学、修德、明辨、笃实上下功夫，要下得苦功夫、求得真学问，加强道德修养、注重道德实践，善于明辨是非、善于决断选择，扎扎实实干事、踏踏实实做人。践行核心价值观绝非一日之功，大学生应该坚持由易到难、由近及远，从现在做起，从自己做起，努力把社会主义核心价值观的要求变成日常的行为准则，形成自觉奉行的信念理念，并身体力行大力将其推广到全社会中去。

培育和践行社会主义核心价值观，高校要营造良好的校园文化氛围。校园文化对学生世界观、人生观、价值观的养成有着潜移默化的影响，往往可以起到润物无声的良好效果。因此要充分发挥校园文化的文化育人功能，首先，需要用社会主义核心价值观引领校园文化建设，让核心价值观成为校园文化的灵魂和精髓,融入校园物态文化、制度文化、行为文化和精神文化之中。还需要把核心价值观与大学传统、大学精神有机融合,发挥校训、校歌、校徽、校标,特别是校训涵养和传播核心价值观的作用。其次,要大力开展丰富多彩的校园文化活动,精心组织社会主义核心价值观主题教育活动,并以入党仪式、开学典礼、毕业典礼、重要节庆、专题报告等为契机开展爱国爱校教育,使大学生在形成校园文化认同的同时,以轻松愉悦的心境感受社会主义核心价值观的魅力。再次,要加大社会主义核心价值观宣传力度,通过校报校刊、广播电视、校园网络、新媒体平台等多种途径和方式,扎实推进社会主义核心价值观教育进网络,广泛传播正能量,营造培育和践行社会主义核心价值观的浓厚氛围,使社会主义核心价值观的影响像空气一样无处不在、无时不有。

培育和践行社会主义核心价值观,高校要发挥实践养成的育人功能。社会主义核心价值观的培育和践行强调的是知行合一。一种价值观要真正发挥作用,必须通过强化教育引导、舆论宣传、文化熏陶、实践养成、制度保障等,将其融入大学生活,让大学生在实践中感知它、领悟它,达到“百姓日用而不知”的程度。因此,培育和践行社会主义核心价值观,一定要与大学生的日常生活联系起来,在落细、落小、落实上下功夫。日常生活是大学生核心价值观形成的沃土,也是高校推动人人参与价值观培养的最直接、最有效的方式,要把社会主义核心价值观的精髓融入学生息息相关的评奖评优、党员发展、毕业教育等各个培养环节。深化实践教育,把思政小课堂和实践大课堂结合起来,引导大学生积极参加形式多样的社会实践活动。通过参加社会实践,大学生可以进一步了解社会、认识国情、增长才干、奉献社会、锻炼毅力、培养品格。还要完善志愿服务体系,深化主题社会实践和志愿公益活动等,引导学生在参加社会实践、服务他人、奉献社会中升华对社会主义核心价值观的体验感受和认知理解。

第四节　课程思政导向日趋强劲

高校思想政治教育工作关系到培养什么样的人、如何培养人以及为谁培养人这一根本问题，是功在当代、利在千秋的工程。习近平总书记关于高校思想政治教育工作的一系列重要论述，不仅指出了要在守正创新中发挥思想政治理论课的关键作用，还特别强调了其他各类课程蕴含的思想政治教育功能，这就为新时代加强课程思政建设提供了基本的理论遵循。党中央的高度重视、三全育人体系构建的内在要求、各高校的实践探索都加快了课程思政建设的步伐。

(一)党中央对课程思政的重视程度前所未有

党的十八大以来，党中央高度重视高校思想政治工作。习近平总书记关于高校思想政治工作的一系列重要会议精神，党中央、国务院以及教育部等部委的一系列重要决策部署，为高校解决好培养什么人、怎样培养人、为谁培养人这一根本问题指明了前进方向，为高校全面推进课程思政建设、实现全员全程全方位育人提供了基本遵循。

习近平总书记关于高校思想政治教育工作的一系列重要论述，为全面推进高校课程思政建设提供了理论遵循。中国特色社会主义进入新时代，我们对高等教育的需要比以往任何时候都更加迫切。习近平总书记先后主持召开了全国高校思想政治工作会议、全国教育大会、学校思想政治理论课教师座谈会等重要会议，就是要回答高等教育事业发展和高校思想政治工作的重大问题，为高校课程思政建设指明方向。2016 年 12 月，全国高校思想政治工作会议在北京召开，习近平总书记在大会上明确指出："要用好课堂教学这个主渠道，思想政治理论课要坚持在改进中加强，提升思想政治教育亲和力和针对性，满足学生成长发展需求和期待，其他各门课都要守好一段渠、种好责任田，使各类课程与思想政治理论课同向同行，形成协同效应。"[①]这就打破了长期以来思想政治教育与专业教育相互隔绝的孤岛效应，将立德树人贯彻到高校课堂教学的全过程、全方位、全员之中，也推动了思政课程与课程思政协同前行、共同育人。2018 年 9 月，在

① 把思想政治工作贯穿教育教学全过程 开创我国高等教育事业发展新局面[N]. 人民日报，2016:1.

全国教育大会上，习近平总书记又指出："要把立德树人融入思想道德教育、文化知识教育、社会实践教育各环节，贯穿基础教育、职业教育、高等教育各领域。"①2019年3月，在学校思想政治理论课教师座谈会上，习近平总书记强调，思想政治理论课是落实立德树人根本任务的关键课程，思政课作用不可替代，思政课教师队伍责任重大。同时，习近平总书记提出思想政治理论课改革创新，要坚持"八个相统一"，其中包括要坚持显性教育和隐性教育相统一，挖掘其他课程和教学方式中蕴含的思想政治教育资源，实现全员全程全方位育人。最后，习近平总书记还强调："要完善课程体系，解决好各类课程和思政课相互配合的问题，鼓励教学名师到思政课上讲课。"②这是自2016年全国高校思想政治工作会议上提出"使各类课程与思想政治理论课同向同行，形成协同效应"以来，习近平总书记又一次强调推进思政课程与课程思政有机结合、协同育人。

中共中央和国务院的一系列重要决策部署，也对高校课程思政的落实指明了方向。2017年2月，中共中央、国务院印发《关于加强和改进新形势下高校思想政治工作的意见》，指出："充分发掘和运用各学科蕴含的思想政治教育资源"③强调各门课程都蕴含思政元素，都有育人责任。2017年9月，中共中央办公厅、国务院办公厅印发《关于深化教育体制机制改革的意见》指出："健全立德树人系统化落实机制"，要"健全全员育人、全过程育人、全方位育人的体制机制，充分发掘各门课程中的德育内涵，加强德育课程、思政课程。"④这说明各门课程都有育人责任，高校落实立德树人根本任务不仅要发挥思政课重要作用，还要发掘各门课程中蕴含的德育内涵，实现全课程育人。2019年8月，中共中央办公

---

① 坚持中国特色社会主义教育发展道路 培养德智体美劳全面发展的社会主义建设者和接班人[N]. 人民日报，2018：1.

② 用新时代中国特色社会主义思想铸魂育人贯彻党的教育方针落实立德树人根本任务[N]. 人民日报，2019：1.

③ 中办国办印发《关于加强和改进新形势下高校思想政治工作的意见》[N]. 人民日报，2017：1.

④ 中办国办印发《关于深化教育体制机制改革的意见》[N]. 人民日报，2017：1.

厅、国务院办公厅印发的《关于深化新时代学校思想政治理论课改革创新的若干意见》，第一次明确指出，要整体推进高校课程思政，深度挖掘高校各学科门类专业课程中所“蕴含的思想政治教育资源，解决好各类课程与思政课相互配合的问题，发挥所有课程育人功能，构建全面覆盖、类型丰富、层次递进、相互支撑的课程体系，使各类课程与思政课程同向同行，形成协同效应”。① 这体现了各类课程与思政课程相互配合，合力育人，共同提高大学生思想政治素养的重要性。2019 年 10 月，中共中央、国务院印发的《新时代公民道德建设实施纲要》指出：“注重融入贯穿，把公民道德建设的内容和要求体现到各学科教育中，体现到学科体系、教学体系、教材体系、管理体系建设中，使传授知识过程成为道德教化过程。”②这是在强调课程思政建设要有机融入思政元素。

教育部等部委出台的一系列重要文件，也对高校课程思政建设作出了明确部署。为深入贯彻落实全国高校思想政治工作会议、全国教育大会、学校思想政治理论课教师座谈会等重要会议精神，教育部等部委先后制定出台一系列重要文件，统筹部署高校课程思政建设。2017 年 12 月，全国高校思想政治工作会议召开一周年之际，中共教育部党组印发了《高校思想政治工作质量提升工程实施纲要》，指出构建要课程育人质量提升体系，要大力推动以“课程思政”为目标的课堂教学改革，优化课程设置，修订专业教材，完善教学设计，加强教学管理，梳理各门专业课程所蕴含的思想政治教育元素和所承载的思想政治教育功能，融入课堂教学各环节，实现思想政治教育与知识体系教育的有机统一。同时指出，要“统筹推进课程育人”，要修订各类专业教材，研制课程育人指导意见，充分挖掘和运用各门课程蕴含的思想政治教育元素，作为教材讲义必要章节、课堂讲授重要内容和学生考核的关键知识。还要发挥专业教师课程育人的主体作用，健

---

① 中共中央办公厅、国务院办公厅. 关于深化新时代学校思想政治理论课改革创新的若干意见[M]. 北京：人民出版社，2019：3.

② 中共中央国务院印发《新时代公民道德建设实施纲要》[N]. 人民日报，2019：2.

全课程育人管理、运行体制，将课程育人作为教师思想政治工作的重要环节，作为教学督导和教师绩效考核的重要方面，“培育选树一批‘学科育人示范课程’，建立一批‘课程思政研究中心’”①。这是官方文件中第一次明确出现“课程思政”这一概念术语，并对课程思政的实施主体、实施要求、目标指向等进行了具体规定，形成了较为完整的体系。

2018 年 8 月，教育部、财政部、国家发展改革委印发的《关于高等学校加快“双一流”建设的指导意见》指出：“实施普通高校思想政治理论课建设体系创新计划，大力推动以‘思政课＋课程思政’为目标的课堂教学改革，使各类课程、资源、力量与思想政治理论课同向同行，形成协同效应。”②2018 年 10 月，教育部发布的《关于加快建设高水平本科教育全面提高人才培养能力的意见》（又称“新时代高教 40 条”）指出，实现高水平本科教育，要把思想政治教育贯穿本科教育全过程，“强化课程思政和专业思政。在构建全员、全过程、全方位‘三全育人’大格局过程中，着力推动高校全面加强课程思政建设，做好整体设计，根据不同专业人才培养特点和专业能力素质要求，科学合理设计思想政治教育内容。强化每一位教师的立德树人意识，在每一门课程中有机融入思想政治教育元素，推出一批育人效果显著的精品专业课程，打造一批课程思政示范课堂，选树一批课程思政优秀教师，形成专业课教学与思想政治理论课教学紧密结合、同向同行的育人格局”。③ 这是站在推动实现高水平本科教育全面提高人才培养能力的高度，强调从课程、课堂、教师、目标各个方面细化课程思政建设，推动课程思政建设常态化发展，形成课程思政与思政课程紧密结合、同向同行的育人格局。

2019 年 10 月初，教育部发布的《关于深化本科教育教学改革全面提高人才

---

① 教育部. 高校思想政治工作质量提升工程实施纲要[Z]. 2017:1.

② 教育部、财政部、国家发展改革委. 关于高等学校加快“双一流”建设的指导意见[Z] 2018:1.

③ 教育部. 关于加快建设高水平本科教育全面提高人才培养能力的意见[Z]. 2018:1.

培养质量的意见》指出:“把课程思政建设作为落实立德树人根本任务的关键环节,坚持知识传授与价值引领相统一、显性教育与隐性教育相统一,充分发掘各类课程和教学方式中蕴含的思想政治教育资源,建成一批课程思政示范高校,推出一批课程思政示范课程,选树一批课程思政优秀教师,建设一批课程思政教学研究示范中心,引领带动全员全过程全方位育人。”①10 月底,教育部又发布的《关于一流本科课程建设的实施意见》指出,建设适应新时代要求的一流本科课程,要深入挖掘各类课程和教学方式中蕴含的思想政治教育元素。同时强调要“推动课程思政的理念形成广泛共识,构建全员全程全方位育人大格局”。② 同一个月发布的两大文件,都强调建设一流本科课程,深化本科教育,要重视挖掘各类课程中的思政元素,强调课程思政的育人功能。

2020 年 4 月,教育部等八部门发布的《关于加快构建高校思想政治工作体系的意见》(以下简称《意见》)指出,要扎实推进哲学社会科学专业课程思政建设,文学、历史学、哲学类专业课程要帮助学生掌握马克思主义世界观和方法论,从历史与现实、理论与实践等相结合的维度深刻理解习近平新时代中国特色社会主义思想。经济学、管理学、法学类专业课程要培育学生经世济民、诚信服务、德法兼修的职业素养。教育学类专业课程要注重加强师德师风教育,引导学生树立学为人师、行为世范的职业理想。同时强调要全面推进所有学科课程思政建设,“理学、工学类专业课程要注重科学思维方法的训练和科技伦理的教育,培养学生探索未知、追求真理、勇攀科学高峰的责任感和使命感,培养学生精益求精的大国工匠精神。农学类专业课程要注重培养学生的大国‘三农’情怀,引导学生‘懂农业、爱农村、爱农民’。医学类专业课程要注重加强医德医风教育,注重加强医者仁心教育,教育引导学生尊重患者,学会沟通,提升综合素养。艺术学类专业课程要教育引导学生树立正确的艺术观和创作观,积极弘扬中华美育

---

① 教育部.关于深化本科教育教学改革全面提高人才培养质量的意见[Z]2019:2.
② 教育部.关于一流本科课程建设的实施意见[Z].2018:1.

精神”。①此《意见》按照学科专业特点，提出文史哲类、经管法类、教育学类、理工类、农学类、医学类、艺术类7大类专业课程的课程思政建设构想，为高校各位专业课教师在课程思政建设中找准自己的角色、干出自己的特色指明了方向。2020年5月，教育部出台的《高等学校课程思政建设指导纲要》指出，全面推进课程思政建设是落实立德树人根本任务的战略举措，课程思政建设是全面提高人才培养质量的重要任务。还明确了课程思政建设目标要求和内容重点，强调要“科学设计课程思政教学体系，结合专业特点分类推进课程思政建设，将课程思政融入课堂教学建设全过程，建立健全课程思政建设质量评价体系和激励机制，加强课程思政建设组织实施和条件保障”②。这是对高校课程思政建设作出的整体设计和全面部署，对于全面推进高校课程思政建设走向深入、落到实处意义重大。

（二）构建三全育人体系要求加快课程思政建设

习近平总书记在全国高校思想政治工作会议上明确指出，要坚持把立德树人作为中心环节，把思想政治工作贯穿教育教学全过程，实现全程育人、全方位育人，努力开创我国高等教育事业发展新局面。为进一步聚焦实现全员全过程全方位育人“三全育人”体系的构建，中共中央、国务院发布的《关于加强和改进新形势下高校思想政治工作的意见》提出，加强和改进高校思想政治工作必须坚持全员全过程全方位育人的基本原则，把思想价值引领贯穿教育教学全过程和各环节，形成教书育人、科研育人、实践育人、管理育人、服务育人、文化育人、组织育人长效机制。同年教育部党组制定了《高校思想政治工作质量提升工程实施纲要》，进一步细化了高校提升思想政治工作质量的内容体系，强调要充分发挥课程、科研、实践、文化、网络、心理、管理、服务、资助、组织等方面工作的育人功能，挖掘育人要素，完善育人机制，优化评价激励，强化实施保障，切实构建十

① 教育部等八部门.关于加快构建高校思想政治工作体系的意见[Z].2020:2.
② 教育部.关于印发《高等学校课程思政建设指导纲要》的通知[Z].2020:3.

大育人体系。教育部同时制定了《“三全育人”综合改革试点工作建设要求和管理办法》,组织开展“三全育人” 综合改革试点工作。这一系列文件、政策、方针的制定出台,推动新时代高校构建“三全育人”体系工作进入了快车道。

“三全育人”指的是全员育人、全程育人、全方位育人。新时代高校构建“三全育人”的大思政格局,体现了立德树人的根本任务。“三全育人”体系要求高校尊重教育规律、教学规律和人才成长规律,全面统筹、整合、协同学校各项教育教学的所有育人元素,发掘一切校内外资源,打造全方位、立体式的育人时空,实现育人主体、时间、空间三个维度的有效协同,把思想政治教育贯穿人才培养全过程和各环节,从而形成人人、时时、处处育人的高校思想政治教育局面。全员全程全方位育人是相互促进、有机统一的整体,要求发挥高校所有教育教学人员的育人作用,整合校内校外的有效资源,把思想政治教育贯穿于教育教学的全过程。由此可见,课程思政建设和三全育人大思政格局具有高度的内在一致性和契合性。正因为如此,以习近平同志为核心的党中央高度重视课程思政建设,教育部专门制定了《高等学校课程思政建设指导纲要》,要求全面推进高校课程思政建设,让所有高校、所有教师、所有课程都承担好育人责任,守好一段渠、种好责任田,使各类课程与思政课程同向同行,将显性教育和隐性教育相统一,形成协同效应,构建全员全程全方位育人大格局。

全员育人要求发挥专业课教师的育人作用。全员育人意味着高校思想政治教育参与主体的全员性,强调贯彻立德树人的根本任务是高校所有教师责无旁贷的分内职责,所有部门、所有教师都理应主动参与到学生思想政治教育中去。高校思想政治教育并不是马克思主义学院(或思想政治理论课部)一个部门的事,更不是思想政治理论课一门课程所能担负的责任。新时代高校思想政治教育工作要因事而化、因时而进、因势而新,要充分发挥课堂教学的主渠道作用,努力探索构建全员育人机制。这里的全员既包括思想政治理论课教师、辅导员班导师等思想政治工作队伍,也包括对学生进行知识教育的专业课教师。当然,思想政治理论课是落实立德树人根本任务的关键课程，办好思想政治理论课的关键在教师，“思政课作用不可替代，思政课教师队伍责任重大。”思想政治理论课教师要充分发挥积极性、主动性和创造性，按照政治要强、情怀要深、思维要新、视野要广、自律要严、人格要正的“六要”标准努力提升自我的综合素质和水平，提升思想政治理论课的实效性，将思想政治理论课打造成学生真心喜爱、终身受益的“金课”。同时，专业课教师要进一步强化立德树人的认识，既教书又育人，与思想政治理论课相互补充，在传授专业知识和提升专业技能的同时，充分挖掘专业课程中包含的思想政治教育要素，从而通过课程思政加强对学生的思想引领与价值引导，真正做到守好一段渠、种好责任田。

全程育人要求将有效资源整合为统一的整体。全程育人强调的是从时间维度看，大学生思想政治教育是一个贯穿始终的过程，必须将立德树人的要求融入学生进入大学直至毕业的所有环节，形成不断线、可持续、贯穿式的完整育人链条。学生的成长也是一个完整的过程，育人工作理所当然也应该是一个有机统一的整体。全程育人要求高校思想政治教育要遵循教育规律、思想政治工作规律、学生成长规律，要加强思想政治教育工作的顶层设计，围绕学生的成长成才，全面统筹校内校外各领域、教育教学各环节、人才培养各方面的育人资源和育人力量。全程育人要求重点关注大学生在校学习生活的全过程，强调根据大学生的阶段特点及心理变化，进行不同阶段的思想教育工作，以促进大学生的身心健康发展。全程育人要求将思政课程和课程思政有效结合，各类课程都要承担传授知识、理论、方法、经验等职能，也都要发挥一定的精神塑造和价值教育功能，从而实现全程育人的教育目标。

全方位育人要求凝聚课程思政的育人合力。“全方位”育人指的是在空间维度打通校内校外、课内课外、线上线下等通道，充分利用教育的各个板块和领域，在涉及学生的课堂教学、科学研究、学生管理和社会实践等各方面加入思想政治的元素，实现育人功能所有资源的有效整合。正如上文所讲，课堂教学需要充分发挥思政课教师和专业课教师的育人合力，同样，科学研究也应该发挥科研育人的功能，引导学生在科学研究中树立正确的价值取向和学术导向，培养学生敢为人先的科学精神、开拓创新的进取意识和严谨求实的科研作风。学生管理应该树立服务育人、管理育人、资助育人等的导向，围绕学生、关照学生、服务学生，在解决学生的实际问题中教育学生、引导学生，帮助学生健康成长；社会实践要发挥应有的实践育人功能，坚持理论性和实践性相统一，引导学生把课堂的所学应用到社会实践的大课堂中去，引导学生在社会调查、志愿服务、创业实习、科技发明实践中了解国情、积累智慧、增强本领。科学研究、学生管理、社会实践等各个环节协同发力都需要专业课教师的积极配合，需要专业课教师主观能动性的发挥。只有大力推动课程思政建设，把思想政治教育要素渗透在学生所有教育教学活动中去，学生才能把正确的世界观、人生观和价值观真正内化于心、外化于行，实现知、情、意、行的有机统一，最终成长为德智体美劳全面发展的社会主义建设者和接班人。

(三)全国各高校课程思政的实践逐步展开

自 2016 年全国高校思想政治工作会议召开之后，全国各个高校也将课程思政建设作为高校加强思想政治教育、提高教育教学质量的重要举措，不断进行课程思政实践探索。目前，课程思政建设已在全国高校全面铺开，初步形成高校普遍重视、院系广泛动员、教师积极参与的局面，这一局面也不是一下子出现的，其形成有一个过程。

课程思政源于上海高校思想政治教育综合改革实践①。十多年前，上海基础教育坚持探索实施《上海市学生民族精神教育指导纲要》和《上海市中小学生命教育指导纲要》即“两纲教育”，总结出一条最有效的经验，那就是“始终坚持‘学科德育’的核心理念，即把德育的核心内容有机分解到每一门课程，充分体现

① 伍醒，顾建民.“课程思政”理念的历史逻辑、制度诉求与行动路向[J].大学教育科学，2019(3)：23.

每一门课程的育人功能、每一位教师的育人责任。”①基于“学科德育”的探索经验，上海高等教育界越来越感受到，要落实立德树人根本任务，有必要进一步在高校探索“课程思政”试点工作。于是从2014年开始，上海高校在教育部指导下率先在通识教育课程中开设“中国系列”，由名师大家主讲国家建设发展成就，在课堂教学中根植社会主义核心价值观，课程思政就是由此而升华的课程理念。2016年11月19日，华东政法大学召开了“从‘思政课程’到‘课程思政’——高校思想政治理论教育课程体系创新”研讨会，与会专家学者对“中国系列”课程创新理念进行经验总结，提出“课程思政”教学理念，推进高校思想政治理论教育体系创新，注重全员、全课程育人。同年12月2日，《中国教育报》刊发《上海高校强化显性思政、细化隐性思政，构建全课程育人格局——从“思政课程”到“课程思政”》一文，对上海高校所推行的“课程思政”改革试点情况给予肯定，文章指出：“近来，一批‘中国’系列课程在上海高校涌现：大国方略、创新中国、人文中国、智造中国、读懂中国、中国道路……不仅强化显性思政，将传统的思政课上出新面貌，而且细化隐性思政，深入发掘通识课、专业课的育人资源，以活泼的课堂组织形式、生动的案例和对于国情的贴切把握，赢得大学生热捧。”②时至全国高校思想政治工作会议召开前夕，上海多所高校诸如上海交通大学、复旦大学、上海大学、上海中医药大学、上海外国语学院等的课程思政建设已经初显良好育人效果。

课程思政教学理念在全国高校思想政治工作会议中得到认可。2016年12月，全国高校思想政治工作会议在北京召开，习近平总书记在会上发表重要讲话，指出：“要坚持把立德树人作为中心环节，把思想政治工作贯彻教育教学全过

① 高德毅，宗爱东. 从思政课程到课程思政：从战略高度构建高校思想政治教育课程体系[J]. 中国高等教育，2017(1)：44.

② 上海高校强化显性思政、细化隐性思政，构建全课程育人格局——从“思政课程”到“课程思政”[N]. 2016：2.

程，实现全程育人、全方位育人”。做好高校思想政治工作，“要用好课堂教学这个主渠道，思想政治理论课要坚持在改进中加强，提升思想政治教育亲和力和针对性，满足学生成长发展需求和期待，其他各门课都要守好一段渠、种好责任田，使各类课程与思想政治理论课同向同行，形成协同效应。”除思想政治理论课外的其他各门课程，也要负起育人责任，在传授知识和培养能力的同时做好价值引领，与思想政治理论课同向同行，共同育人。这在一定程度上表明了党中央对课程思政教学理念的认可，为上海高校持之以恒推进课程思政改革坚定了信心，对全国各大高校探索实施以课程思政为目标的课堂教学改革，具有极其重要的指导意义。

全国高校思想政治工作会议后，课程思政在全国各大高校扎实推进。为深入贯彻落实习近平总书记全国高校思想政治工作会议讲话重要精神，教育主管部门和各地高校高度关注课程思政建设。上海市出台了《上海高校“课程思政”教育教学体系建设专项计划》，启动12所整体试点高校、12所重点培育高校、34所一般培育高校，实现了所有高校全覆盖开设“中国系列”思政选修课程，所有高校全覆盖开展综合素养课程改革，每所学校至少选取1门以上课程开展试点，所有高校全覆盖开展专业课程育人改革，每所学校至少选取两门以上专业课程开展试点。2017年6月，教育部在复旦大学召开“2017年高校思想政治理论课教学质量年上海调研片会暨高校‘课程思政’现场推进会”，充分肯定了上海高校“课程思政”改革的经验和做法，并且认为这种有益经验对于构建以思政课为核心，各类课程与思政课同向同行、形成协同效应的思想政治理论教育课程体系提供了一套有价值、可推广的“上海经验”。同年7月，《光明日报》教育实践版刊发《从“思政课程”走向“课程思政”》一文，也充分肯定了上海高校的课程思政的实践探索和经验，文章指出：“全国高校思想政治工作会议召开以来，上海市加快推进由‘思政课程’走向‘课程思政’的教育教学改革，让所有课都上出‘思政味’，所有任课教师都挑起‘思政担’，探索构建全员、全课程的大思政教育体系，取得了初步成效。”①此后，教育部开始在全国进行推广。同年12月，中共教育部党组发布《高校思想政治工作质量提升工程实施纲要》，在官方文件中第一次明确提出“课程思政”教学理念，随后全国各大高校在借鉴上海经验的同时，结合本校实际情况纷纷推进课程思政建设。当下，高校课程思政建设在全国各地高校已经全面铺开，初步形成了高校普遍重视、院系广泛动员、教师积极参与的局面。

① 虞丽娟.从“思政课程”走向“课程思政”[N].光明日报，2017:14.

第二章　构建新时代高校课程思政的教育体系

体系是若干有关事物互相联系、互相制约而构成的一个整体，课程体系是学校各类课程的整体排列、组合和优化，具体到某一个专业就是围绕专业培养目标而设置的全部课程要素以及各要素根据作用、功能的不同进行排列组合。新时代高校课程思政的教育体系构建要素中，国家和社会对于人才培养的要求，是其体系建设的缘起，应实时把握、全程贯穿。

习近平总书记在2016年的全国高校思想政治工作中明确提出："其他各门课都要守好一段渠、种好责任田，使各类课程与思想政治理论课同向同行，形成协同效应。"从而要"把思想政治工作贯穿教育教学全过程，实现全程育人、全方位育人，努力开创我国高等教育事业发展新局面。""课程思政"这一概念早在2014年就由上海市教育委员会提出并在上海的一些高校进行了试点，取得了较好的成效，习近平总书记的重要讲话为课程思政的发展提供了有力的支持。所以，课程思政是新时代思想政治教育发展的重要方向，对于培养德智体美劳全面发展的社会主义建设者和接班人，满足人民对美好生活的需要，实现中华民族伟大复兴的中国梦具有十分重要的意义。

构建新时代高校课程思政的教育体系是教育生态系统的要求。教育是一个生态系统，往大里讲整个社会都是一个教育生态系统，往小里讲小学、初中、高中、大学也分别是一个教育生态系统。要保持教育生态系统的平衡就要求系统内部相互联系和相互作用的各个部分能够良好有序运行，全员、全程、全方位共同完成立德树人的根本教育目标。如果将高校各类课程看作一个系统，课程内部要共同实现思想政治教育的功能，其中思想政治理论课是思想政治教育的主渠道，但绝非“独奏曲”，而是需要专业课、综合素养课（通识课）等各门课程同思想政治理论课同向同行，完成思想政治教育的“大合唱”。而影响课程思政教育体系构建的因素主要有教材、教师、学生等，教师与教师之间、教师与学生之间、学生与学生之间、教师与教材之间、学生与教材之间都相互影响、牵制。在这个系统中，教材影响课程思政的内容，教师是课程思政的实施主体，学生是课程思政的接受主体，因此，必须在课程思政方面加强统筹协调，实现思想政治教育在各类课程中对接和融合，注重横纵贯通。

新时代高校课程思政的教育体系是构建中国特色学科体系的要求。思想政治理论课是在马克思主义理论指导下的关于马克思主义基本原理、中国近现代历史、马克思主义中国化理论、思想道德和法律基础等的课程，其所涉及的学科非常广泛，包含着政治、经济、历史、法学、国际关系等多个专业，需要哲学社会科学作为支撑，如果没有哲学社会科学，思想政治理论课将会成为无源之水无本之木。同样，现有各学科体系有较多是“舶来品”，按照西方学科体系来复制构建，在我国高校必然出现水土不服的情况。习近平总书记明确提出要构建中国特色、中国风格、中国气派的哲学社会科学体系，想要建设中国特色学科体系离不开马克思主义理论的指导，将中国特色社会主义道路自信、理论自信、制度自信和文化自信贯穿到学科体系的建设当中去，将“四个自信”最终划归为一个自信即对实现中华民族伟大复兴的中国梦充满自信。

构建新时代高校课程思政的教育体系是全员育人的要求。“亲其师，信其道，尊其师，奉其教”。高校思想政治工作者在塑造学生灵魂、引领他们健康成长方面起着重要作用，其中党政干部和共青团干部、思想政治理论课教师、辅导员、班主任是高校思想政治教育的骨干力量，专业教师是高校思想政治教育的重要力量，行政管理人员、后勤服务人员等是高校思想政治教育的补充力量，所有高校教职员工都负有育人职责。构建新时代高校课程思政教育体系能够促进高校教职员工全员投入思想政治教育的工作中，尤其是推动课程教师开展思想政治教育的常态化，使教师能够以高尚师德和人格魅力感染学生，用充满社会主义核心价值观的教学引导学生。

第一节 课程思政的科学内涵

我国高校历来重视课堂教学的育人主渠道作用，其中，思政课是落实立德树人根本任务的关键课程和重要阵地。近年，特别是在深入贯彻落实全国高校思想政治工作会议、全国教育大会精神的推动下，高校系统挖掘其他课程、课堂中有关立德树人的教育资源，形成思想政治教育合力和综合优势的探索实践，取得的一大标志性成果就是从思政课程演化出课程思政的新课程形态。高校初步构建起“思政课程＋课程思政”的大思政教育体系。

思政课程促使课程思政演进演化。众所周知，思政课程承担着对在校大学生进行马克思主义理论教育，党的路线方针政策教育，爱国主义、国际主义和革命传统教育等重要任务，在铸魂育人、立德树人的教育体系中发挥着“压舱石”的作用。目前，在思政课与专业课的衔接过程中，在学术思政、专业思政的探索与创新过程中，专业课程的思想政治教育资源被越来越多地挖掘出来，专业课程在思想政治教育中的分担责任也越来越受到重视：从个别到类别的课程思政概念越来越清晰，课程思政的实践也逐渐由个别的、随意的、碎片化的、自觉不自觉的、时有时无的状态，向主动的、自觉的、有目的的、有设计的、有体系的状态演进演化，课程思政逐渐成为与思政课程共担大学生思想政治教育的协同联合体。

“四个服务”是课程思政的方向指引。习近平总书记对我国高等教育事业发展和社会主义大学建设提出了“四个服务”的明确要求，即要“为人民服务，为中国共产党治国理政服务，为巩固和发展中国特色社会主义制度服务，为改革开放和社会主义现代化建设服务”。课程思政就是高校主动践行“四个服务”的具体实践，旨在重新定义高校思想政治教育的打开方式，并开发各类专业课程及其教学过程中的“思政”元素和资源，找准切入点、结合点、创新点，系统构建课程思政体系，使专业课程与思想政治教育相贯通、政治性与学理性相贯通、价值性与知识性相贯通、理论性与实践性相贯通、灌输性与启发性相贯通、显性教育与隐性教育相贯通。要让专业课教师挑起“思政担”，让专业课上出“思政味”，让专业教学结出“思政果”，激发和强化专业课程立德树人的增值效应，使新时代高校思想政治教育形式多起来、覆盖广起来、效果实起来。

三全育人是课程思政的实践范式。从理念上讲，三全育人与课程思政的出发点和落脚点都是培养人，三全育人重在强调“全”和“育”，课程思政重在落实“全”和“育”。从实践上讲，三全育人和课程思政目标指向相同，都是从单纯重视知识的学习走向价值观教育，从传统的学科教学走向综合育人，从孤立的思想政治教育走向全员、全过程、全方位育人，培养德智体美劳全面发展的人，培养中国特色社会主义事业的合格建设者和可靠接班人。从两者的互动关系上讲，三全育人是课程思政的实践范式，课程思政是三全育人的重要抓手，共同推动由单到全的育人主体转型，由教到育的育人重心转型，由条到块的育人机制转型，由灌到引的育人过程转型，由散到合的育人整体转型，共同凸显思想政治教育的实践创新与质量提高。

综上所述，需要从课程思政的本质、理念、结构、方法和思维等几个维度来认知和把握其丰富的内涵。

（一）课程思政的本质是立德树人

立德树人是高校课程思政追求的根本目标。各类课程在其知识传授和能力培养的功能性上是各有所长的，在价值引领上，其思想政治教育融入的方式、内容虽然有所不同，但指向的都是立德树人这一根本目标。课程思政在本质上是一种教育，是为了实现立德树人。“育人”先“育德”，注重传道授业解惑、育人育才的有机统一，一直是我国教育的优良传统。思想政治教育是做人的工作，解决的是“培养什么样的人、如何培养人”的问题，是我们党和国家的优良传统和各项工作的生命线。我们党历来高度重视学校德育工作和思想政治工作，探索形成了一系列教育方针、原则，为“培养什么样的人、如何培养人、为谁培养人”问题提供了基本的工作遵循。课程思政是要将思想政治教育融入其他课程教育之中去，不管是作为具体的思想政治教育还是作为宏观的教育而言，它都是为了实现立德树人。课程思政始终坚持以德立身、以德立学、以德施教，注重加强对学生的世界观、人生观和价值观的教育，传承和创新中华优秀传统文化，积极引导当代学生树立正确的国家观、民族观、历史观、文化观，从而为社会培养更多德智体美劳全面发展的人才，为中国特色社会主义事业培养合格建设者和可靠接班人。

高校课程思政要根据自己所在学校的办学定位和学校的办学特色，或根据学校所在地的特点、区域文化、区域经济发展特点，利用地域人文道德资源，在课堂上讲好学校的历史以及区域故事，培养学生的爱校、爱地域情怀，彰显地方特色，生动讲好身边的故事，以此激发学生的爱国意识，体现历史的沧桑感与厚重感等思政元素。

习近平总书记在党的十九大报告中指出：“文化是一个国家、一个民族的灵魂。文化兴则国运兴，文化强则民族强。没有高度的文化自信，没有文化的繁荣兴盛，就没有中华民族的伟大复兴。”可见文化自信事关国运兴衰，事关文化安全，事关民族精神独立。利用地域特色和学校的历史变迁文化，激发学生的文化自信。文化是流淌在人们血液中的基因特质，经久不息，绵延不绝，一方水土养育一方人，一方人造就一方文化，文化一旦形成，就会持久地影响着人们的思维方式、使人们形成固有的思维特质。因此，我们要珍惜优秀的传统文化资源，对于先人留下来的灿烂文明，有必要吸收并转化为我们课程思政重要的精神营养，去激发学生产生文化自信。富有特色的文化和历史更容易勾起学生的持久记忆，滋养学生的爱国情怀。一般来说，身边的特色历史文化和故事往往由于其被熟悉程度、感知程度、相信程度有别于来自远处的历史和故事，因而更容易激发人们产生某种情感和兴趣，利用“亲近感染”这一原理，在实施课程思政过程中采用特色资源、讲好身边的故事更容易产生激励和鼓舞作用。尤其人文素养课更要充分挖掘地域特色，在课程教学中将地域历史文化与课程目标相结合，讲出这个地方的鲜明特质，以此激发学生的学习兴趣，使之保持持久的记忆，进而深化为爱自己的国家和人民。

在课程思政中开展特色教育，教师需具备将地方特色文化与国家发展战略、地区经济社会发展蓝图紧密结合的能力。教师需要熟悉和善于挖掘本地区的历史文化传统，并熟悉地方经济社会发展的主导思想和宏观构建蓝图，以及本地区在整个国家建设中的目标定位，站在党和国家的发展理念的战略高度，面对地方经济社会发展的需要，开展自己的课程建设，使学生既能看到本地域的过去，又能把握其现实与未来，远近结合；既能站在国家层面考虑问题，又能准确把握本地区的特色优势，实现整体与局部的结合。如此，学生的知识和视野的立体感、宽阔感才能形塑起来，精准定位自己的职业规划和未来前景，避免课程学习、专业学习的盲目性，从地域文化的特质中找到文化的自豪感与自信心。教师要善于将本地区特色传统文化赋予其时代意义，具有将传统文化进行创造性转化和创造性发展的能力。一门课程的思政元素的挖掘程度，与教师自身的积极性、成就动机和事业热情有关系。课程特色更多取决于课程内容的特色，这对教师提出了善于自主学习、自主涉猎、自主挖掘、自主研究、开创性地转化与发展的要求，课程思政教师自身需要具有厚重的历史文化基础和丰富的人文素养，善于发现传统文化的价值和意义并能推陈出新，方有可能培养学生厚重的人文底蕴、强烈的人文情怀和高尚的审美情趣。教师要具有将富有特色的传统文化与人才培养目标相结合打造特色课程的能力。教师一方面具有传承地方特色文化的职责，通过打造特色课程，深入研究梳理挖掘地方特色文化，让特色文化成为人才培养的肥沃滋养资源；另一方面具有弘扬优秀传统特色文化的义务，需要将特色文化转化为地方经济社会发展所需要的资源优势。因此，打造具有浓郁地方文化特色的优质课程，就是将特色文化、人才培养与地方经济社会发展相结合的过程，这一过程是由高等教育的人才培养、科学研究、服务社会和文化传承与创新四大功能所决定的。

（二）课程思政的理念是协同育人

从课程思政的提出来看，其目的就是为了实现各类课程与思想政治理论课的同向同行，实现协同育人。协同育人指的是，高校开设的各类非思想政治理论课程也要承担各自的思想政治教育功能，在思想政治教育过程中守好一段渠、种好责任田，与思想政治理论课同向同行，共同发力，形成协同育人效应，即思政课程和其他各类课程要在实现立德树人的根本任务上保持政治方向的一致，在课程目标的实施和课程功能的实现上要保持步调的一致。不论是“三全”育人还是“十全”育人，其体现的正是协同育人的理念。作为我们党的教育方针和我国各级各类学校的共同使命，能不能为中国特色社会主义事业源源不断培养合格建设者和可靠接班人，能不能为实现中华民族伟大复兴中国梦凝聚人才、培育人才、输送人才，是衡量一所学校教育水平最为重要的指标。中国特色社会主义教育本身就是知识体系教育和思想政治教育的结合与综合，不能让思想政治工作和人才培养变成彼此孤立的“两张皮”。课程思政所践行的正是将两者辩证统一起来，把教书育人规律、学生成长规律和思想政治教育工作规律紧密结合起来，把立德树人内化到学校建设和管理各领域、各方面和各环节，用一流的思想政治教育体系建设引领一流的人才培养体系建设，使思想政治教育滋润万物的精神力量融通教师的每一节课堂、贯穿学生的每一步成长，真正在“三全”育人的大思政工作格局中，让学生成长为栋梁之材。

高校课程思政协同育人是对现实问题的积极探索和回应。综观当前，高校还未能形成横纵贯通的协同育人局面，一是各学科、各专业、各课程未能深入挖掘其育人价值且协同性较弱，其学科优势和课程的价值属性还未真正发挥出来，课程育人目标缺乏定位，仅完成知识和能力目标，对情感、态度、价值观目标等不做研究；育人内容缺少挖掘，不懂哪些内容背后蕴含了育人资源；育人方式较为局限，通常以教师讲授为主，很少运用情感体验、实践体认等方式。二是第一课堂、第二课堂（实践课堂）、第三课堂（网络课堂）之间壁垒分明，未能以一致的知识、能力和价值观目标开展育人工作。第一课堂中专业知识在第二课堂中往往没有加以运用和实践，第二课堂中的各类社会实践、志愿服务的出发点还比较浅层和宽泛，第三课堂中出现的多元价值力量的角逐，往往在第一课堂听不到解释，在第二课堂得不到回答。三是各教师的育人意识和育人能力参差不齐，无法发挥最大合力，教师开展的课程思政育人工作具有非系统性，一般是依靠部分教师本人的育人责任感，以自身的敏感性和敏锐力为学生开展课程思政教育，往往受教师本人素养水平的限制。因此，高校课程思政协同育人研究是对以上现实问题的积极探索和回应，要求各学科、专业和课程构建相互贯通的育人目标体系，每一位教师都能结合学科与课程内容、特点深入挖掘课程育人资源，第一、二、三课堂能协同一致帮助学生将正确的世界观、人生观和价值观内化于心外化于行，引领学生成长成才。

高校课程思政协同育人是马克思主义培育自由而全面发展的人的必然。人的自由全面发展是马克思主义的精髓，马克思主义认为人的发展应该是自由而全面的发展，马克思提出了“个人的全面发展”“全面发展的个人”“个人独创的和自由的发展”“个人向完整的个人的发展”等概念。我国高校是社会主义大学，坚持马克思主义的指导地位，把立德树人作为高校的根本任务，将促进学生成长成才作为一切工作的出发点和落脚点，最终目的是为了培养自由而全面发展的人。故而，高校课程思政协同育人要求必须坚持马克思主义为指导，用马克思主义立场、观点和方法教育学生，在各门课程中渗透价值导向、科学精神、人文素养、逻辑判断等，培养学生德才兼备、全面发展。

高校课程思政协同育人是坚持党对高校思想政治工作主导权的根本所在。习近平总书记在全国高校思想政治工作会议上指出：“党委要保证高校正确办学方向，掌握高校思想政治工作的主导权，保证高校始终成为培育社会主义事业建设者和接班人的坚强阵地。”高校是引人以大道、启人以大智的重要场所，培育人才是高校的重要任务之一，而为谁培养人才决定了高校课程协同育人的最终旨归。因此，高校课程思政协同创新研究必须坚持党对高校思想政治工作的主导权，坚持中国共产党的领导和为人民服务的宗旨，高校人才培养目标及课程设置也必须为巩固中国特色社会主义制度服务，培养出的人才也必然要投身改革开放和社会主义现代化建设服务的大潮之中。

高校课程思政协同创新是高校课程体系建设的趋势和要求。高校课程的价值取向关系着课程体系的设置，决定了课程体系以何种目标为根本，满足何类受教育者的需求，继而决定了课程体系选择怎样的知识为课程内容、怎样的书目为课程教材。人的头脑不可能是真空的，总是要装进去什么东西的。如果教育者不将思想、理论、价值观念传播给受教育者，不将理想信念、家国情怀植入他们心里，那么他们脑子里自然而然便被其他东西所填满，被各种价值观影响。学校教育就是以课程为中介，将教育的价值取向融入课程中，培养符合当下教育价值取向的人才。当前我国高校课程结构主要包括综合素养课(通识课)、思想政治理论课程和专业课程，具体到表现形式，有理论课也有实践课，有必修课也有选修课，有专业课程也有跨学科课程，但不论何种表现形式，都是为实现立德树人这一根本任务服务的。除了课程的结构，还有具体到课程资源、教材的选择、教学大纲的编排也是受此影响。同样，现有的课程体系各个要素的排列组合所呈现出的状态对课程的价值取向有重要的反作用，如果在课程体系的设置汇总中忽略了价值取向这一核心要素，那必然会出现课程相互打架的情况，缺乏逻辑主线，学生学习到的只有零散的知识而无核心的价值引领。因此，从课程价值取向入手，开展课程思政协同创新，涵盖课程教与学的全过程，强调教师传授的知识点背后映射的都是育人思想，而且追求在教学相长中实现知识与价值的双丰收，实现教书育人的深化。

思政课程和课程思政两者之间之所以能够进行协同，是因为虽然两者的课程类别和课程性质有所不同，在人才培养过程中实现教育任务与功能的方式不同，但也存在一致性，包括任务和目标上的共同性，方向和功能上的一致性，内容和要求上的一致性。两者都承担着立德树人的根本任务，都在塑造国家需要的优秀人才，都是紧紧围绕学生的中心地位，都在为学生成才提供必要的支撑体系和服务体系。任何一种教育都是要培养与国家意志相统一、与社会要求相一致的人才，任何一种教育都无法脱离国家的需要而独立存在。思政课程和课程思政二者正因为有共同之处，才具有了协同育人的条件和基础。

课程思政和思政课程如何协同？思政课程是塑造学生灵魂的通识教育课，是对学生进行思想政治教育的主渠道、主阵地，是安装在所有大学生头脑中的价值驱动系统，是学生成长过程中的指路明灯。思政课会随着时代的变化，因事而化、因时而进、因势而新，思政课永远处在改革发展之路上，思政课对思政课教师的政治站位、学术视野、知识覆盖面、知识结构有很高的要求。而课程思政中的各类专业课是供专业学生学习研究专业知识和专业技能的课程，可以说是学生未来的安身立命之本，专业学生依靠在校习得的专业知识、专业能力、职业技能和专业素养立足、生存于社会。至于两者怎样协同，既涉及学校施教主体对这个问题的重视程度与认知水平，也关涉到协同管理规范机制的建立健全与科学合理设置。施教主体对课程思政的内涵、二者之间的关系和异同、不同侧重和各自优势都应有充分认知，学校在充分认知的基础上应该制定相应的协同管理机制和办法，如此才会形成从事课程思政的实践自觉和达成实施的有效性。

所有施教主体均需充分认识思政课程和课程思政的使命和意义。高校所有的施教主体包括各级党组织、各教育管理职能部门，直接教育主体即教师、辅导员、教辅人员等都需要充分认识思政课程与课程思政各自所承担的使命职责和工作的意义，充分认识课程思政和思政课程二者各自的边界以及相互补充的必要性。因为育人过程中，事实上遇到的思想问题总呈现出纷繁多样性，这一复杂性已非单一某个学科所能解决，所有的施教主体在这点上保持清醒的头脑和较高的政治站位后，二者的协同工作就具备了一定的基础。直接施教主体在教育过程中要有意识地去开发和挖掘思政元素而非被动作为，更拒绝无动于衷、冷漠从事，甚至是横加干扰和排斥。面对品格、品行、品味、人格、灵魂、生命还处于可塑时期的教育客体，直接施教主体的政治站位、师德师风、对党和国家的忠诚度需要接受更为严格的检验，即直接施教主体的政治认同感、国家认同感是实施课程思政的前提。思政课程的施教主体所从事的铸魂工作的特点决定了其能为课程思政提供思想政治教育资源，并提供各种理论政策的阐释、解读服务，助力课程思政的施教主体增加人文修养和价值观认同，而课程思政的施教主体可以为思政课提供更多的教育素材，帮助思政课施教主体更为深入、更为丰富地理解具体科学对于塑造学生灵魂的价值。教育管理主体要主动协调二者关系，制定有效的协同机制。实施课程思政属于一项整体性、系统性和开放性工作，涉及众多教学单位、众多专业、众多任课教师，因此需要管理部门总体调度、协调策划、顶层设计、周密部署共同完成。教育管理主体作为学校教学管理的协调、协同力量，在规划、安排、调节、控制、评估等各项教育管理事务过程中，要具备协同的意识和理念，提供能够协同的制度支持体系和政策服务体系，确保课程思政和思政课程二者始终处在同一条轨道上同频共振、同向发力。

(三)课程思政的结构是立体多元

课程思政本身就意味着教育结构的变化，即实现知识传授、价值塑造和能力培养的多元统一。课程思政要求教师在教育教学中积极探索实质性介入学生个人日常生活的方式，将教学与学生当前的人生经历和心灵困惑相结合，有意识地回应学生在学习、生活、社会交往和实践中所遇到的真实问题和困惑，真正触及他们认知和实践的隐性根源，从而对其产生积极的影响。同时，课程思政也要求教师向学生传授普遍的、客观的知识，进一步提高他们的理性认知能力和水平，以促进其默会知识的提升和转化，从而实现知识传授与心灵成长、价值塑造和能力提升之间的互动。

实施课程思政过程中，教育者要具有多学科的知识储备，具有运用复合知识进行思想政治教育的能力，以便形成课程思政建设中所需要挖掘出来的丰富全面的思政元素和育人元素。实施课程思政所要挖掘的思政元素和育人元素的具体内容具有丰富性，课程思政建设要尽力全面体现如下思政元素，比如执政党的领导、意识形态安全教育、爱国主义教育、德性教育（政治伦理、经济伦理、生态伦理等）、法治意识、义利观教育、生态观教育、家风教育、科学精神、创新精神、文化自信教育、公平正义、社会责任感、人文情怀教育、审美情趣教育、世界眼光教育，实际上大多数包含在社会主义核心价值观的具体内容和意识形态要求中。总而言之，育人元素主要包括一个国家执政党的主张以及国家治理的一整套理念，其中对于社会主义中国来说，最重要的是体现社会主义核心价值观和国家意识形态要求等内容。这一点课程思政的实施者需要加以明确，要具备一定的知识积累和储备。实施课程思政，一些专业课教师缺少思想政治教育的相关知识，导致无法有效地穿插思政元素和育人元素。因此，对施教主体提出具有学科意识而非仅仅具备专业意识的要求。一方面，对于从事人文社科的施教主体来说，对育人元素和思政元素内容相对熟悉和了解，容易在教学过程中穿插到位，但也存在一定局限，因为有些从事人文社科课程教育教学的施教主体不太熟悉自然科学的发展历史与发展规律，讲授过程中也常常捉襟见肘。因此，他们也需要不断扩展知识面，开阔知识视野，增强对自然现象、自然辩证法以及自然规律的了解，将天地人整合在一起看问题以及把中国古代“天人合一”的整体认识世界的思维贯穿在教育教学过程中，才能将课程思政建设的要求把握到位，也需要在使自己成为百科全书式的全才方面做出积极努力。另一方面，对于从事自然科学的施教主体来说，本就存在一个自身先熟悉、了解、内化的过程，育人者先育己，对自身的教育包括教育者自身对课程思政的意义、使命和责任，对党的重大路线、方针、政策以及国家的整体治理建设发展思路有相当的了解和把握，然后才能具备实施课程思政的条件,给学生在课堂上游刃有余、自然而然地讲出来,且学生能够有效接受,这对从事自然科学课程教学的老师来说很显然有自我教育的要求。总而言之,从事课程思政建设,要求施教主体具备开阔的视野和多学科、跨学科的复合思维,即需要具备学科思维来认识和实践课程思政,方能收到事半功倍的良好效果。

实施过程中,施教主体需根据不同专业课程的特点,适时地、有选择地结合穿插思政元素。针对不同的专业课程,施教主体需要根据该课程的实际讲授内容,选择挖掘其中一种或者某几种元素,将讲授专业知识和思政内容有机融合。这就要求施教主体要适时适当选择,从众多的育人元素中有意识地、及时地选择相关点进行自然而然的穿插讲解,恰到好处,既不会冲淡专业知识,又增添了思政内容,点到为止,非牵强附会、生拉硬扯,否则会适得其反。这样学生既学到了专业知识,又收获了思政内容,一举两得,实现了知识传授与价值引领的双重教育目的。施教主体需要根据时代变迁,适时增加丰富思政元素的内容,把党的最新理论创新成果和国家意志纳入思政教育的内容之中。时代在变化,新问题在不断出现,新时代呼唤新理论,党的主张及国家治理策略一定也会随之逐步完善,因此,施教主体的教学过程需要逐渐丰富和调整思政元素,及时删除不合时宜的内容,增添新的内容信息,服务于整个教育教学目标和立德树人的要求。

(四)课程思政的方法是显隐结合

人才培养体系涉及教学体系、教材体系、学科体系、管理体系等,贯通其中的是思想政治工作体系。课程思政正是要立足于构绘这样一个育人蓝图,通过深化课程目标、内容、结构、模式等方面的改革,把政治认同、国家意识、文化自信、人格养成等思想政治教育导向与各类课程固有的知识、技能传授有机融合,实现显性教育与隐性教育的有机结合,促进学生的自由全面发展,充分发挥教书育人作用。聚焦课程建设和教学活动,使思想政治教育融入教育教学的各个要素之中,填补了专业课程教学在育人环节上的空白,打通了学校思想政治教育的"最后一公里”,从而使全面协同育人落实到细微之处。

所谓隐性思维,是指课程思政中的专业类课程的教育教学采取润物细无声的方式,潜移默化、自然而然地穿插党的主张、国家意志和意识形态要求,从而达到思想政治教育的要求和目的。为何课程思政中的专业类课程要采取隐性思维方式实现育人目的?从对专业课与思政课的意义进行比较而言,专业课相对于思政课更需要采取润物细无声的方法实现思想政治教育目的。专业类课程主要担负着专业人才的培养任务,是让学生通过专业知识、技能的学习和掌握,把学生培养成训练有素的专业人才。鉴于专业类课程与思政课的课程性质不同,专业类课程比较适合采取隐性的思想政治教育方式,在专业知识的讲授过程中有意识地通过教学设计让学生接受知识传承和价值引领双重任务的训练。相对而言,思想政治理论课由于具有明确的政治性和意识形态性,采取坚持显性教育和隐性教育相统一的方式从某种意义上来说,更强调思想政治教育和铸魂育人目的的政治性、直接性、明确性。因此,思想政治理论课要努力避免通识化的倾向,即在思想政治理论课改革中片面扩大通识性内容,而对思想政治理论课的中心内容讲解不到位,甚至淡化教学内容的意识形态性,结果把思想政治理论课上成了通识课。从对哲学社会科学与自然科学相比较的意义而言,自然科学可以说更需要隐性思维教育方式。哲学社会科学课程包含着诸多治国理政、治国兴邦、爱国情怀的智慧,因此,哲学社会科学内在地包含着社会的需要、政治的需求和愿望,比较容易实现显性教育的意图。而自然科学本身是对自然界发生发展规律的认识和把握,自然科学本身没有鲜明的价值取向,因此,在自然科学的教育过程中采用隐性思想政治教育更符合学生的接受心理,更能产生施教主体所期待的效果。

那么专业类课程如何实现隐性的思想政治教育?施教主体尤其是从事自然科学的施教主体需要主动了解国家发展历史与未来展望,了解现实国情和问题,了解党的奋斗纲领和治国理政的主张、方略,具备世界视野与整体眼光,把握世界发展的动态，以及本国与他国之间的关系，同时还需要把握隐性教育规律和教育对象的特点，施教主体才具备了隐性思想政治教育必备的知识储备和形势研判能力。根据不同课程的具体目标和任务，专业课施教主体了解本课程在人才培养体系中的地位和作用，合理设置教学大纲，精心构思教学设计，根据不同课程内容，结合学生的实际，自然而然，点到为止，恰到好处地穿插育人元素和思政元素。专业类课程施教主体要善于用故事式、启发式、情景式教学模式达到隐性思想政治教育的效果。专业类课程施教主体注重问题导入点的选择，注重引领学生对某一个问题的深入思考，讲授中注重创设问题情景，或者讲一段历史或人物故事，启发学生自己得出结论而非直接告诉学生结论，通过不断启发和循循善诱，让学生从中感怀他们对信仰的执着、对人类的关切和对国家的责任。

(五)课程思政的思维是科学创新

在全国高校思想政治工作会议上，习近平总书记提出了提高学生思想政治素质的明确要求，即"四个正确认识"：教育引导学生正确认识世界和中国发展大势、中国特色和国际比较、时代责任和历史使命以及远大抱负和脚踏实地，其要义就在于要学会用正确的立场、观点和方法分析问题，把学习、观察、实践同思考紧密结合起来，善于把握历史和时代的发展方向、把握社会的主流和支流、现象和本质，养成历史思维、辩证思维、系统思维和创新思维。实施课程思政的创新思维指的是，根据时代的变化、国家的需要、世界的发展、受教育者的知识掌握等情况，实施课程思政的教育者要永远紧跟变化和发展的趋势，善于捕捉新情况、新问题，在课程思政中加以体现和实施创新，创新授课形式、授课方法、授课内容，以拓宽受教育者的视野，始终把增强授课的效果作为课程思政的终极追求。对于课程思政而言，其首先所展现的就是一种科学思维，强调要用辩证唯物主义和历史唯物主义的思维方式去看待事物，不能陷入唯心主义和机械唯物主义的泥沼，将理论导向神秘主义。尤其是在当前国际社会意识形态领域风云变幻，各种社会思潮、观念激烈交锋的背景下，教育要顶住压力、抵住侵蚀就需要进一步加强在各门课程中的思想政治教育，用马克思主义的立场、观点和方法去教书育人，构筑起牢固的思想防线，抵制各种错误思潮、错误言论对学生的危害。课程思政所展现的是一种创新思维，它强调在思想政治理论课以外的课程中融入思想政治教育。在课程思政建设的具体过程中，需要创新思维，以新思维催生新思路、以新思路谋求新发展、以新发展推动新方法、以新方法解决新问题，实现课程思政的创新发展。

实施课程思政为何要具备创新思维？世界和中国都处在运动变化中的现实要求课程思政必须创新。互联网的诞生、大数据的出现，深刻地改变着世界，也改变着中国，更改变着人类自身。具体而言，世界处在剧烈的变化之中，大国与大国之间的关系、大国与小国之间的关系、强国和弱国之间的关系都在不断地变化与调整，世界走近中国、中国也在融入世界，国与国之间的交往日趋频繁。不仅如此，互联网还悄无声息地改变着人们的生活方式和思维方式，挑战甚至是颠覆了人类的传统交往方式，交互作用更加现代和频繁。因此，实施课程思政需要审时度势，注重发现、联系和创新，把创新的要素、理念和要求学生参与创新的道理通过课程思政传递给受教育者，助力他们做有担当、有作为的时代新人，激励学生创新的动力与热情。世界处在运动变化之中，中国也在日新月异地发生着深刻的变革，变革已然成为常态，国家的发展和进步都需要嵌入创新思维，要让受教育者也及时了解和把握世界每日发生的大事。因此，要求课程思政与时俱进，紧跟时代步伐，主动创新，主动融入，把世界变化讲给受教育者，使他们心明眼亮、具备世界思维和世界眼光，真正凸显课程思政的价值所在。同时，受教育者的思维水平在提高和知识需求在加大的现状要求课程思政必须创新。随着互联网的发展，与互联网有关的各种新生事物应运而生，受教育者面对的外界各种诱惑和干扰因素日益增多，他们具有了解新生事物的冲动，但他们常常对是非、形势难以准确研判，因此不加选择一股脑接受成为常态，同时也伴随着内心的无法平静、躁动、焦虑和困惑。这些都给课程思政提出了新的课题，需要课程思政施教者具有解决这些问题的责任、自觉和担当，需要给学生解决心中的迷茫和困惑，采用创新的教育理念与方式，顺应时代发展潮流，勇立潮头，从容应对，把创新作为课程思政永恒的追求。

如何把创新思维运用到课程思政之中？课程思政教育内容和方式需要创新，课程思政主动融入，对接国家需求和国家战略。实施课程思政的创新思维体现在课程思政的实施者要积极高度关注国家的战略需求和国家的发展方向，对接国家的社会经济发展现状，从宏观处着想，在课程细微处落实，主动创新教学内容，主动转换讲授方式，主动改革教学方法与手段，创新性地挖掘课程思政中的思政元素和育人元素，揭示知识背后的创新体系和内在结构。因此，国家战略需求成为课程思政创新的不竭动力和源泉。课程思政的开发需要创新，课程思政不仅能够在现有的专业课程中去实施，还可以创造课程思政新的课程增长点，在既有的课程基础上不断开发新课程。这些课程不仅向受教育者传授最新的理念、知识内容和价值观导向，而且开发本身就是一种创新性工作。这种创新性的工作或者潜移默化，或者直截了当地感染着受教育者，激发学生的潜能和自我实现的内驱力，使得受教育者从中得到启发，受到熏陶，使教育者的创新思维也得到了有效训练。课程思政的教学设计要体现创新性，课程思政的实施过程就是课程教学的展开过程，需要施教者根据情景、目标、学情、资源等因素创新课堂教学，巧妙设计教学内容、精心构思教学环节，通过传授知识体系，同时把思考问题的角度、思维方式本身以及价值体系一同“打包”，艺术性地改善学生的认知结构，使学生掌握认识世界的方法、促进学生提升思维能力，学会自己推导出结论，使之有效内化为认同。

第二节　课程思政的内容供给

“课程思政”不是简单捏合、生硬拼凑的“课程＋思政”，而是在尊重教学规律、专业规律、课程规律 的前提下，以育人新理念、新思维、新方式，推进课程、课堂教育教学改革，也是使知识、能力、素质培养与社会主义核心价值观、社会责任感、改革创新使命感等有机融合，从而突出培养德智体美劳全面发展的人的目标指向。

课程思政建设工作要围绕全面提高人才培养能力这个核心点，在全国所有高校、所有学科专业全面推进，促使课程思政的理念形成广泛共识，形成广大教师开展课程思政建设的意识和能力全面提升，协同推进课程思政建设的体制机制基本健全，高校立德树人成效进一步提高的新局面。课程思政建设内容要紧紧围绕坚定学生理想信念，以爱党、爱国、爱社会主义、爱人民、爱集体为主线，围绕政治认同、家国情怀、文化素养、法治意识、道德修养等重点优化课程思政内容供给，系统进行中国特色社会主义和中国梦教育、社会主义核心价值观教育、法治教育、劳动教育、心理健康教育、中华优秀传统文化教育。

（一）推进习近平新时代中国特色社会主义思想进教材、进课堂、进头脑

当代大青年学生是中国特色社会主义建设的生力军，是实现中华民族伟大复兴中国梦的主体力量。因此，能否帮助青年学生学习领会中国特色社会主义理论体系，让他们更好地把对中国特色社会主义理论体系的理解转化为坚定的政治信仰、正确的思维方法和行为准则，直接关系到中国特色社会主义事业是否后继有人，关系到实现中国梦是否具备坚实的人才保障。

在课程思政建设过程中，高校要深入推进习近平新时代中国特色社会主义思想进教材、进课堂、进头脑，坚持不懈用习近平新时代中国特色社会主义思想铸魂育人，引导大学生了解世情、国情、党情、民情，增强对党的创新理论的政治认同、思想认同、情感认同，坚定中国特色社会主义道路自信、理论自信、制度自信、文化自信。总的来说，主要有四条途径：一是学习研讨要深。对习近平新时代中国特色社会主义思想的学习必须全面系统、入脑入心，坚持马克思主义立场、观点、方法，务必学深学透、融会贯通。采取多种形式学，要纳入党委理论学

习中心组、党员干部教育培训、支部组织生活、主题教育、社会实践等工作或活动中，覆盖全体师生，确保学习质量和效果。二是宣传引导要活。及时编印一批有料有味的学习参考资料，组织宣讲团深入基层，开展主题征文，举办系列理论研讨活动。在校报、校广播电台、主页新闻、党建网等校园媒体上开设专栏专题，充分发挥微博、微信、慕课等新媒体矩阵作用，加强与校外媒体互动合作，采用大学生喜闻乐见的方式，生动鲜活地报道各种好经验、好做法和新举措、新进展。三是课堂教学要新。采取多种方法手段抓紧抓好习近平新时代中国特色社会主义思想进教材、进课堂、进头脑。第一时间组织各院系教学负责人和名师学者全面研读习近平总书记重要讲话精神，把相关精神实质和核心要义融入教学方案，引导思想政治理论课和其他相关课程用最新理论成果充实完善教学内容、调整教学大纲、修订教材讲义，通过集体备课、教学培训和业务研讨等方式，积极主动地把习近平新时代中国特色社会主义思想和各项工作的部署要求融入课程教学中。四是理论研究要透。整合学科优势和人才优势，重点围绕习近平新时代中国特色社会主义思想及高等教育相关主题，筹划成立专门研究机构，增设研究专项，组织骨干力量开展研究，力争形成一批高水平、有影响的理论成果。

(二)培育和践行社会主义核心价值观

社会主义核心价值观是一个国家、民族的精神旗帜，是人民的精神家园。习近平总书记指出："如果一个民族、一个国家没有共同的核心价值观，莫衷一是，行无依归，那这个民族、这个国家就无法前进。"社会主义核心价值观概括了国家的价值目标、社会的价值取向和公民的价值准则，鲜明回答了"要建设什么样的国家、建设什么样的社会、培育什么样的公民"的重大问题，是当代中国精神的集中体现，凝结着全体中国人民的共同价值追求。中共中央办公厅、国务院办公厅2015年1月印发的《关于进一步加强和改进新形势下高校宣传思想工作的意见》，将大力加强社会主义核心价值观教育，作为加强高校宣传思想工作的主要任务之一，文件要求通过培育和践行社会主义核心价值观，帮助青年学生"扣好人生的第一粒扣子”。大学生正处于世界观、人生观和价值观形成的关键时期，容易受到各种价值观的影响。而某些西方国家正是利用这一特点开展价值渗透。加强社会主义核心价值观教育，提高大学生对价值问题的辨识能力和价值意识，关系到大学生正确价值观的形成和健康成长，具有重要意义。

高校培育和践行什么样的价值观，说到底解决的是一个“培养什么人、怎样培养人”的问题，这是课程思政建设的重要内容。高校要教育引导学生把国家、社会、公民的价值要求融为一体，提高学生的爱国、敬业、诚信、友善修养，自觉把小我融入大我，不断追求国家的富强、民主、文明、和谐和社会的自由、平等、公正、法治，将社会主义核心价值观内化为精神追求、外化为自觉行动。当前，学生思想意识更加自主，价值追求更加多样，个性特征更加鲜明，同时，一些学生也存在着价值观念认识模糊、价值选择无所适从的问题。社会主义核心价值观为人们提供了国家层面的价值目标、社会层面的价值取向、个人层面的行为准则，是高校思想政治教育的重要指南。培育和践行社会主义核心价值观是一项长期的系统工程，需要进行长效机制建设。首先要建设以大学精神为核心的校园文化，对高校师生的价值观发挥潜移默化的熏陶和教育作用。要把社会主义核心价值观与大学传统、大学精神有机融合，利用重要活动和重大节庆日等契机，开展丰富多彩的校园文化活动和形式多样的主题宣传教育活动。通过建立完善师生志愿服务体系，深化主题社会实践和志愿公益活动等，引导学生在参加社会实践、服务他人、奉献社会中升华对社会主义核心价值观的体验感受和认知理解。要围绕价值认同、价值传承、价值传导、价值涵养、价值弘扬、价值践行下功夫。要长期开展社会主义核心价值体系学习、中国梦宣传教育活动和中国精神主题教育实践活动。通过文化讲堂、研读经典、历史文化遗产展示、传统节日教育等形式，广泛开展礼敬中华优秀传统文化活动。以大学章程的制定、核准和实施为契机，拓宽渠道让学生参与规章制度的制定、修订和实施，在酝酿讨论中明辨规章制度蕴含的价值取向并内化为自身的行为准则。倾力打造实践教学、社会实践、扶贫支教、田野实习、挂职锻炼等实践育人平台。将社会主义核心价值观贯穿于高等教育的一切活动之中，思想政治教育工作队伍既要主动与教师队伍、管理队伍和保障服务队伍进行更加有效的联动，也要主动与家庭和社会组织建立更加紧密的协作关系，努力构建学校内部协同一致、学校与社会协同有效的“双协同”育人机制。要调动高校每个人价值观念培育的积极性和主动性，在自己的学习和工作实践过程中不断进行价值提升，提高培育和践行社会主义核心价值观的自觉性。

（三）加强中华优秀传统文化教育

当代大学生要自觉弘扬中华优秀传统文化、革命文化、社会主义先进文化，大力弘扬以爱国主义为核心的民族精神和以改革创新为核心的时代精神，教育引导学生深刻理解中华优秀传统文化中讲仁爱、重民本、守诚信、崇正义、尚和合、求大同的思想精华和时代价值，教育引导学生传承中华文脉，富有中国心、饱含中国情、充满中国味。将中华优秀传统文化教育融入课程思政教学当中，需要我们从三个方面着手。

一是融入爱国主义情怀教育。在中华民族几千年绵延发展的历史长河中，爱国主义始终是激昂的主旋律，始终是激励全国各族人民自强不息的强大力量。习近平总书记指出：“爱国，是人世间最深层、最持久的情感，是一个人立德之源、立功之本。”课程思政要在厚植爱国主义情怀上下功夫，要把“先天下之忧而忧，后天下之乐而乐”的责任担当，“位卑未敢忘忧国”“苟利国家生死以，岂因祸福避趋之”的报国情怀，“富贵不能淫，贫贱不能移，威武不能屈”的浩然正气，“人生自古谁无死，留取丹心照汗青”“鞠躬尽瘁，死而后已”的献身精神等优秀传统文化和民族精神阐发透彻，引导大学生深刻认识中华优秀传统文化中所包含的爱国主义思想精髓。要讲清楚、阐释好爱国和爱党、爱社会主义相统一的问题，教育引导大学生认识到祖国的命运和党的命运、社会主义的命运是密不可分的，只有坚持爱国和爱党、爱社会主义相统一，爱国主义才是鲜活的、真实的。要把爱国主义教育融入教育教学全过程，特别是要在思想政治理论课、形势与政策教育、创新创业教育、法治法纪教育过程中，探索研究各个教育教学层面的爱国主义思想、行为与实践价值，教育引导大学生踏踏实实修好品德，成为有大爱大德大情怀的人。要充分把握好中国传统文化节日、重大历史事件纪念活动等契机，充分利用博物馆、文化馆、烈士纪念馆等爱国主义教育平台，创新艺术表现形式和新媒体传播模式，持续开展社会主义核心价值观和中国梦教育，唱响爱国主义主旋律，牢固树立国家意识、集体意识、英雄意识。

二是拓宽人文精神教育。“观乎人文，以化成天下。”在高校的人才培养、科学研究、服务社会、文化传承与创新等一系列功能中，由中华优秀传统文化凝聚、积淀而成的高校人文精神是一切功能的基础与主导。习近平总书记在全国宣传思想工作会议上强调，中华优秀传统文化是中华民族的文化根脉。要把优秀传统文化的精神标识提炼出来、展示出来，把优秀传统文化中具有当代价值、世界意义的文化精髓提炼出来、展示出来。在课程思政中拓宽高校人文精神之用，就要深刻阐发优秀传统文化中关于人格养成的注重，关于人品塑造的关切，关于人、社会与自然生命整体观的反思与观照等精神要义，深入挖掘中华优秀传统文化蕴含的思想观念、人文精神、道德规范，结合时代要求继承创新，让中华文化展现出永久魅力和时代风采。要在塑造大学生健全人格与优良人品上下功夫，坚持以美育人、以文化人，提高大学生的人文素养。要在中华优秀传统文化传承和创新的实体建设上下功夫，要找准渠道、找准定位，通过实实在在的机构平台，构建文化传承和创新的现实体系。结合大学生教育教学和发展实际，探索通过与名家、大师、传承人共建工作室等形式，建立教学、研究、传承、交流等功能于一体的文化研究平台，实现文化研究、技艺传承、教学改革、现实体验、文化解读的多方面收益。要在机制模式创新上下功夫，积极创新中华优秀传统文化育人模式。充分利用好校企合作、产教融合、企业文化进校园、校园文化进社区等机制与抓手，探索组建中华优秀传统文化创新班、中华优秀传统文化创新服务社团，在社会与学校、产教一体化育人机制中落实中华优秀传统文化人才培养的协同性，更好地推动人才培养质量的落地性与效益性。通过平台和机制建设，教育和引导大学生在人文精神的指引下，涵养道德品格、人文精神、美学情趣、劳动意识、健康观念，逐步形成一系列独具特色、充满智慧的处世方法、教化思想、美学体系、生活理念、风俗习惯、生活方式与情感样式，并以此为纽带，实现中华优秀传统文化的创造性转化、创新性发展。

三是筑牢校园文化之体。中华优秀传统文化只有实现“体用互构”，才能把握社会主义核心价值观之根、爱国主义情怀之核，才能凸显中华优秀传统文化之用。中华优秀传统文化融入校园文化建设，就要坚持全面贯彻党的教育方针，坚持马克思主义指导地位，坚持中国特色社会主义教育发展道路，坚持社会主义办学方向。在制度文化建设层面，要将中华优秀传统文化的思想精华、道德范式、规范体系、价值取向的现实意义和时代价值融入大学制度文化建设，让其更加突出平等、公正、节制、克己、无私、勤勉、秩序、自由等文化价值。在物质文化建设层面，要把校园文化建设作为传承和弘扬中华优秀传统文化的重要载体，在校园文化建设中融入中华优秀传统文化建设，增进校园文化建设历史积淀、提升校园文化建设的文化品位、增强校园文化建设的价值引领；要坚持因地制宜，注重结合区域发展特点、学校历史文化，有重点、有特色、有区分地开展校园文化建设。在行为文化建设层面，要通过组织学生开展形式多样的中华优秀传统文化与校园文化的融合活动，让大学生在校园文化建设的具体活动中感知、认可、践行中华优秀传统文化。

(四)深入开展法治教育

习近平总书记指出，法治和德治两手抓、两手都要硬。高校必须坚持立德树人、德育为先导向，大力开展法治宣传教育，教育引导学生学思践悟习近平全面依法治国新理念、新思路、新战略，牢固树立法治观念，坚定走中国特色社会主义法治道路的理想和信念，深化对法治理念、法治原则、重要法律概念的认知，提高运用法治思维和法治方式维护自身权利、参与社会公共事务、化解矛盾纠纷的意识和能力，推动学生提高法治素养，形成对中国特色社会主义法治的内心拥护和真诚信仰。课程思政如何融入宪法法治教育，主要从以下三个方面进行探索：

一是坚持正确的政治方向，突出教学重点内容。高校法治教育的目标在于培养大学生深层次的法治观念与运用法律知识的能力。思想道德修养与法律基础课是高校开展法治教育的主渠道，必须强化法治人才培养的政治方向，突出对重点内容的教学。加强“法治和道德相辅相成、法治和德治相得益彰”这一内容的教学。将“坚持依法治国和以德治国相结合”作为大学生应该树立的“社会主义法治观念”之一，从正确认识法治和德治的地位、作用和实现途径三方面进行阐述，帮助和引导大学生准确把握坚持依法治国和以德治国相结合这一基本原则，要深刻理解全面依法治国的主要任务，深刻认识法治和德治的内在联系。加强“法治是发展的可靠保障”这一内容的教学，需要对“社会主义法律的作用”和“建设社会主义法治体系的意义”等要点深入讲解，深入阐释法治是发展的可靠保障，必须把经济社会发展纳入法治轨道等重点内容，帮助学生充分认识法治对经济社会发展的保障作用，增强厉行法治的自觉性。加强“社会主义民主法治建设”这一内容的教学，要紧密联系社会主义民主法治建设和学生的思想实际，深入阐释发展社会主义民主政治、全面推进法治中国建设的目标，加强社会主义民主法治建设的具体任务等重点内容的讲解，引导和帮助学生进一步明确加强社会主义民主法治建设的目标任务，正确认识民主法治建设的中国特色，增强责任感和使命感。加强“我国宪法确立的基本原则和制度”这一内容的教学。就需要深入阐释坚持和完善人民代表大会制度、中国共产党领导的多党合作和政治协商制度、民族区域自治制度以及基层群众自治制度，扩大公民的有序政治参与，充分发挥我国社会主义政治制度优越性等重点内容，增强学生对我国基本政治制度、政治发展道路和中国特色社会主义法治道路的认同感。

二是运用多样化教学方式，提升法治教育的实效。科学合理的教学方法可使教学达到事半功倍的效果。积极探索多样化的法治教育方法，实现从单纯法律体系教育向法律问题教育方式转变，从单向灌输向多样式教育互动方式转变，从单纯法律理论教育向引导学生理论与实践相结合方式转变，从平面的课堂教学到多维立体的法治教育方式转变，实现教育方式创新，调动学生的学习积极性，提升法治教育的实效性。充分利用多元化教学手段就需要通过宣传栏、校园网、校广播电台、校报刊物、主题班会、大学生法律知识竞赛、校园文化月等，不断拓展法治教育的教学手段，使法治观念教育融入大学生的现实学习与生活中，使大学生真正体会到“法治与我相随，知行统一于法律”。紧密结合法律实务开展教学。采取案例教学、专题法治讲座、法律辩论、模拟法庭和法律社团活动等，提升学生解决法律问题的能力。典型案件的实践性学术研讨比起一般的课堂教学，有一定的特殊性。从内容上看，它具有鲜活的现实性；从时间上看，它就发生在大学生熟悉的领域，因而具有较为科学的实践基础。网络时代的大学生对身边发生的热点案件具有较高的兴趣，大学生的认知能力与普通民众相比要强得多，进行学术性研讨完全可以达到明晰事理与感知法治力量的教育目的。在法律案例的选择上，应区别于法学专业教学，尽可能地接近学生所学专业或实际生活，激发学生探索的兴趣；案例选择应注意选择当前热点问题，并与教材密切联系起来。在具体学术研讨过程中，可以由专家学者诠释实践性法治理念的时代特征，由大学生提出各自理解和处理法律纠纷的办法，在典型性热点案件的研讨与争论中提高大学生的法治素养。要合理借助多媒体教学软件，通过听、说、看综合于一体的课件，直观呈现教育重点，提高学生对法治教育信息感受度及教学过程的投入。此外，有法律专业的高校也可以组织法律专业学生在校园内开展法律咨询活动，提高学生参与法治教育学习的积极性，增强学生对法律知识的理解。

三是形成法治教育合力，营造良好教学环境。加强高校法治教育，不仅仅是思想政治教育课的责任，也是全校的责任；不仅是高校的责任，也是全社会的责任。要重视大学生法治教育的社会环境建设，充分调动校内校外资源，创造良好的教育教学环境。要为大学生法治教育的课外教学活动提供便利和支持。地方执法、司法机关以及律师事务所等应该积极支持高校法治教育，加强和学校的协同配合，共同建立一批集实践性、参与性、趣味性为一体的实习实践基地，举办面向大学生的法治宣传活动，为大学生亲身体验和学习法律、理解法律创造条件和平台，提升大学生的法律素养。高校可以邀请司法实践部门的相关人员来校给大学生进行有关现实案件处理的专题讲座，也可从法学院校聘请知名教授来校给学生作专业性学术报告；组织大学生到法院旁听司法审判，到行政部门观摩行政执法流程，把观念中的法治与实践中的法治统一起来，培养实践逻辑中的法治素质。媒体是沟通法律与普通社会成员的重要桥梁，大学生群体是媒体的重要受众，社会新闻媒体在大学生法治教育中应该发挥积极的作用，加强立法、执法、司法等法律实践活动以及法律文化的传播，营造培养大学生法治思维和法治意识的良好舆论氛围。

(五)深化职业理想和职业道德教育

“课程思政”本质上是一种教育教学理念，是一种创新的育人观和先进的教育观，旨在教育引导学生深刻理解并自觉实践各行业的职业精神和职业规范，增强职业责任感，培养遵纪守法、爱岗敬业、无私奉献、诚实守信、公道办事、开拓创新的职业品格和行为习惯。其基本要义是：统筹大学所有课程、课堂的育人资源和育人力量，激发专业教学传授知识、培养能力、提升素质及思想政治教育的多重功能，发挥所有课程承载的培养大学生世界观、人生观、价值观的作用，丰富专业知识、学术研究中独特的思想政治教育内容和形式，使学生易于接受又能印象深刻，让学生的专业教育和大学生活相结合，产生增值效应，从而为培养学生面向未来的综合竞争力打下深厚的基础。

各高校要结合专业特点分类推进课程思政建设。专业课程是课程思政建设的基本载体，要深入梳理专业课教学内容，结合不同课程特点、思维方式和价值理念，深入挖掘课程思政元素，有机融入课程教学，达到润物无声的育人效果。

文学、历史学、哲学类专业课程要在课程教学中帮助学生掌握马克思主义世界观和方法论，从历史与现实、理论与实践等维度深刻理解习近平的新时代中国特色社会主义思想。经济学、管理学、法学类专业课程要在课程教学中坚持以马克思主义为指导，加快构建中国特色哲学社会科学学科体系、学术体系、话语体系；帮助学生了解相关专业和行业领域的国家战略、法律法规和相关政策，引导学生深入社会实践、关注现实问题，培育学生经世济民、诚信服务、德法兼修的职业素养。教育学类专业课程要在课程教学中注重加强师德师风教育，突出课堂育德、典型树德、规则立德，引导学生树立学为人师、行为世范的职业理想，培育爱国守法、规范从教的职业操守，培养学生传道情怀、授业底蕴、解惑能力，把对家国的爱、对教育的爱、对学生的爱融为一体，自觉以德立身、以德立学、以德施教，争做有理想信念、有道德情操、有扎实学识、有仁爱之心的“四有”好老师，坚定不移地走中国特色社会主义教育发展道路。体育类课程要树立健康第一的教育理念，注重爱国主义教育和传统文化教育，培养学生顽强拼搏、奋斗的信念，激发学生提升全民族身体素质的责任感。理学、工学类专业课程要在课程教学中把马克思主义立场观点方法的教育与科学精神的培养结合起来，提高学生正确认识问题、分析问题和解决问题的能力。理学类专业课程要注重科学思维方法的训练和科学伦理的教育，培养学生探索未知、追求真理、勇攀科学高峰的责任感和使命感。工学类专业课程要注重强化学生工程伦理教育，培养学生精益求精的大国工匠精神，激发学生科技报国的家国情怀和使命担当。农学类专业课程要在课程教学中加强生态文明教育，引导学生树立和践行绿水青山就是金山银山的理念，培养学生的“大国三农”情怀，引导学生以强农兴农为己任，懂农业、爱农村、爱农民，树立把论文写在祖国大地上的意识和信念，增强学生服务农业农村现代化、服务乡村全面振兴的使命感和责任感，培养知农爱农创新人才。医学类专业课程要在课程教学中注重加强医德医风教育，着力培养学生“敬佑生命、救死扶伤、甘于奉献、大爱无疆”的医者精神，注重加强医者仁心教育，在培养精湛医术的同时，教育引导学生始终把人民群众生命安全和身体健康放在首位，尊重患者，善于沟通，提升综合素养和人文修养，提升依法应对重大突发公共卫生事件的能力，做党和人民信赖的好医生。艺术学类专业课程要在课程教学中教育引导学生立足时代、扎根人民、深入生活，树立正确的艺术观和创作观，坚持以美育人、以美化人，积极弘扬中华美育精神，引导学生自觉传承和弘扬中华优秀传统文化，全面提高学生的审美和人文素养，增强文化自信。

第三节　课程思政的主要特征

科学认识“思政课程”与“课程思政”之间的辩证关系，是促进“思政课程”与“课程思政”健康、有序发展，提高大学生思想政治教育时效性服务的基础，也是掌握课程思政主要特征的前提。

1. 角色迥异

从教育部新颁布的相关文件来看，“思政课程”与“课程思政”在角色定位上是不一样的。《新时代高校思想政治理论课教学工作基本要求》开宗明义地指出了“思政课程”的角色定位，思想政治理论课承担着对大学生进行系统的马克思主义理论教育的任务，是巩固马克思主义在高校意识形态领域指导地位、坚持社会主义办学方向的重要阵地，是全面贯彻党的教育方针、落实立德树人根本任务的主干渠道和核心课程，是加强和改进高校思想政治工作、实现高等教育内涵式发展的灵魂课程。可见，在高校课程体系中，“思政课程”是“立德树人”的核心课程、灵魂课程，是大学生思想政治教育的主渠道，是社会主义高校的优势所在。而“课程思政”的角色定位则体现在另外两个文件中，《高校思想政治工作质量提升工程实施纲要》指出，要大力推动以“课程思政”为目标的课堂教学改革，优化课程设置，修订专业教材，完善教学设计，加强教学管理，梳理各门专业课程所蕴含的思想政治教育元素和所承载的思想政治教育功能，融入课堂教学各环节，实现思想政治教育与知识体系教育的有机统一。《教育部关于加强新时代高校“形势与政策”课建设的若干意见》也指出，各高校应结合实际和学生需求，开设形势与政策教育类的选修课，完善思想政治理论教育课程体系，发挥“课程思政”作用。这说明，“课程思政”是落实全员育人、全过程育人、全方位育人的需要，致力挖掘各门课程蕴含的思想政治教育元素与功能，拓展思想政治教育的课程载体渠道，是“促使知识传授与价值观教育同频共振”的教育实践活动。综上，“思政课程”是大学生思想政治教育的根基、主干与本体，而“课程思政”则是大学生思想政治教育的渠道、载体和呈现方式。

2. 方式有别

所谓方式有别，是指“思政课程”与“课程思政”的实施方式不一样，前者主要是显性方式，而后者则是以隐性为主、显隐结合。一方面，“思政课程”作为大学生思想政治教育的主渠道，是有计划、有目的、有组织地开设的，有统一的教学大纲、统一的教材、统一规定的学时学分，其教师队伍也有严格的要求，以“灌输”为基本理念，旗帜鲜明地表明应树的立场、观点和态度，尽管也有一定的技巧与艺术，但从本质上来说属于典型的显性思想政治教育。另一方面，“课程思政”则是从“大思政”理念出发，充分挖掘相关课程所蕴含的思想政治教育元素和所承载的思想政治教育功能，融入课堂教学各环节，实现思想政治教育与知识体系教育的有机统一，由于课程类型多样，要求不一，既有显性的类似于形势与政策教育类的选修课，又有各种专业课和综合性的通识教育课。这两类课程中，前者显然属于显性方式，后者则属于隐性方式。这说明，“课程思政”既有显性的方式，也有隐性的方式。但考虑到“课程思政”主体是各类专业课、通识课，这种显隐结合的方式又往往以隐性方式为主。当然，在发挥“课程思政”作用的专业课和通识课上，教师要“明道、信道”，旗帜鲜明地站稳立场，针锋相对地批判错误观点，引领社会思潮。

3. 职能不同

所谓职能，是指处于一定职位、从事某项本职工作所应有的功效和能力。

“思政课程”和“课程思政”由于不同的角色定位，本职工作不一样，其承担的职能必然不同。“思政课程”的中心项是“课程”，在高校课程体系中，存在着德智体美之别，而“德智体美，德育为先”，所以，“思政课程”在高校课程体系中处于“核心地位”，承担着向大学生进行系统的马克思主义理论教育，使其形成正确的世界观、人生观、价值观的任务，是大学生思想政治教育的主渠道和重要阵地，是“第一课程”和“铸魂课程”。也就是说，“思政课程”的职能在于“铸魂育人”，是以课堂教学为主要形式的思想政治教育，重在主导价值观教育。“课程思政”的中心项是“思政”即思想政治教育，思想政治教育有其主渠道主阵地，其主渠道在于“思政课程”，主体是思想政治理论课教师；其主阵地在于经常性思想工作，主体是学校的政工人员。思想政治教育要取得实效，不能单打独斗，要形成合力，就必须拓展渠道和载体，做到全员育人、全程育人、全域育人。而“课程思政”之“课程”，则蕴含着丰富的思想政治教育资源，必须充分开发和利用，这就要将思想政治教育融入“思政课程”之外的所有课程当中，使所有课程与“思政课程”协同育人。但就参与到“课程思政”的相关课程来说，其职能却各不相同：有的重在知识教育，有的重在技能教育，有的重在素质教育。换言之，“思政课程”与“课程思政”职能各有侧重，前者职能单一，是思想政治教育，该职能是“应当＋必须”，是分内之事；而后者职能则多样，其“课程”与思想政治教育相连，是“应当”而非其本职、本位，是其衍生的功效、能力。

4. 功能归一

所谓功能，是事物自身客观蕴含的功效和能力。功能的范围比职能要广，只要其蕴含某种功效和能力就表明其具有某种功能，而不考虑该功效和能力是否为本职所在。就功能和职能的关系来说，其一，某事物的功能往往大于其职能，如“思政课程”的职能是思想政治教育，而其功能则不局限于此，在进行意义教育和方法教育的同时，也客观上承担部分知识教育。其二，两个或两个以上事物的职能尽管不同，但其功能则往往有交叉、重合之处，即两者可能会有相同的功能。

就“思政课程”与“课程思政”来说，之所以说其功能归一，讲的正是其功能具有相同之处，而其功能的相同之处在于思想政治教育。“思政课程”与“课程思政”的功能归一，是殊途同归。如前所言，发挥思想政治教育功能时，前者是主渠道，后者是微循环，做到同向同行，形成协同效应、合力育人。但切记两者要做到互不替代：不能用前者代替后者，不能单打独斗；更不能用后者代替前者，使主渠道闲置，或者不要主渠道了。现实实践中，不重视“思政课程”或不重视“课程思政”的情况都存在。正确的做法是，不能只过于倚重于某一方面，而应形成整体育人合力，且一定要摆正主渠道与微循环的位置，如有人提出“要将所有课程都上出思政味”的观点就是值得商榷的。

分析思政课程和课程思政的区别，其作用在于准确把握新时代课程思政的特点，对这些特点的把握能够帮助我们更好地理解什么是课程思政，从而在实践中更有效地推进课程思政的建设。

(一)寓德于课是首要特征

习近平总书记在全国高校思想政治工作会议上明确指出，高校立身之本在于立德树人，要坚持把立德树人作为中心环节，把思想政治工作贯穿教育教学全过程，实现全程育人、全方位育人，努力开创我国高等教育事业发展新局面。立德作为思想政治教育的重要内容，也应是课程思政建设的重要内容。“德”借助于课程这一重要载体，是寓德于课的，既寓德于具体的课程内容，更寓德于教师的课程教学过程。德，不仅是立身之本，而且是立国之基。我们培养的社会主义事业建设者和接班人应该是“德智体美劳全面发展”的，而且首先要求的就是德。立德不只是思想政治理论课及其教师的任务。立德是课程的应有之义，课程思政所要实现的正是寓德于课，从而为人民、国家和社会培养德才兼备之人。

(二)人文立课是主要特征

课程思政是在课程教学中挖掘“人文素养”元素，其中重要的是人文精神，即对人类生存意义和价值的关怀。每一门课程的教学从根本上来说都是一种教育，都是在进行教书、育人，这本身就蕴含了人文精神，只是不同课程的性质导致其不同程度地隐化了这种精神。健全的教育不仅包括知识的学习，更包括具有价值观意义的家国情怀教育，尤其是思想政治中社会主体力量所倡导的主流价值的教育。课程思政可以说是要突出课程原有的人文精神并在此基础上进一步加深。我们要深刻领会习近平总书记反复强调的立德树人是教育的根本任务这一思想中所蕴含的人文精神，更加自觉、更加有效地把知识教育和理想信念教育、道德品格教育有机结合起来，充分挖掘各类课程的思想政治教育元素，进而深化对课程思政的认识和理解，把对人本身的关怀融入每一门课程的教学之中，让所有课程真正承载起育人的功能，切切实实“守好一段渠、种好责任田”。

（三）价值引领是核心特征

课程思政是要将思想政治教育元素融入各类课程的教学过程中去，其中思想政治教育元素主要指思想政治教育的内容，不一定是具体的思想政治教育理论知识，也可以是思想政治教育所体现的一种价值理念和精神追求。一方面，从课程思政的具体融入内容来看，具有较强的可操作性和比较容易实现的融合模式，是将社会主义核心价值观融入课程教学过程中，在内容上集中凸显课程思政的价值引领特点。另一方面，从课程思政内容融入的抽象层面来看，课程思政的主要内容不是要向学生灌输思想政治教育的基本理论知识，而是要通过这种教育形式来培养学生正确的世界观、人生观和价值观，实现对学生的价值引领。正如习近平总书记所言，青少年学生正处于人生的“拔节孕穗期”，最需要精心引导和栽培，而且青少年的价值取向在某种程度上决定了未来整个社会的价值取向。因此，抓好这一时期的价值观教育十分重要。总体而言，不管是从具体还是从抽象的内容融入来看，价值引领始终是课程思政的核心特点。

第四节　课程思政的价值意蕴

（一）当前大学生思政教育的基本状况

思想政治教育的实效性是指在高校的思想政治教育过程中，通过具体的思想政治教育运作过程,实现思想政治教育目标的程度。它有两个维度,既包括大学生思想政治教育的内部效果——大学生的思想政治素质,也包括思政教育的外部效益,即通过提高大学生的思想政治素质,对社会主义物质文明、精神文明建设的促进作用。具体来说,大学生思想政治教育的实效性是通过思政教育的内容、形式和结果的有效性来体现的。当前,教育部门、全国各高校在党中央的正确领导下,认真贯彻执行关于大学生思想政治教育工作的指导方针和要求,从把握一定阶段大学生的心理特点着手,与时俱进,不断研究新情况、解决新问题,使大学生思想政治教育的内容越来越丰富,方法越来越灵活。多年来,大学生思政教育取得了显著成绩,并呈现出勃勃生机。

大学生思政教育的受重视程度不断提高。党和国家历来重视大学生思想政治教育工作,自十一届三中全会以来以邓小平同志为核心的党中央第二代领导集体及时地拨乱反正并总结了社会主义建设时期大学生思想政治教育工作中的经验教训。以江泽民同志为核心的党中央第三代领导集体面对国内外形势的深刻变化和时代赋予的新任务新使命,更是倍加重视思想政治工作,出台了《关于加强和改进思想政治工作的若干意见》(1999 年),并提出了思想政治教育工作新的指导思想——“三个代表”重要思想。十六大以后,以胡锦涛同志为总书记的党中央在科学发展观的指引下,推动思想政治教育工作的继续发展并注重思想政治教育工作的与时俱进,进而提出,切实把社会主义核心价值体系融入国民教育和精神文明建设全过程,转化为人民的自觉追求。2004 年党中央、国务院发出的《关于进一步加强和改进大学生思想政治教育的意见》(中发〔2004〕16 号),是党中央从国际国内局势出发指导当前大学生的思想政治教育工作的重要文件,为我国新时期进一步加强和改进大学生思想政治教育明确了指导思想、理论依据和前进方向。十八大以来,以习近平同志为核心的党中央高度重视思想政治工作,特别重视大学生思想政治教育工作。2015 年,中共中央办公厅、国务院办公厅印发《关于进一步加强和改进新形势下高校宣传思想工作的意见》(在下文中简称《意见》)强调,要着力增强大学生思想政治教育的针对性和实效性,把社会主义核心价值观融入高等教育全过程,培养德智体美全面发展的社会主义建设者和接班人。《意见》出台充分体现了党和政府对于高等教育的战略思考,其指导思想、基本原则和主要任务必将成为新时期进一步加强和改进大学生思想政治教育的重要纲领。2020年教育部印发《高等学校课程思政建设指导纲要》,为推进高校课程思政建设工作提供了根本遵循。总的来说,多年来我国大学生的思想政治教育工作能顺利开展,为社会主义物质文明建设提供精神动力,离不开党和国家对大学生思想政治教育工作的高度重视。

大学生思政教育的内容不断丰富。思政教育的内容是大学生思想政治教育的基本组成要素,是传递思想政治教育目的的载体。随着我国改革开放的深入发展,市场经济的地位逐步得到确立,与国际接轨的形势日趋迫切,以及由此导致的大学生思想状况的不断变化,使得大学生思想政治教育的内容不断丰富和多样化。自1982年《关于在高等学校逐步开设共产主义思想品德课程的通知》发出后,大学生思想政治教育的内容改变了过去单纯宣讲爱国主义、社会主义和集体主义的模式,开始加入了共产主义品德教育的内容。在经济体制转型时期,面对资产阶级自由化浪潮的袭来,思想政治教育内容一度弱化,文化多元化的发展导致了政治多元化的发展,甚至导致了政治混乱和社会动荡,在此背景下,邓小平同志坚决指出,实现现代化必须坚持四项基本原则,同怀疑四项基本原则的思潮做坚决的斗争,这就指明了大学生思政教育的核心内容和指导思想,稳定了大局。伴随着党的十四大确立的建立社会主义市场经济体制的改革目标,中国社会在经济、政治、文化各方面都有了翻天覆地的变化,这变化反映到了人们的人生观、价值观方面,尤其对于思想尚不成熟的大学生而言更为明显,这一时期党中央和国家顺时应势开展了加强集体主义、爱国主义和社会主义主旋律教育。自20世纪末开始,我国进入深化改革开放、全面建设中国特色社会主义的阶段,社会急剧变化伴随着各种社会问题层出不穷,大学生思政教育与时俱进开始了更深层次的变革，以德治国、社会主义核心价值体系和社会主义和谐社会等问题相继进入人们的视野，“三个代表”重要思想、科学发展观、习近平新时代中国特色社会主义思想指引着大学生思政教育的发展。《关于进一步加强和改进大学生思想政治教育的意见》2004 年由中共中央、国务院联合发布，首次明确提出把以人为本作为大学生思政教育的中心思想，十七大更将社会主义核心价值体系纳入大学生思想政治教育内容。《关于进一步加强和改进新形势下高校宣传思想工作的意见》2015 年由中共中央办公厅、国务院办公厅印发，是我国大学生思想政治教育发展进程中又一里程碑式的标志性事件。习近平总书记在 2016 年召开的全国高校思想政治工作会议上提出，要坚持把立德树人作为中心环节，把思想政治工作贯穿教育教学全过程，实现全程育人、全方位育人，努力开创我国高等教育事业发展新局面。2018 年全国教育大会上，习近平总书记强调，要把立德树人融入思想道德教育、文化知识教育、社会实践教育各环节，贯穿基础教育、职业教育、高等教育各领域。我们的教育是要为人民服务、为中国共产党治国理政服务、为巩固和发展中国特色社会主义制度服务、为改革开放和社会主义现代化建设服务。这就进一步丰富了大学生思政教育的内容。

大学生思政教育的形势日益多样化。三十多年来，各高校的大学生思政教育结合大学生思想政治的实际状况，教育形式日趋多元化。从课程设置上来说，课程设置和课程改革逐步推进，以 2005 年中共中央宣传部、国家教育部《关于加强和改进高等学校思想政治理论课的意见》为代表，明确规定了高校大学生思想政治教育的四门必修课——思想道德修养与法律基础，马克思主义基本原理，中国近代史纲要，毛泽东思想、邓小平理论和“三个代表”重要思想（后修改为毛泽东思想和中国特色社会主义理论体系），逐渐形成了结构合理、功能完善的大学生思想政治教育课程的架构。与此同时，根据国内外形势的变化，对大学生开展了形势与政策课程教育，旨在引导大学生深刻理解和领会党的理论成果，认识当前国内国际政治经济形势。大学生思想政治教育的载体日趋多样化，随着网络的发展，特别是5G时代的到来，班级、学生社团之外校园网络正成为不可忽视的一股力量。2020年教育部印发《高等学校课程思政建设指导纲要》，明确了课程思政建设要推进习近平新时代中国特色社会主义思想进教材、进课堂、进头脑、培育和践行社会主义核心价值观、加强中华优秀传统文化教育、深入开展宪法法治教育、深化职业理想和职业道德教育等目标和重点内容，提出要科学设计公共基础课程、专业教育课程、实践类课程等课程思政教学体系，结合专业特点分类推进课程思政建设，为推进高校课程思政建设提供了具体指导。大学生思政教育的形式与时俱进、不断推陈出新，从而增加了思想政治教育对大学生的吸引力和感召力。

大学生思想政治状况的主流态势良好。当代大学生思想政治状况的主流积极、健康、向上，当代大学生爱党爱国，拥护社会主义的路线方针政策。这可以从两个方面得到证明：一是考察当代大学生的世界观、人生观和价值观；二是考察大学生的整体政治素质状况。一方面，高校长期进行的大学生思想政治教育在潜移默化中影响着绝大多数大学生，使他们建立了正确的世界观和人生观。另一方面，从大学生的整体政治素质状况看，政治素质总体上是健康向上而且稳定的。大学生的政治敏锐性日趋提升，九成以上的大学生积极关注国内外重大政治事件，同时积极寻求参政、议政、表达政治愿望的渠道。大学生的政治观念也日趋成熟，有着理性的明辨是非的能力，有着强烈的爱国热情和民族情感，认同国家的基本政治导向，坚定不移地拥护党的路线方针政策。由此可见，当代大学生在总体上政治思想进步，对国家和社会充满信心，拥护党和国家的正确领导，尤其当面对重大政治问题时个人也能有理性的政治素质，保持正确而清晰的头脑，与国家保持一致。

（二）当前大学生思政教育的主要问题

“任何事物都有它的两面性”，我们在充分肯定当前大学生思政教育无论从内容还是形式方面都取得了很大成绩，而且大学生整体的思想政治状况态势积极向上的同时，也要看到事情的另一面。目前的大学生思想政治教育确实还存在着一些矛盾和问题，原因可能是多方面的，既有社会、经济、环境的复杂变化因素，也有大学生本身的内在心理因素。“短板理论”告诉我们，要想寻找事物整体的发展，最有效的措施是找到事物的薄弱环节，也就是主要问题所在，只有集中精力加以克服和解决主要问题，才能使事物得到更好的发展。将此理论推广到大学生思想政治教育中，可以看出，唯有对当前大学生思想政治教育实效性存在的问题加以重视并尽力克服，才能切实提升大学生思政教育的实效性。长期以来，在大学生思想政治教育的过程中，我国各高校已经建立了一支相对健全、分工合理的思政教育队伍，在党和国家不断提升重视程度的情况下，他们不断拓展思政教育的新形式、新方法，不断丰富思政教育的内容，确实对培养一批又一批高政治素质的大学生起到了很大作用，甚至为社会风气的净化以及社会主义现代化建设的精神动力提升做出了贡献。但不可否认，各高校在思想政治教育的许多环节和当前大学生思想政治状况的许多方面都有着尚未解决的问题和矛盾。

从思政教育活动实施者的角度看，其活动存在吸引力不足的问题。虽然高校大学生思想政治教育的内容、形式等等历经几十年发展，已经取得了长足进步，然而随着社会经济、政治和文化面貌的重大变迁，高校思想政治教育仍然存在着吸引力不足的问题。思想政治教育的吸引力是指通过在高校对大学生进行思政教育使得受教育者的思想观念、情感、兴趣被吸引或者被改变。另外，影响大学生思政教育吸引力的各环节并不是孤立分散的，目标、主体、内容、方法等各因素之间交互作用，构成影响大学生思想政治教育的合力。大学生思想政治教育的吸引力有无甚至强弱，对思政教育的实效性都有着直接的深刻影响。可以说，一直以来高校大学生思政教育尽管得到了不少的重视，也投入了大量的人力、物力和财力，但是大学生思政教育仍然存在着吸引力不强的问题，主要集中在思政教育主体吸引力不强、教育内容吸引力不强、教育方法吸引力不强等。

从思政教育活动受教育者的角度看，其政治观念、心理方面存在某些问题。

在充分肯定当前大学生整体思想政治状况主流态势良好的前提下，我们有必要正视大学生思想政治状况的消极方面，譬如大学生的自我意识和功利化、文化多元化导致的一定程度上政治观念的模糊以及有的大学生存在心理健康问题。正如《关于进一步加强和改进大学生思想政治教育的意见》所指出的，一些大学生不同程度地存在政治信仰迷茫、理想信念模糊、价值取向扭曲、诚信意识淡薄、社会责任感缺乏、艰苦奋斗精神淡化、团结协作意识较差、心理素质欠佳等问题。不可否认，诸如此类的问题确实真切地存在于部分当代大学生身上。据调查显示，在大多数学生关心并力求积极参与政治生活、支持社会主义基本制度和理论的同时，仍有一部分学生在社会大变革背景下，受西方意识形态侵袭，以及现实社会诸多不良现象的影响，在关于坚持社会主义道路和坚持共产党领导等大是大非的问题上态度模糊不清甚至存在迷失的可能。在道德认知方面，以诚信为例，调查显示，“虽然有 97％的学生认为应该坚持诚信”，但是当涉及考试诚信的问题时，却有“高达 58％的学生认为考试作弊是可以接受的”，如此明显落差的存在确实发人深省，这说明了当前部分大学生在道德认知和实践行为二者之间的差异。在功利主义和实用主义倾向上，大学生思想政治教育实效性存在的问题更为明显，尽管大学生整体上仍然相对较好地接受了积极健康的人生观和价值观，但是面对日趋激烈的社会竞争环境，一部分大学生在面对具体选择时容易只顾个人利益、追求物质享受、注重自我发展而忽视他人利益和集体利益。最后，当代大学生在巨大的经济、学习、就业等压力影响下，相当一部分的大学生存在心理健康问题，譬如心理素质较差、自我调适能力有缺陷、人生态度相对消极等等，因此大学生的心理健康有待加强。

从思政教育活动的社会功能看，其后续教育功能的发挥存在问题。大学生思想政治教育实效性不强，思想政治教育吸引力不足和部分大学生思想政治状况消极，无论对于大学生个人还是社会都会产生不良的影响。从个人层面来说，大学阶段正是独立成长的关键阶段，如果思想政治教育不能很好地引导大学生建立健康向上的人生态度，不能解决其在生活中的诸多困惑和矛盾，势必会影响学生个人的发展和前途。以大学生心理健康问题为例，据北京部分高校的调查结果显示，因精神疾病而休学、退学的人数占休学、退学总人数的 39.7%和 64.4%，惊人的数字充分表明，对于目前大学生的心理健康问题，若不加重视确实可能会影响到他们的生活、学业甚至终生发展。至于大学生思政教育实效性不强对于社会的影响，北京大学钱理群教授在“理想大学”专题研讨会上曾有过精彩的论述，他指出我们的一些大学……正在培养一些“精致的利己主义者”，他们高智商、世俗、老道、善于表演、懂得配合，更善于利用体制达到自己的目的。这种人一旦掌握权力，比一般的贪官污吏危害更大。大学生思政教育工作做不好，非但无法实现大学培养高素质人才的初衷，还可能引发更为严重的社会矛盾和冲突，影响和谐社会的发展。

(三)课程思政对于提升思政教育实效性的意义

根据习近平总书记关于教育的重要论述，以及中共中央办公厅、国务院办公厅《关于深化新时代学校思想政治课改革创新的若干意见》，课程思政，就是将思想政治教育贯穿人才培养体系，全面推进高校课程思政建设，发挥好每门课程的育人作用，提高高校人才培养质量；即将思想政治教育元素，包括思想政治教育的理论知识、价值理念以及精神追求等融入各门课程中去，潜移默化地对学生的思想意识、行动举止产生影响。我们要深刻认识到“课程思政”改革的实施是全面贯彻党的教育方针、从根本上解决人才培养的目标、手段等问题的重大创新，对实现中国特色社会主义教育的根本任务具有重要的意义。

1.课程思政是中国特色社会主义教育发展的内在要求

“课程思政”的提出符合教育的本质。“教育”一词是教书与育人的结合。教书就是传授知识，它保证人类能够 在继承原先文明的基础上不断进步。育人就是对人的“灵魂”的培养，它保证人类社会始终能朝着积极、正面、和谐、有序的方向前进。教育的本质就是通过传授知识、提高品德、启迪智慧、培养促进社会发展的人才,是提高每个人的生命质量、生命价值的重要途径。“课程思政”的理念正是这一本质的体现。“课程思政”是实现立德树人的创新。中国特色社会主义教育的根本任务是立德树人。思想政治理论课过去在这方面充当着主要的角色。习近平总书记指出,思想政治理论课是立德树人根本任务的关键课程。一般说来,课程都有育人的功能。由于缺乏文件制度的规范,其实施主要取决于教师的自觉,存在随意性与分散性,从而非思政课程与思政课程未能形成协同效应。“课程思政”的提出,正是针对这一短板,真正着眼于全员、全课程育人。

2.课程思政是高校思想政治教育与时俱进的要求

从教育的属性来看,教育是具有阶级性的。中国的高校是中国特色社会主义制度下的高校,其教育必然带有意识形态的印记。从教育的功能看,教育主要是实现个人的发展与社会的发展。在个人与社会发展的需求中,政治观点、思想观念、道德规范的教育始终处于统领地位,它决定着个人与社会发展的最终方向。从社会学的角度看,学校教育承担着人的社会化的重要功能。一方面,学校向学生传递科学知识,另一方面,学校对学生进行道德教育,传播主流的价值观,以帮助学生成为既具备基本的生存技能又能融入现代社会的合格的“社会人”。当前,中国特色社会主义进入了新时代,国内社会的主要矛盾的变化及防止西方意识形态的渗透都对高校的思想政治教育提出了新的要求:如何捍卫高校思想意识形态的阵地?如何引导当代大学生自觉以马克思主义中国化的理论为指导,内化于心,外化于行,成为中国特色社会主义的合格的接班人与建设者?所以,高校的思想政治教育必然要与时俱进,“课程思政”的提出恰逢其时。

3.课程思政满足了当代大学生的需求

首先,有助于解决社会价值观念多样化产生的冲击。当代大学生是属于互联网的“原住民”,互联网为当代大学生扩大视野创造了有利的条件,网络上各种新的社会现象、各种观点、观念让人目不暇接,大学生由于缺乏经验、知识不丰富、思维判断力较弱,也极容易受到不良思想的影响,因此,加强思想政治教育有助于引导大学生正确看待社会问题，形成积极、正确的价值观。其次，有助于解决理想与现实的矛盾。大学阶段是一个富于理想的阶段，有一定社会经验与阅历的人都可以比较好地处理理想与现实的关系，而大学生由于知识储备尚未完成，人生经验短缺，对理想的可及性缺乏判断，因此，当理想遭遇现实打击的时候，容易产生挫折感，并进而产生对自身所受教育的怀疑。因此，引入“课程思政”可以引导大学生正确看待人生的挫折与社会现象，始终以积极的态度面对人生。再次，有助于大学生应对社会的迅速变迁。中国的现代化相对于西方的现代化而言，时间更短，速度更快，中国的大学生面临着“时间压缩”的效应。西方几百年现代化过程中现出的问题将在中国改革开放 40 多年的时间内集中出现，整个社会表现出矛盾急剧增加、思想纷繁芜杂。因此，引入“课程思政”可以帮助大学生正确看待中国社会的一些现实问题，始终保持对中国特色社会主义的信念、保持对中国共产党和政府的信任、保持对实现中国梦的信心。诚然，高校开设思想政治理论课有助于解决上述问题，但是思想政治理论课作为大学生的公共基础课，大部分都是在一、二年级完成。而思想政治教育强调全员育人、全过程育人、全方位育人，显然，在传统的思想政治教育体系中难以实现。“课程思政”的提出，正是弥补了这一缺憾。

4. 课程思政是全面提高人才培养质量的重要任务

培养什么人、怎样培养人、为谁培养人是教育的根本问题，立德树人的成效是检验高校一切工作的根本标准。落实立德树人根本任务，必须将价值塑造、知识传授和能力培养三者融为一体、不可割裂。全面推进课程思政建设，就是要寓价值观引导于知识传授和能力培养之中，帮助学生塑造正确的世界观、人生观、价值观，这是人才培养的应有之义，更是必备内容。这一战略举措，影响甚至决定着接班人问题，影响甚至决定着国家长治久安，影响甚至决定着民族复兴和国家崛起。要紧紧抓住教师队伍“主力军”、课程建设“主战场”、课堂教学“主渠道”，让所有学校、所有教师、所有课程都承担好育人责任，守好一段渠、种好责任田，使各类课程与思政课程同向同行，将显性教育和隐性教育相统一，形成协同效应，构建全员全程全方位育人大格局。当前，高校办学面临着社会利益分化、思想观念交锋、多元价值观念相互碰撞的挑战，这既给高校的长远发展带来了机遇，也带来了冲击。在这样的大背景下，青年大学生在价值观选择上存在着多样性和易变性，受外界的影响大，容易摇摆不定。尽管当今青年大学生的道德素质普遍较好，但他们自我控制能力较差，践行能力弱，且缺少内省的素养。这就特别需要教师在课堂教学中，不仅注重学生知识和能力的培养，更要做好学生思想引领和价值观的塑造。因此，要把社会主义核心价值观教育贯穿到课堂教学的各个方位、各个层面，真正做到入脑入心，促进学生明理力行。学校人才培养是育人和育才相统一的过程。建设高水平人才培养体系，必须将思想政治工作体系贯通其中，必须抓好课程思政建设，解决好专业教育和思政教育“两张皮”问题。要牢固确立人才培养的中心地位，围绕构建高水平人才培养体系，不断完善课程思政工作体系、教学体系和内容体系。学校主要负责同志要直接抓人才培养工作，统筹做好各学科专业、各类课程的课程思政建设。紧紧围绕国家和区域发展需求，结合学校发展定位和人才培养目标，构建全面覆盖、类型丰富、层次递进、相互支撑的课程思政体系。切实把教育教学作为最基础最根本的工作，深入挖掘各类课程和教学方式中蕴含的思想政治教育资源，让学生通过学习，掌握事物发展规律，通晓天下道理，丰富学识，增长见识，塑造品格，努力成为德智体美劳全面发展的社会主义建设者和接班人。

5. 课程思政有利于实现知识传授与价值观教育的同频共振

专业课是高等学校根据人才培养目标开设的专业知识和专业技能课程，其目标是使学生掌握必要的专业基本理论与专业技能，培养学生分析和解决本专业范围内一般性实际问题的综合应用能力。从专业教育与思想政治教育所担负的相对独立的功能而言，思想政治教育主要承担德育的功能，大学专业教育主要承担智育的功能。尽管功能各有不同，但专业教育和思想政治教育都是以人为出发点和归宿，专业课、思政课从来不曾割裂，每一门课都应该求真、触情，并传递价值，既要帮助学生专业成才，更要促进学生精神成人；培养学生既具有个人的小德，也具有国家、社会的大德，树立社会主义核心价值观。同时，高校的立身之本在于立德树人，必须牢牢把握全面提高人才培养能力这个核心点，深入挖掘并用好高校各门课程所蕴含的丰富的思想政治教育元素，形成高校各门课程的思想政治教育的合力，让学生在学习专业知识的过程中，不断加强思想道德修养，提高政治觉悟。高校每门课程都要围绕育人目标，合理分工、互相配合，共同推进大学生的思想政治教育，这是新形势下高校思想政治工作的必然要求。

6.课程思政建设有利于发挥专业课程在思政教育方面的特殊优势

在思想政治教育方面，专业课程往往具有其特殊的优势。首先，专业课教学在课时上有优势。专业课教学作为大学教育的主阵地，贯穿整个大学生涯，占据了学生大部分的学习时间，在学习时间方面具有先天的优势。大学生的思想政治教育仅仅依靠几门思想政治教育课程是远远不够的，课程思政弥补了思政课程在课时上的不足。因而专业课教学理应成为思想政治教育的重要组成部分，这是我国高校课程思政的现实。其次，学生相对重视专业课程学习。一般而言，大学生将自己的专业视为日后步入社会的安身立命之本，对于专业课程学习给予了高度重视，学习热情相对高涨。第三，专业课教学为课程思政提供了广阔的发展空间和深厚的学科基础，赋予了思想政治教育强大的科学力量。以专业知识体系为载体和底蕴，通过较为隐蔽的、潜移默化的方式进行思想政治教育，更容易被青年大学生所接受，更加具有说服力、感染力和有效性。第四，从目前高校教师的构成来看，其他专业课教师无疑是数量最多的群体，如果没有他们的参与，大学生思想政治教育工作是不完整的。因此，要充分认识到全员育人的重要性和必要性。

第三章　创新新时代高校课程思政的教学方式

课程思政的本质是立德树人，中国的教育必须扎根中国大地，坚持社会主义方向，必须在教学体系、教材体系、学科体系、管理体系等方面渗透思政教育，把政治认同、国家意识、文化自信、人格养成等思想政治教育导向与各类课程固有的知识、技能传授有机融合，实现灌输教育与渗透教育，隐形教育与显性教育，刚性教育与柔性教育及PBL教学模式(problem-based learning)与CBL教学模式(case-based learning)的有机结合。在课程思政中，要学会将这些方法加以辩证统一使用，根据实际情况不断加以创新，使其适合课程思政建设目标。

第一节　灌输与渗透的辩证统一

灌输教育和渗透教育是长期以来使用的两种教育方式，历史悠久。思政内容由于其政治性强、理论性强的特点，人们无法自觉产生，必须采用理论灌输。而价值的塑造也需要进一步巩固，渗透教育就是灌输教育的补充，能进一步起到加固作用。

(一)灌输教育与渗透教育的概述

在长期社会发展中，灌输教育和渗透教育在培养人、塑造人中发挥着重要作用，在新的历史条件下仍然具有现实的价值。

1. 灌输教育

“灌输”对应于英文中的 inculcate 和 indoctrinate 两词。“inculcate”原义为

"用脚后跟踩进，压进，印进，后引申为通过强式劝告或不断重复向一个人头脑中压印（某种东西），特别是指强迫性地教授一个原则、观点或一种信念"①。早在1901 — 1902 年，列宁在《怎么办?》中就对灌输进行经典性的概括，他指出"工人本来也不可能有社会民主主义意识。这种意识只能从外面灌输进去。"②工人群众由于局限性，原本不了解和掌握先进意识，必须依靠无产阶级中的先进分子来引导他们从政治高度和经济根源深刻认识无产阶级与资产阶级的对立，从而明确无产阶级的历史使命。工人群众依靠自身是不会产生社会主义民主意识的，但通过采取一定的策略，由外到内、由上到下地灌输，他们就能够发挥出自身的优越性，达到革命的要求和目标。

我们所讲的灌输教育，主要是指在思想政治工作中对广大人民群众进行的科学社会主义的宣传教育，也就是用马克思主义的基本理论，马克思主义的立场、观点、方法去宣传群众，教育群众，武装群众，使工人阶级和广大人民群众懂得社会发展的基本规律，认清工人阶级的根本利益和历史使命，坚定社会主义信念，树立共产主义的远大理想，并为此而努力奋斗。在传统灌输教学中，教师处于中心地位，学生是知识的接受者，一般是教师讲，学生听。传统灌输式教学具有强制性，强调学生无条件地服从，强调教师对学生的控制，强调知识对学生的控制，学生无须过多地进行判断和选择。教学过程呈现封闭式特点，教学方法呈现机械性特征。由于传统灌输式教学不关心学生的实际需求，没有针对性，难以取得良好的教育效果。而在现代灌输式教学中，教师与学生，知识之与学生的关系转变为一种相互认同、相互尊重的关系，教学过程呈现开放式特点，教学过程更具启发性和引导性。通过在教学中教师和学习主体的有效互动，实现理论灌输与主体接受的有效结合。

作为思想政治教育中的一个重要教育方式，灌输的重要性是不容置疑的，始

---

① The Oxford English Dictionary 2nd ed[S]. Oxford University Press，1989：832.

② 列宁选集（第 1 卷）[M]. 北京：人民出版社，1995，317 .

终贯穿于思想政治教育的产生和发展之中。对于灌输的误解和滥用我们也应该谨慎对待，正确认识灌输理论的科学性，实现马克思主义灌输理论与当下的视域融合，这样既能遵循思想政治教育灌输的规律，又能根据时代变化解决思想政治理论课灌输式教学的新问题。

2. 渗透教育

“渗透教育”中的“渗透”在《现代汉语辞海》中解释为：“比喻一种事物或势力逐渐进入到其他方面。”①而对渗透教育我们理解为：教育者依据一定的教育目的，通过营造一定的氛围，借助一定的载体，引导受教育者去感受和体会，使其自觉或不自觉地生成教育者所倡导的世界观、人生观、价值观，从而使受教育者的思想品行在感染和陶冶中得到优化。渗透教育存在一定的隐蔽性、间接性、渐近性和广泛性。它的具体形式服从于教育者的教育目的和教育内容的需要。与灌输教育的强制性和封闭性相比，它是一种含而不露、开放式的教育，将教育的意向与目的隐藏在一定载体之中，论道而不说教，述理而不生硬，人人都是教育者，人人也都是被教育者，并且渗透教育可以脱离时空的限制，可以完全脱离书本、课堂，将教育目的借助于日常生活环境获得实现，更加贴近生活、贴近实际、贴近群众。要增强思想政治教育的实效性，我们不仅要进行专门的思想政治理论课教育，更要把思想政治教育渗透到每门课程之中，用社会主义核心价值观体系引领社会思想，形成全员、全过程、全方位育人的氛围。仅仅依靠思想政治教育课程进行理论说教容易使学生产生疲惫感和厌烦感，所以把思想政治教育渗透到其他各专业课程之中，能让他们在不知不觉中受到教育，在自然熏陶下得到提高，可以收到春风化雨“润物细无声”的成效。

渗透教育对于受教育者来说多半处在不自觉的状态(但并非被动的状态)，对教育者来说则是有意识的、有目的的培养，不能把渗透教育单纯地理解为无目

① 周宏主编.现代汉语辞海[M].北京：光明日报出版社，2002：965.

的、无方向、无计划、无组织的任其自由发展的教育。渗透教育是隐性的教育，欲使受教育者不自觉地朝着教育者的教育目标发展，教育者必须精心巧妙地选择一定的载体，营造一定的氛围，尽量淡化教育痕迹，引起受教育者的兴趣，激发受教育者的参与感，从而接受正确的思想引导，学会自由地观察、分析、解决问题。载体的选择和氛围的营造是渗透教育的重要环节，课程思政建设要将专业性、思想性、知识性、趣味性、娱乐性熔于一炉，使课程思政成为一种人们喜闻乐见的活动。

(二)高校课程思政灌输教育与渗透教育相结合的必要性

灌输教育和渗透教育风格迥异、各有所长，在进行思想政治教育中有着不同的特征和功能，但它们之间彼此又有联系，是辩证统一的关系。因此，在课程思政建设中要将灌输教育与渗透教育相结合，发挥各自优势，共同促进立德树人目标的完成。

1. 灌输教育与渗透教育在运用中有较大区别

第一，从两者实施的态度看：灌输教育具有统一性与权威性，教育者在知识传授中占据主动地位，以传授、服从、执行为特征，在灌输教育中多以正向教育为主，教育者从众多繁杂的知识中，经过分析甄别提取出符合政治认同、家国情怀、文化素养、宪法法治意识、道德修养的内容，系统传授给受教育者，受教育者无须甄别评判好坏，只需服从接受即可。而在渗透教育中则讲究多样性和平等性，强调“尊重人、理解人、关心人”，受教育者可以自由选择、评判、接受，充分发挥受教育者的主动性、积极性和自主选择性，教育者与受教育者处于平等地位，可以双向自由互动，互相交流观点，力求在潜移默化中达到渗透式启发效果。第二，从两者的工作模式看：灌输教育是一种显性的、集中的、系统的、直接的和输入性的宣传教育。它的教育内容已经提前收集整理好并且已形成一个完整的体系，通过发挥教育者的主导作用，将社会所倡导的先进思想借助一定的教学中介系统、直接传授给受教育者。渗透教育则是一种隐性的、分散的、间接的和自主性的熏陶教育，更加强调春风化雨的功效，注重教育的隐蔽性。正如苏霍姆林斯基所说，教育者的教育意图越是隐蔽，就越能为教育的对象所接受，就越能转化成为教育对象自己的内心要求。通过设置一定的环境和氛围熏陶，在众多影响因素中引导受教育者自动选择，使他们在自主意识的支配下，不知不觉中接受教育的内容。第三，从两者实施的内容和过程看：灌输教育的内容系统而具体，以系统的马克思主义理论为主，包括毛泽东思想和中国特色社会主义理论体系，有一定的表现形式，通过语言和文字传授知识，能在短时间内使受教育者接受大量知识。而渗透教育的内容隐秘，藏在一定环境之中，无固定形式，强调春风化雨、循序渐进，过程缓慢，是一项长期工程。教师要引导和调动教育对象的自觉参与、独立思考、体验品味，使他们逐渐明白什么是真善美，什么是假丑恶，并一步一步地将各种政治意识内化为信念，进而转化为自觉的行动，达到水到渠成的效果。第四，从两者实施的结果看：灌输教育理论程度较深，信息量大，对受教育者的个人素质要求较高，效益明显、见效快，但也有可能因为过程枯燥而影响实施结果。而渗透教育见效慢但效果好，它不受时间空间限制具有广泛性，全方位、多维度对受教育者进行潜移默化的影响，使受教育者从中得到切实体验，从内心中彻底认同，持久力强，使人终身受益。

2. 灌输教育与渗透教育存在密切联系

首先，两者目标具有共同性——培养社会主义合格的建设者和接班人。无论是灌输教育还是渗透教育，在思政课程和课程思政中都体现了我国教育教学的基本目标，都服务于培养我国社会主义合格的建设者和接班人，使广大人民群众掌握革命理论，树立科学世界观、人生观、价值观，提高认识世界和改造世界的能力。其次，两者的方向具有一致性，始终坚持社会主义方向。灌输教育和渗透教育是我国教育教学的基本方法，我国的教育首先要高举中国特色社会主义的旗帜，要坚决拥护党的领导，坚持社会主义的办学方向。实践已经证明只有社会主义才能救中国。那么中国的教育大方向，一定是拥有社会主义特色的教育。

中国教育之人才，务必是社会主义坚定的支持者和拥护者，务必是社会主义的建设者和接班者，也务必是社会主义的继承者和弘扬者。再次，两者的功能具有同向性，都发挥育人功能。全面推进课程思政建设是落实立德树人根本任务的战略举措。教师的任务是引导学生寻找自己生命的意义，实现人生应有的价值追求，塑造自身完美的人格。而学生本身具有一定的个体差异性，有的适合理论灌输教育方式，有的则适合渗透教育的方法，关心每个学生，促进每个学生主动的、生动活泼的发展，尊重教育规律和学生身心发展规律，为每个学生提供适合其特点的教育是教育的生命和灵魂。

总而言之，灌输教育和渗透教育是并行不悖、互为补充、互相促进的关系。一般来说，灌输教育理论性、系统性、原则性较强，以直接、显见的方式教育对象，这种教育方式在思想政治教育中包含了更广泛的层面，更注重于人们的社会性、共性的发展，有利于突出其特有的导向意义。而渗透教育通过特定的情境起到潜移默化、滴水穿石的积极作用，以间接、隐蔽的方式陶冶对象，通过形象化的手段感染受教育者，可以起到灌输教育无法达到的作用。和灌输教育相比，渗透教育具有更为形象、生动、具体而自然的特点，更有利于个性化的发展，正好可以弥补灌输教育的不足。课程思政教育过程以及具体教育活动的组织，必须针对人们的思想实际，合乎人的思想道德活动规律和思想政治教育规律的客观要求。同时，要把方向性要求贯穿在课程思政的全过程和课程思政的具体活动中，要坚持弘扬爱国主义、集体主义、社会主义主旋律，鲜明地体现出社会主义课程思政教育的价值选择，做到科学性与方向性相结合，合规律性与合目的性、价值性相统一。

(三)实现课程思政灌输教育与渗透教育的有效结合

灌输教育和渗透教育既有区别又有联系，必须充分发挥它们的各自优势，统一运用在课程教育实践之中，实现它们的有效结合。

1. 坚持灌输教育:利用课程思政创新灌输教育的方式

当今国际国内社会形势发展突飞猛进,社会热点问题层出不穷,传统的灌输教育方法与当代大学生自身发展需求出现冲突,必须突破传统教育局限性,赋予灌输教育新生命。

(1)"灌输论"与当代大学生自身发展需求出现冲突

随着社会环境和时代背景的变化,当代大学生面临的社会背景越加复杂,国际国内信息接收量大,观点交流联系日益方便,当代大学生思想也越加活跃,他们个性独立、主观性强,对社会热点问题表现出极大热情。灌输教育一直是我国高校思想政治教育的主要教学方法,其内容多为思想政治理论,内容深奥难懂,往往难与社会实践相结合,学生大多是为拿学分获奖学金而学,这种方式的教育并未能解决学生日常面临的疑惑和困难,未能与大学生实际生活联系起来。况且,当前处于信息技术和网络技术高速发展的时代,学生习惯于微信、QQ 聊天,喜欢用博客或微博表达情绪、交流感情,而我们的思想政治理论课依然固守传统的教学方法和教学手段,教学内容也未得到及时更新,已经不适用于处在当今时代的青年大学生。而且,当今大学生也有自身的新特点,当今大学生多为独生子女,社会物质生活水平极大提高,在家养尊处优,一旦接触社会,又无法应对社会中的种种问题,如人际交往、就业、两性关系等。大学生所学专业不同,以后走上的岗位也有所不同,所接触到的社会问题也有所不同,如果大学生不能在大学教育中树立起适合本人发展的正确的世界观、人生观、价值观,走上社会后遇到问题时将无所适从。

(2)高校思政教育"灌输"的内容不能适应时代发展

目前,我国思政教育灌输的理论基础仍然是马克思主义经典著作,包括马克思列宁主义、毛泽东思想和中国特色社会主义理论体系。就像《共产党宣言》1872 年德文版序言中所说:"《宣言》中所阐述的一般原理整个说来直到现在还是完全正确的。"[①]但是这些原理的运用要以时间地点为转移。一方面,高校思想政治教育强调马克思主义的逻辑性、完整性和系统性,教育者过于强调对理论的阐发和理解,未能与多姿多彩的日常生活相结合。众所周知,马克思主义是关于人类、社会和思维一般规律的学说,随着时代的发展,马克思主义也必然注入新内容。马克思主义有阶级性,但是以实践为基础的科学性和革命性的统一是马克思主义的本质属性,它不是教条而是行动的指南,人们应根据其基本原理和方法不断解决实际探索中出现的新问题,并总结经验发展马克思主义本身。也正如马克思主义理论中的"实践是检验真理的唯一标准"一样,马克思主义产生于社会实践也需要实践来验证,而当前我国高校思政教育灌输的内容空洞化和教条化,被一些学生所排斥。另外,思想政治教育中的理论创新未能跟上时代步伐。当今国际国内社会形势发展突飞猛进,社会热点问题层出不穷,当代大学生面临的社会环境也越加复杂,影响着大学生的生活,也造成大学生求新求异、不断追逐热点、富于创造力的心理特点。传统的思政教育内容明显跟不上大学生适应时代发展的需要,导致教育效果和理论说服力受到影响。

(3)课程思政赋予灌输教育新生命

课程思政突破传统思政教学的局限性,赋予灌输教育新的生命。首先,课程思政拓宽了灌输教育的内容。灌输教育是思想政治教育的主要手段,在思政课程中主要灌输的是马克思主义理论,偏重对马克思主义理论的系统性和完整性阐述,而课程思政中的灌输教育不仅有马克思主义理论导向,还有学科专业知识,将政治性和专业性结合起来,从而弥补了思政课程重政治性、轻专业性的不足。其次,课程思政拓宽了灌输教育的手段,传统的灌输教育主要有理论讲授法、讨论法、谈话法等,方式较为单一,主要形式有直接灌输、间接灌输、自我灌输、迂回灌输等。思政课程主要采用直接灌输,体现单向性、说理性。而课程思

① 马克思恩格斯选集(第一卷)[M].北京:人民出版社,1995:248.

政能更好地将间接灌输、迂回灌输融为一体，体现出灌输教育的双向性、引导性、说理性。最后，课程思政给予灌输教育更大的发展空间，使其在各门课程中坚持马克思列宁主义、毛泽东思想、邓小平理论、“三个代表”重要思想、科学发展观和习近平新时代中国特色社会主义思想的指导地位，把坚定正确的政治方向放在首位，不允许散布和传播反马克思主义的奇谈怪论或歪理邪说，保持社会主义思想政治教育的本质特色，切实把思政教育贯穿全员、全课程、全过程。在具体的教学实践中，要以正面教育为主，强调在教育的过程中坚持用马克思主义的理论进行必要的灌输，同时注意做到实事求是，坚持群众路线，自觉运用科学有效的教育引导方法，引导大学生思想观念的转化和思想道德水平的提升。

2. 加强渗透教育：发挥课程思政的渗透性鲜明底色

在坚持灌输教育的同时，要进一步发挥渗透教育的作用，使之适应时代发展潮流。课程思政将思想政治教育内容融入其他课程，体现的是灌输教育与渗透教育相结合，渗透教育在课程思政中有着特殊地位。

(1)当今时代渗透教育的工作背景分析

改革开放带来的不仅是经济体制的改革和市场经济的推进，还有各种利益主体和利益观念的多样化，各种国际国内文化思潮相互碰撞；科学技术飞速发展，信息获取渠道也日益多元化，受教育者在思想政治教育方面的主体性进一步加强，由此使思想政治教育者信息传达的权威性受到一定影响。由此，传统灌输教育模式暴露出一系列弊端，如在内容上，教育信息内容片面，过于直白，体现出急功近利性；在方法上，教育者主导地位明显，教学内容设置过于主观化，存在主客体差异预设，对受教育者身心健康变化方面重视不够，未充分发挥受教育者的积极性和主动性，无法真正将教育要求转化为受教育者的内在信念和行为品质。因此，改进灌输教育势在必行。渗透教育的加强，并不是否定灌输教育，而是在灌输教育效果不明显、动力不足的情况下，为进一步加强思想政治教育所采取的特殊手段，有其固有的特征和特有的功效。

(2)渗透教育在课程思政中的独特地位

首先,渗透教育采用灵活多样的方法,活跃了课程思政的教学氛围。渗透教育不再是长篇大论的理论说教,而是一次讨论、一次案例分析、一个实验的灵活多样、化整为零的教育形式。课程思政集知识传授、价值塑造和能力培养为一体,将思想政治教育寓于专业课程之中与不同教育内容相结合,在把握专业知识的同时,渗透价值观教育,思维更加活跃。根据不同层次、不同专业的教育对象进行有针对性的教育,把思想政治教育的信息融于专业实践活动中,从课堂到课外,从物质环境到人文氛围,在创设情境和氛围之中使个体产生内在的需要和情感的共鸣,从而主动接受教育内容。其次,从过程看,渗透教育实现了从单向灌输向双向交流的转变。过去由于获取信息不便,只有少数人能及时掌握信息,为了实现思想政治教育目的必须有信息掌握者向信息匮乏者、信念坚定者向信仰模糊者进行灌输教育;在课程思政中,既基于时代背景转换,信息可以自由交换获取、自主选择,又由于对不同专业的学生都需在一定团体中接受有针对性的内容灌输,因此在课程思政中必须增强沟通交流,由单项灌输走向双向互动,增强平等氛围,达到春风化雨的境界。最后,渗透教育建立起全方位的教育网络。课程思政是一个多层次、多领域、多形式、多功能的大系统。思政教育不再是思政课教师的个人责任,各类课程都要与思政课程同向同行、协同育人,渗透教育更是无时无刻不在,能够将各类课程与思政课程融于立德树人的大集体。

3. 走向统一:实现灌输教育和渗透教育有效结合

实现灌输教育与渗透教育的统一,是课程思政的必然要求。我们要从创新课程思政内容,提高教师主体素质,丰富课程思政载体上入手。

(1)创新课程思政内容是实现灌输教育和渗透教育有效结合的前提

一方面,课程思政内容必须科学化、合理化。思政教育必须坚持正确的理论导向,必须坚持以马克思主义为指导,坚持以社会主义意识形态为核心内容进行灌输教育。否则,我们的思想政治教育工作就会迷失方向。方向性、根源性问题必须以正面的灌输式教育方法来进行，其他问题可以利用渗透式教育方法来进行。这就要求我们在内容的设计上要做到科学化、合理化，为方法的选择奠定基础。另一方面，课程思政内容要注意专业性、针对性。课程思政的根本任务是立德树人，全面推进课程思政建设，就是要寓价值观引导于知识传授和能力培养之中，帮助学生塑造正确的世界观、人生观、价值观。正如《中共中央关于社会主义精神文明建设指导方针的决议》中所指出的，我们从事意识形态教育要把马克思主义基本理论的教育同党的路线、方针、政策和形势教育、革命传统教育结合起来，同各种历史文化科学知识的学习结合起来，同群众的思想状况结合起来。课程思政建设涉及各学科专业、各类课程，教育对象也具有层次性，要针对教育对象的差异性设置课程思政内容的层次性，深入挖掘各类课程和教学方式中蕴含的思想政治教育资源，构建全面覆盖、类型丰富、层次递进、相互支撑的课程思政体系。

(2)提高课程思政教师主体素质是实现灌输教育和渗透教育有效结合的关键

《中华人民共和国教师法》规定，教师是履行教育教学职责的专业人员，承担教书育人、培养社会主义事业建设者和接班人、提高民族素质的使命。教师在教学活动中起主导作用，是学生们身心发展过程的教育者、领导者、组织者。教师的个人素质高，在实施灌输教育时能得到更高的认同感，教师的个人素养在渗透教育中能起到榜样作用。因此，第一，课程思政教师要具备较高的政治素质。课程思政相比普通课程增加了思想政治理论方面的知识，对教师提出了更多政治性要求，教师的政治立场必须坚定。第二，课程思政教师要具备扎实的理论知识。这是教师的本质要求，也是灌输教育的基本要求，教师是教书育人的职业，如果自身理论不强，那只会误人子弟，并不是一个合格教师。第三，课程思政教师要具备高尚的道德情操。课程思政教师不仅在教学过程中传授知识，而且要在与学生交往的过程中，以自己的模范言行进行点点滴滴的影响和渗透。育人的关键是教师，帮助学生塑造正确的世界观、人生观、价值观，需要老师的传帮带，老师既是引路人，又是示范者，高尚的师德不仅能够温润学生，而且能够塑造学生。最后，课程思政教师要具备较高的科技素质。要根据科技的不断发展，改进教学方式，使用先进教学设备，大力提高灌输教育和渗透教育技术手段的现代化水平和信息化程度，使灌输教育、渗透教育与时代发展脚步同向前进。

(3)丰富课程思政教育的载体是实现灌输教育和渗透教育相结合的有效手段

首先，要依据不同性质的专业课程，通过收集大量的与专业课相关的信息资源、典型案例，结合专业课程本身的特点，提炼出思政教育具体而生动的资料载体，让专业课上出“思政味”，培养大学生的政治认同、家国情怀，提高其文化素养、宪法法治意识、道德修养。其次，坚持理论学习和实践活动相结合，按照理论联系实际、学以致用的原则，结合专业特点开展专题实践活动，合理拓展专业课程的广度、深度和温度，专业实验实践课程能增强大学生勇于探索的创新精神；创新创业教育课程能增强大学生的创新精神、创造意识和创业能力；社会实践类课程能弘扬劳动精神，培养大学生艰苦奋斗的意志品质。最后，坚持日常教育与主题教育相结合。做好平时教育的同时，要不失时机地开展针对性的主题教育活动。分析当前国际、国内形势，宣传最新的党建理论和政治思想，联系中心工作，分不同专题进行辅导讲座，让全体学生保持清醒的政治头脑。同时，更加注重在专题辅导的基础上组织座谈讨论。通过谈体会、说感受、讲收获，相互学习，相互启发，分享学习成果，在互相交流中提高，在思想碰撞中升华，锻炼了大学生归纳总结、理性思辨和表达能力，达到自我教育、互相学习、共同提高、共同进步的效果。另外，校园文化载体、网络载体、传媒载体、人际关系载体也是实现灌输教育和渗透教育相结合的有效形式。

第二节　隐性与显性的辩证统一

新时代背景下，坚持显性教育和隐性教育统一是课程思政对当前信息多元化、开放化新时代的积极响应。传统思政教学存在教学效果弱化、载体应用固化、资源开发片面化等问题，亟须从教育模式上对显性教育和隐性教育这两种教育形式加以整合，从而挖掘出其他课程中所蕴含的思想政治教育资源。在“显”“隐”统一的实践中对当前高校课程思政教学模式加以创新。

（一）隐性教育与显性教育的概述

隐性教育和显性教育是高校课程思政教育的两种具体教学方式，有各自的特点和优势。在过去的思政教学中，采用更多的是显性教育方式。但如今随着时代的变化，隐性教育的优势进一步突出。

1. 隐性教育

隐性教育是指在宏观主导下通过隐目的、无计划、间接、内隐的社会活动使受教育者不知不觉地受到影响的教育过程。具体而言，就是教育者为了改变当前受教育者总是以被动、应付的态度去接受教育的状况，按照预定的教育内容和方案，隐藏教育主题和教育目的，淡化受教育者的角色意识，将教育内容渗透到教育对象所处的环境、文化、娱乐、舆论、服务、制度、管理等日常生活氛围中，引导受教育者去感受和体味，潜移默化地接受预先设定的教育内容的一种教育方式。

由于隐性教育突出强调受教育者在不知不觉中耳濡目染、潜移默化地接受教育信息，因此，它具有以下特点：第一，教育目的和内容的隐蔽性。隐性教育通常把教育目的和内容采取隐蔽的方式隐藏在社会活动和日常生活中，借助一定的环境载体，激发受教育者的兴趣，产生情感共鸣，使受教育者不知不觉、潜移默化地接受教育内容，达到教育目的。第二，教育过程的愉悦性。隐性教育一般由教育者创设一定的环境，在轻松愉快的环境中使受教者向着教育者所期待的教育目标发展，这一过程基于一定的兴趣爱好和情感体验，是自愿、自主完成的。第三，教育途径的开放性。课程思政发掘各类课程所蕴含的思想政治教育因素，并不单单只是一门课程的专业学习，而是公共课程、专业课程、实践课程等各门课程合力的结果。隐性课程思政教育以各类课程为教育载体，有意或无意地通过直接讲授或间接体验获取一定的知识技能和价值认识。第四，教育主体的自主性。隐性教育的目标和内容不凸显，而是隐藏在一定环境之中，由受教育者自己发掘，是一种完全自愿、自主选择和参与教育活动的自发状态。第五，教育方式的间接性。教育者不是直接开展政治理论、哲学和道德理论等理论灌输，而是通过环境渗透，使受教育者在一定环境中潜移默化地接受教育内容。

2. 显性教育

所谓显性教育，是指教育者充分利用各种公开手段、公共场所，有计划、有组织、系统地开展教育的方法。在高校课程思政教育中其主要形式有理论教学活动、专题讲座、大众教育传媒和日常行为规范管理等。具体讲，显性教育是通过正面课堂教育对学生讲授知识和理论，属于理论性、知识性和认知性的课程教学体系，是有目的、有计划、系统的各种教学活动和实践活动。在课程思政教育中，显性教育主要体现为显性课程的开发和应用，显性课程主要是指学校有组织、系统地开展政治理论、哲学和道德理论等知识的传授，主要是以课堂教学作为思想政治教育的载体，是一种有清晰的计划、有明确的目的性和规律性的确切的教育活动。思想政治教育工作者以高校课堂作为载体，将思想政治教育的理论知识、价值理念以及精神追求等融入各门课程中去，以直接的、明显的、有意识的授课方式，向受教育者讲授课程，使其掌握知识结构、知识层次和内容。

显性教育具有以下特点：第一，教育目标明确化。显性教育最主要的特点就是教育目标明确化，教育者直接把道理、要求和目的开诚布公地告知受教育者，是一种由来已久的教育方式。第二，教育主客体固定化。教育主体为教育者，是教育的实施者，具有主导性。教育客体为受教育者，是教育的对象，服从、接受教育者所灌输的观念，各自地位和角色清晰明确。第三，教育形式公开化。显性教育明确公开教育意图，并采取各种措施在公共场所声明教育者的主张和要求，扩大教育影响，实现通过说服教育统一人们思想的目的。第四，教育内容整体化。

显性教育是有计划、有组织、有目的的教育行为，是根据受教育者的身心发展状况、社会形势需要而进行的教育行为，因此更加注重教育内容的逻辑性、科学性和完整性。第五，教育行为快捷化。显性教育是通过组织集体活动传授系统知识的，能够在短期内让受教育者接触到大量正确、科学、合理的观点，接受教育者的意图，达到迅速教育学生的目的，具有很强的时效性，并能及时反馈效果。

简单来说，显性教育是突显教育自身及其效果的存在感的教育；隐性教育是以消除教育存在感从而掩蔽教育自身存在的教育。在高校思想政治教育过程中，显性教育和隐性教育的相互配合，可以使思想政治教育资源汲取领域开放化，实现载体多样化；将隐性教育潜在功能有意识地开发利用，从而增强思想政治教育显性教育过程中的渗透性。因此，显性教育与隐性教育的区分是相对的，一旦隐性教育的潜在功能被有意识地开发、利用，就转变成了显性教育功能。

（二）高校课程思政隐性教育与显性教育相统一的必要性

隐性教育和显性教育各有特点，各有优势。可以同时应用在教学之中，但是传统的教学往往过多地采用显性教育方式，导致隐性教育资源开发不足。

1. 显性教育与隐性教育关注度失衡

高校思想政治教育对显性教育模式的应用的重视度明显高于隐性教育模式，在此情形下势必然会削弱二者合力作用的发挥。部分教育者依赖于隐性教育的渗透功能、潜隐功能，而导致理论教育被忽视，使得理论教育浮于表面，极大削弱了自身理论的权威性，制约了课程思政的发展。在过于重视隐性教育的同时，隐性教育本身发展不足，较为表面化、缺乏系统性，对隐性课程思政教育的实施缺乏科学的理论指导。同时，高校课程思政不单单是对其中一种模式的采用，而是应该根据发展需要，探索两种教育模式的有利结合，增强高校思想政治教育实效性。课程思政类型多样，要求不一，既有显性的类似于形势与政策类的选修课，又有隐性的各种专业理论课和综合性的通识教育课。这说明，课程思政既有显性的方式，也有隐性的方式。但考虑到课程思政主体是各类专业课、通识课，这种显隐结合的方式又往往以隐性方式为主。当然，在发挥课程思政作用的专业课和通识课上，教师要“明道、信道”，旗帜鲜明地站稳立场，针锋相对地批判错误观点、引领社会思潮。

2. 隐性教育资源开发利用不充分

课程思政的实效性发挥与教育资源的开发利用程度有着必然联系，但目前高校课程思政对隐性教育资源的开发利用尚不充分。以往的思想政治教育主要是由思政课程这个主渠道来完成，现在强调的课程思政是从各类课程中挖掘出思想政治教育的内容，融入课堂教学各环节，隐性教育的形式更为开放、灵活，突破时空限制，使得隐性教育易在潜移默化的情境下，向受教育者传达出思想政治教育的核心理念。但这种渗透作用发挥的一个重要环节就是各类课程中的课程思政元素的挖掘，由于课程思政是一个新兴概念，主要流行于 2014 年以后，课程思政的探索仍处在起步阶段，课程目标设计、教学大纲修订、教材编审选用、教案课件编写都需要十分注重隐性教育资源的开发。而且，以往的课程思政对社会实践、志愿服务、实习实训活动等隐性教育载体的开发利用大多停留在监督和引导层面，对于其中潜在的教化作用没有充分利用起来，错失对隐性教育资源的把握与塑造，缺乏对隐性教育资源应用的敏感度。

3. 隐性教育与显性教育相结合的优势

在课程思政中实现显性教育和隐性教育相结合，既可以正面落实教育目标，又可以降低教育的存在感，提高教育的亲和力和吸引力。隐性教育打破了传统的封闭、枯燥化的灌输教育，使教育方式更加开放和生动，吸引着大学生不知不觉地参与到教育实践中来。显性教育与隐性教育的结合，可以满足大学生不同层次和不同角度的价值需求。面对信息多元化带来的影响，显性教育与隐性教育相结合的运用，可以将学生的学习获得感和学习自主性有效结合起来，坚定学生的价值信念，实现课程思政协同育人的目标。实现显性教育与隐性教育相结合是提高课程思政实效性的必然要求，通过深化课程目标、内容、结构、模式等方面的改革，把政治认同、国家意识、文化自信、人格养成等思想政治教育导向与各类课程固有的知识、技能传授有机融合，实现了理论层面和实践层面的有效结合，促进了学生的自由全面发展，充分发挥了教育立德树人的作用。

（三）实现课程思政隐性教育与显性教育的有机结合

2020 年 6 月，教育部印发的《高等学校课程思政建设指导纲要》要求，使各类课程与思政课程同向同行，将显性教育和隐性教育相统一，形成协同效应，构建全员全程全方位育人大格局。长期以来思政教育一直强调显性教育的教学方式，但课程思政的提出将隐性教育的地位进一步提升，要求实现隐性教育与显性教育的结合。

1. 加强隐性教育：课程思政创新需要系统提升隐性教育作用

隐性教育是课程思政的主要教育方式，课程思政的创新需要系统提升隐性教育作用。我国传统的思想政治教育方式过度依赖显性方式，已不符合现在的时代发展潮流，要利用好隐性教育在课程思政中的独特优势。

（1）我国思想政治教育中过度依赖显性方式面临新挑战

选择教育方法必须注意针对性，强调的是针对不同教育任务，针对不同对象，选择不同的教育方式方法。课程思政应该针对课程思政的内容、教育对象的特点和思想实际状况来选择适合的方法。现如今显性教育方法已经不能满足思想政治教育的需要。这种方法主要面临以下挑战：首先，社会环境的改变使思政教育面临多元文化的冲击。环境是思政教育开展的各种条件和外在因素的总和，对思政教育系统其他要素和整体教育效果有重大影响。随着改革开放的深入，西方各种文化思想也随之而来，影响人们的观念，另外，经济的发展和科技的进步也促使社会思潮多样化，对主流价值观念形成冲击。其次，教育对象的变化使显性教育吸引力下降。当前的学生借助于网络世界、先进技术，视野更加广阔，接触的信息也越来越多，不再满足于教育者的课堂灌输，教育者权威性下降，学生更倾向于借助于网络自己去寻找“是什么、为什么、怎么办”，传统显性教育课堂面临吸引力不够的压力。

(2)加强隐性教育是实现显性教育和隐性教育相统一的必要前提

隐性教育和显性教育是课程思政的两种重要形式,单独地发展一种并不能达到很好的教育效果,需要实现两者的统一,而统一要求实现两者的有效均衡,当前隐性教育还存在很多不足有待进一步加强。首先,学理程度有待进一步加深。虽然隐性教育方式一直运用于革命、建设和改革不同时期中,但是一直未作为一门系统的科学来研究,直到 20 世纪 90 年代左右才提出这个较为明确的概念,指代寓于专门的思想政治教育之外的社会实践活动中开展的、不为受教育者焦点关注(或不为受教育者明确感知)的一种思想政治教育存在类型。① 目前为止,有关隐性教育研究的内容仍然不够丰富,理论深度仍然需要进一步加深。其次,教育实践的系统性仍需提高。与显性教育相比,隐性教育无论是课程目标设计、教学大纲修订、教材编审选用、教案课件编写,还是课堂授课、教学研讨、实验实训、作业论文各环节的投入仍然不够,各高校虽然在一定程度上提倡开展"青年红色筑梦之旅""百万师生大实践"等社会实践、志愿服务、实习实训活动,但是如何从顶层设计上来完善这种方式,目前仍未有具体方案,也就是说隐性教育和显性教育的协调性、系统性还有待提高。

(3)利用好隐性教育在课程思政中的独特优势

隐性教育是课程思政的主要教育方式,具有独特优势。第一,要利用好隐性教育隐蔽性优势。在隐性教育中,教育的主客体并不固定化,教育者和受教育者的角色并不凸显,其所存在的教育环境是主客体相互平等的,虽然思想政治教育包含在教育活动中,但是这在形式上并没有清晰地体现出来,受教育者遵从于自己的本心跟着教学活动走,很少产生抵触心理。其次,利用好教育过程的趣味性。隐性教育过程基于一定的兴趣爱好和情感体验,借助多种载体和轻松的环

---

① 白显良.隐性思想政治教育基本理论研究[M].北京:人民出版社,2013:35.

境实施教育，脱离显性教育的严肃性，使受教育者心情愉悦易于接受。最后，利用好隐性教育的开放性。课程思政发掘各类课程所蕴含的思想政治教育因素，并不单单只是一门课程的专业学习，是公共课程、专业课程、实践课程等各门课程合力的结果，要结合各类课程特点，将隐性教育寓于教育的全过程、全方位、全领域。

2. 坚持显性教育：课程思政建设应该坚持主旨鲜明的显性底色

加强隐性教育并不意味着放弃显性教育的主导地位，具体使用哪种教育方式应该根据我国实际情况和具体教育内容而定。

（1）显性教育方式当前在我国仍应处于主导地位

显性教育在我国思想政治教育中一直占据主导地位，这是与我国的思想文化、社会制度、教育资源相适应的。首先，我国优秀传统文化流传几千年，靠的主要是课堂和书籍等显性方式，主要以课堂教育为主，而在马克思主义理论教育方面，我们党在理论宣传方面一直是旗帜鲜明地、公开地阐述自己的观点。其次，我国是由中国共产党领导的社会主义国家，具有集中力量办大事的显著制度优势，国家统一、民族团结，更容易形成统一的显性教育基调和实施方案。最后，显性教育将教育资源统一于课堂，教育更加集约化，教育成本更低，而隐性教育载体多样、涉及面广，需要的教育资源也越来越多。虽然在一定程度上会得到更好的教育效果，但结合我国现有的发展水平，区域发展不平衡，我国教育资源还远远不够，综合来看，显性教育为主的教育方式更适合我国的发展。

（2）科学认识显性教育方式主导性的体现

首先，显性教育方式居于主导地位，并不意味着显性教育的“大包大揽”和“一刀切”，显性教育的主导性主要体现在大局层面，显性为主、隐性为辅。在进行马克思主义理论教育方面，列宁说过，“工人本来也不可能有社会民主主义的意识。这种意识只能从外面灌输进去”。中国特色社会主义和中国梦教育，增强对党的创新理论的政治认同、思想认同、情感认同，必须采取显性的教育方式。

其次,要发挥课堂教学主渠道作用。课堂是学生集中学习的重要场所,课堂思政集知识传授、价值塑造、能力培养于一体,是学生世界观、人生观和价值观形成的重要平台,即使是非专门的思想政治教育课程也担负着协同育人的重要任务,也必须具有主旨鲜明的政治立场和理论观点。我们生活在一个资产阶级意识形态影响仍十分强大的世界,西方资产阶级的意识形态会进入我们的思想理论领域,对人们的思想产生一定的影响。在这种情况下,必须旗帜鲜明地坚持显性教育的主导性,坚持社会主义意识形态的主导地位。否则,就很容易迷失方向。

(3)在改革创新中坚持显性教育方式

改革开放以来,经济成分多元化、社会组织的联系日趋松散化、获取信息的渠道多样化,导致思想政治教育出现明显的社会化倾向。经济社会生活的"四个多样化"带来了层出不穷的新情况和新问题,对人们的思想意识和价值观念产生了深刻影响。显性教育虽然具有显著优势,在思想政治教育中发挥重大作用,但任何方法和模式都需要与时俱进,否则容易僵化,失去生命力。首先,显性教育要创新教育模式和方法。传统显性教育主要是老师讲、学生听,以老师说教为主,教学过程容易变得枯燥,学生积极性不强。要改变这种形式就必须调动学生在教学过程中的主动性,如"大班授课、小班讨论"和学生展示汇报等多种尝试。其次,显性教育要利用好新技术新媒体。互联网有开放性、隐匿性、便捷性的特点,可以优化课程思政的教育环境,也可以利用互联网灵活多变的教育形式进行有效传播,借助网络信息的快捷性可以有效更新课程思政的教育资源,增加共享交流的机会。而且,网络教育突破了课程思政的时间和空间限制,具有高度参与、高效互动和及时有效的重要优势。

3. 走向统一:显性教育和隐性教育实现统一的主要理路

显性教育与隐性教育虽然各有优势,但又是相互联系、相互渗透的,共同服务于课程思政的教育目的。因此,既要发挥显性教育的正面主导作用,又要重视隐性教育的辅助作用,把有意识的注入和无意识的熏陶有机结合起来,发挥出最大合力，达到最佳教育效果。

(1)从理念上认识到显性教育和隐性教育的辩证关系

首先，显性教育和隐性教育是课程思政中的两个方面。有些人认为隐性教育在课程思政中占主要地位，认为课程思政主要是发挥隐性教育的渗透作用。其实不然，即使是在课程思政中也不乏显性教育的发挥，甚至有可能更胜一筹。无论是思政课程还是课程思政，课堂都是进行集中教育的重要场所，进行集中教学时理论灌输仍然是重要方式。其次，隐性教育与显性教育的统一是辩证的统一。有的教育模式是同时采用隐性教育和显性教育，而有的教育内容更适合偏向于其中的某一种，必须根据实践情况加以合理利用，从观念上认识到显性教育与理性教育的辩证统一关系。

(2)从机制上系统安排显性教育和隐性教育的有效衔接

实现显性教育与隐性教育的统一需要机制的安排。首先，要建立系统的长效机制。不同课程在课程思政中挖掘的思想政治教育元素各有不同，担任的作用也各不相同，要灵活采取显性教育和隐性教育，多课程协调推进，齐抓共管，形成协调效应。其次，要建立显性教育与隐性教育协调统一的保障机制。统一不是简单相加，要实现各门课程的有效联合，科学设计课程思政教学体系，结合专业特点分类推进课程思政建设，将课程思政融入课堂教学建设全过程，提升教师课程思政建设的意识和能力，建立健全课程思政建设质量评价体系和激励机制，加强课程思政建设组织实施和条件保障，将显性教育和隐性教育贯穿于课程的全员、全过程，为显性教育和隐性教育提供物质保障、制度保障和精神保障。

(3)在实践中灵活处理好显性教育与隐性教育的相对采用程度

为了提高课程思政的时效性，我们在实践中要灵活处理好显性教育和隐性教育的相对采用程度。“思想政治理论课教学是主渠道，而师生交往、专业课学习、学生社团、校园文化活动等则构成微循环。”①我们应该坚持具体情况具体分析，思政课程和其他课程对显性教育与隐性教育的采用程度各有不同，其他具体课程之间的采用也各有不同，单个课程内部的具体内容之间也各有不同，要根据课程特点、具体内容，灵活采用，实现互补。另外，也不排除采用其中一种方式的情况，不要因为强调统一就一直僵化地强调两种方式并行，我们强调的统一是整体的统一。分化到具体的教学里面，只要能达到好的效果，是可以采用其中一种方式的。

第三节　刚性与柔性的辩证统一

“太刚易折，太柔则靡”，刚性教育和柔性教育是课程思政中的两种重要方式，相辅相成，缺一不可，要深刻认识各自的特点和优势，根据时代背景、教育内容、思想状况的不同进行辩证分析，使它们在课程思政中扬长避短、协调发力。

(一)刚性教育与柔性教育的概述

刚性教育与柔性教育是相对于教育方式的可转换程度来划分的。刚性教育具有权威性、固定性、原则性，不可更改。而柔性教育是根据实际情况因时因地因人灵活采用不同的教学方法。

1. 刚性教育

“刚性”指坚硬不易变化的，是不能改变或通融的。刚性教育指运用一种强制方式和手段，使学生的行为符合一定的规范。具有明确性、固定性和原则性等特征。像中国古代法家思想主张的“以法治国、以法律民”，其实就是一种刚性教育。学校刚性教育主要表现为三大方面：一是学校管理工作的刚性。学校管理体现为以规章制度为中心，通过明确的规章制度来发布指令，进行纪律监督，实现赏罚分明。二是高校教育内容的刚性。高校是弘扬社会主义意识形态的主阵

① 刘建军.论思想政治教育的主渠道与微循环[J].思想理论教育，2014:09.

地，牢牢以马克思主义为指导进行思想政治教育，在内容上呈现出严肃性、深刻性、严谨性等刚性特征。三是高校教育方式和方法的刚性。如理论教育多采用机械的填鸭式的说教方法；解决问题多采用惩罚批评的消极的教育方式；教育语言多采用命令指令式；教育评价盲目追求指标；教师与学生地位不平等导致师生关系紧张等。高校思想政治教育有些刚性是必要的，如教育内容的刚性。但传统的高校思想政治教育刚性模式缺乏对“以人为本”观念的坚持，忽略了学生的主体性，缺失人文关怀。在我国高等教育改革逐步深化的今天，刚性教育在教育实践中的一些弊端日渐显露，如可能造成学生情感的缺失，激化学生的叛逆心理，使学生养成被动教育的习惯，等等。

2. 柔性教育

“柔性”在英文里为 flexible，与“灵活性”是同一个词。在《当代汉语词典》中，“柔性”的解释为：“柔软而易变形的特性。”与弹性不同，弹性是指物体受力后变形，作用力失去之后物体自身能恢复原来形状的一种物理性质。弹性侧重于物体的变形结果，而柔性侧重于物体自身的性质。柔性教育就是在教育教学中引入“柔”的思想，在尊重教师和学生个性以及心理的基础上，采取柔和的、非强制方式，形成潜在的说服力，将教育者以及管理者的意志变为师生自觉行动的一种教育形式。与刚性教育不同，柔性教育更强调教育的灵活性，注重以人为本，能够针对学生的个性化需求，及时调整教学以及管理方法，具有人本性、情感性和非强制性特征。

柔性教育的主要体现包括以下几方面：首先，教学计划的柔性化。教学计划不是一成不变的，具体的课程计划、培养计划、课时安排必须根据实际需要做出调整，根据经济以及社会形势的变化而发生改变，满足市场人才需求，还可根据个人的需求变化，增加选修课比重。其次，教学组织的柔性化。学校教育要根据社会需要确定培养标准，培养社会主义建设者和劳动者，以此来确定具体教授的知识内容，设置专业课程和技术课程比例。再次，深度协调的柔性化。刚性教育的目的性和原则性，主要在于指挥和控制，而柔性教育更加强调师生情感的交流，是对刚性教育的补充，当教学过程中出现小问题、小矛盾时需要柔性教育出来协调解决。最后，激励措施柔性化。激励和奖惩机制并不单单只是靠物质奖励、制度管理等可以实现的，当奖励仅仅成为一种形式会导致师生麻木，有时候一个小的赞赏和鼓励就可以得到意想不到的效果。

(二)高校课程思政刚性教育与柔性教育相结合的必要性

刚性教育与柔性教育相互区别又相互联系，在统一的育人目标下，只有坚持刚性教育与柔性教育相结合才能各自取长补短。

1. 刚性教育和柔性教育的区别

刚性教育与柔性教育是一组相对概念，他们的区别主要有以下几点：第一，目的和方式不同。刚性教育是为了完成教学目的和指标，强调制度化；而柔性教育更加关心人的内心感受，注重情感交流来提高人的凝聚力达到教学目的。第二，影响力持久程度不同。刚性的管理制度是学校教育的原则，正所谓"无规矩不成方圆"，对学生影响力大，但有时学生只是迫于压力的短暂屈服，稳定性不强。而柔性教育关注人的个性和需要，符合个人发展规律，能够被学生主动接受，使学校的目标、规章、制度最终转化为内在的驱动力，并具有持久的功效。第三，整体适应性程度不同。刚性教育下，教师和学生对固有教学环境、组织和教学模式具有服从依靠的心里，适应性强。柔性教育下，教师和学生能够对社会环境的变化做出迅速反应，创造力更强。第四，教学活动的影响不同。刚性教育的教学效果依据一系列制度化的硬性指标来考核，数字明确。而柔性教育，注重于对个人的培养，看中教学目标与个人目标的结合程度，激发个体不断创新，其影响程度深远。

2. 刚性教育和柔性教育的联系

首先，刚性教育和柔性教育教学目的归一，都是为了育人。我国高校的教育目的是为了培养德智体美等方面和谐发展的社会主义建设者和接班人，思政教育注重德育，而其他课程主要负责智育、体育、美育，课程思政要求在其他课程中挖掘德育因素，将德育贯穿在其他教育之中。刚性教育强调制度的约束，是总体大纲起导向作用，而柔性教育是在总方向不变的情况下，对于内部一些不符合发展要求的部分进行调整，两者都不可或缺，培养合格的建设者者和接班人既需要刚性管理也需要柔性约束。其次，刚性教育和柔性教育方向相同，都是为了国家和社会的发展，坚持“四项基本原则”，坚持社会主义方向，培养和践行社会主义核心价值观，用社会主义共同理想和共产主义远大理想来教育人、引导人。

（三）坚持课程思政刚性教育与柔性教育的同向同行

课程思政要在传统教育基础上进一步创新刚性教育方式，加强柔性教育，由此才能柔中带刚、刚中带柔、刚柔并济，充分发挥课程思政活力。

1. 创新刚性教育：课程思政需要创新刚性教育方式

长期以来的传统刚性教育在新时代条件下，随着社会发展状况和学生个人思想状况的改变，需要进一步实现创新性转化，创造性发展。

(1)传统刚性思想政治教育面临困境

长期以来，高校教育在管理上习惯采用刚性管理模式，运用规章制度、奖惩措施的手段实施管理，利用制度和纪律来进行约束，在教育上侧重单向填鸭的理论传授方式和批评惩罚的教育方式。随着社会的发展和人们思维方式的转变，这种传统生硬的教学模式，因缺乏人文关怀等弊端而陷入困境。一是“填鸭式”教学引起学生抵触。传统刚性教育不顾时代发展变化、科技纵深发展、信息多元互动、人们思想多元开放等特点，依然采取传统的硬性灌输和空洞的理论说教，而学生由于其自主选择提高、独立思考能力变强、信息获取及时，教育者的优势不突出，权威性下降，开始抵触教育者的单向灌输和说教。二是惩罚方式难以取得长效性。在刚性教育中，学生违纪违规往往是根据规章制度来进行警示和处罚，利用一种强制性使学生屈服，虽然能在短暂的时间内使学生做出妥协，但是学生未必能真正认识到错误，导致“口是心非”，并且有可能打击到学生的自尊心，使学生出现逆反心理，加剧师生矛盾，难以取得长期的教育效果。三是师生关系紧张。教育者一般是学校教育规章制度和奖惩机制的执行者，很多教师在解决学生问题的时候习惯于采用命令或指令的方式，容易挫伤学生的积极性，激化双方矛盾，造成师生关系紧张。

(2)当代大学生发展出现新特点

经济全球化和信息全球化的浪潮对我国经济、政治、军事、文化都产生了深刻影响。互联网的应用使信息达到的范围、传播的速度和效果都有了显著的增长和提高，使学生的思想状态发生重大改变。首先，大学生主体意识加强。一方面，表现为主体性、自主性增强，其参与社会实践和表达观点的主动性大大加强，对自身主体地位和主体需求的重视程度大大提升，对自我发展和自我价值的提升有更高的追求。另一方面，高校大学生在受教育过程中的主体意识进一步加强，他们向教育权利主体演变，对学校教育方式、教育资源和教育质量提出了更高的期待和要求。其次，大学生价值取向多元化。改革开放以及经济全球化带来各国文化交流融合，面对这些纷繁复杂的思想和信息，大学生容易产生思想上波动和价值观的困惑。大学生作为运用新媒体最广泛和最活跃的人群，获取信息的渠道更加广泛，思维更加开放，独立意识得以强化，选择信息的自由度更高。但与此同时，网络信息内容的日益多元化和复杂化，容易使得认知判断和辨别筛选的能力不足的大学生价值观发生扭曲。再次，大学生个性化追求加强。现在的这一代大学生大多以独生子女为主，独生子女在经济上、物质上往往得到优先的、可靠的保证，他们在学习和生活上渴望自由，在人际交往上追求自由，在各个方面表现出个性大胆的追求，他们希望学校和教育者尊重他们的个性追求。但同时又表现为有些学生全局意识薄弱，不能理解学校规章制度的意义和价值，往往拒绝约束和规范。

(3)在创新中有力发挥刚性教育优势

一是要坚持教育管理的刚性优势，要建立健全多维度的课程思政建设成效考核评价体系和监督检查机制，制订科学多元的课程思政评价标准。把课程思政建设成效作为“双一流”建设监测与成效评价、学科评估、本科教学评估、一流专业和一流课程建设、专业认证、“双高计划”评价、高校或院系教学绩效考核等的重要内容。把教师参与课程思政建设情况和教学效果作为教师考核评价、岗位聘用、评优奖励、选拔培训的重要内容。二是要坚持教育内容的刚性，课程思政内容不是简单的内容叠加，而是要结合知识、技能和价值培养目标严格确立教育内容，注意教育内容的严肃性、深刻性、严谨性，在意识形态领域要坚持和维护社会主义意识形态的主导地位，把马克思主义、毛泽东思想、邓小平理论、“三个代表”重要思想、科学发展观和习近平新时代中国特色社会主义思想作为思想政治教育的中心内容，特别是要用中国化马克思主义理论武装人们的头脑，坚持爱国主义、集体主义、社会主义教育的主旋律。三要创新刚性教育的方式方法，改变以往的“填鸭式”说教，增加课程内容趣味性，引起学生的兴趣，将课程内容与学生日常生活相结合、使学生愿意听、喜欢听、主动听；改变刚性的惩戒方式，要主动关心学生行为背后的心理动机，结合分析学生的行为特点，以育人为目标，合理采用一定的惩戒方式，增加规章制度的“人情味”。

2. 加强柔性教育：课程思政要着重发挥柔性教育底色

柔性教育能够提高学生对课程思政的认同感，符合学生个性发展需求，注重沟通和疏导，用学生易于接受的方式展开教育，有助于增加课程思政实效。着重发挥柔性教育底色主要有：一是树立柔性课程思政教育理念；二是把握柔性课程思政教育技巧；三是运用柔性课程思政教育方法。

(1)树立柔性课程思政教育理念

柔性教育关注学生个体，我们要把握好课程思政立德树人理念，将柔性教育融入课程思政之中。首先，要树立以人为本的理念。以人为本是国家对教育的基本要求，实际上就是以学生为本，即关注学生的思想、情感、意识，满足学生的个性需求，注意调动学生的积极性、主动性、创造性，要关注个性、解放天性、尊重人格，采取多种多样的、灵活教育的方法。具体来说就是要加强对学生的人文关怀，一方面，教育者在教育过程中要切实考虑受教育者的需求和感受，充分考虑学生在教育内容的选取、方式的选择上的意见和建议，创新实践教育活动形式。另一方面，要注重学生思想道德素质的全面发展。柔性教育不能仅仅只是尊重学生、理解学生、满足学生需要，而是要从学生实际出发，帮助学生解决问题和疑惑，树立正确的价值观、培养健全人格。其次，要树立服务学生的理念。在社会主义市场经济条件下，学生的主体意识和维权意识进一步加强，对教育资源、教育质量都提出了更高的要求和期待。要从服务学生的角度出发来进行日常教育。一方面，要将教育者和受教育者摆在平等位置上。另一方面，要坚持服务重于管理、服务长远性、服务个性化原则。此外，教育者还要进一步提升个人素质，增强服务本领。

(2)把握柔性课程思政教育技巧

柔性教育的重要技巧一是沟通，二是疏导。首先，要重视与学生的沟通。要拉近距离，增进信任，达成一致认同和活动目标，沟通必不可少。一方面，教育者可以从受教育者那里了解其真实处境和想法，掌握其困惑与需求，从而更有针对性地开展教育。另一方面，受教育者可以从教育者那里获得正确思想认识。在沟通中要注意几个方面：一是，沟通的语言要富有艺术性，用生动鲜活的故事和事例来感染人心。二是，要注意沟通的连续性和互动性，沟通要强调反复多次，而且也注重双方的表达，实现双向互动。三是，要注意沟通内容的生活化，所沟通的话题要接地气、要与学生的实际生活能够联系起来，避免内容空洞。其次，重视对学生的疏导。交流观点并不是教育的目的，教育不仅要实现双方信息的互动，而且要使受教育者的思想立场朝着教育者所期盼的方向发展。为此要注意：一是疏导的平等性，平等的相互关系是学生愿意接受疏导的前提。二是发挥受教育者的主动性和疏导的交互性，提倡受教育者的主动配合。三是具体问题具体分析，每个受教育者所面临的问题各有不同，要根据学生特点和具体问题采取合适的技巧。

(3)运用柔性课程思政教育方法

柔性课程思政教育方法主要有:一、情感激励法。大学生情感丰富,而情感伴随着认知活动产生,培养正确的思想政治意识必须有情感的参与。情感激励法指的是在教育过程中关注受教育者的个性和心理,采取一定的方法和手段激励受教育者,使他产生一定的情感共鸣,从而接受课程思政教育内容的方法。主要包括关注学生的情感需求、加强师生交流互动、形成情感认同等。二、心理契约法。心理契约是契约双方之间的隐性的双向期盼,是非正式的、隐性的。一方面要与学生建立非正式关系,缔结契约。通过设置不同阶段的奋斗目标、建立人生规划、确立长远目标等达到一种隐性期盼。另一方面,要加强互动与干预,避免契约失灵。不是说让学生自己确定目标后就任其发展,要在适当情况下给予学生一定的指导和干预,使其朝着预期方向发展。三、模糊评价法。对教学效果的评价不能只看刚性标准,只看学习成绩,要注重人文关怀,看其教育效果的长期性、稳定性,并注重效果的反馈,不能一次评价了事。四、环境熏陶法。利用环境的可创性不断改变环境设置来适应受教育者的个人状况的改变,包括学校教育教学场所、校园人文环境和同辈群体环境的打造,相应的教学内容的调整也是适应受教育者思想状况的改变的重要条件。

3.走向统一:课程思政需要实现刚性与柔性有机结合

刚性和柔性是既对立又统一的,是对立中的统一和统一中的对立,相辅相成,缺一不可。要在课程思政中执行刚性规范的同时更加尊重人文关怀;在坚持规章制度管理的同时达到学生自我教育和自我管理的目标;在确立刚性教育目标的同时增加思想政治教学的柔性。做到"刚柔并济"。

(1)刚中带柔

刚性教育有一定的存在合理性。首先,刚性教育通过制定规章制度,明确行为标准,对个体行为起到规范约束作用。只有个体行为符合社会的行为规范才能实现社会全体成员的自由。课程思政也要制定明确的教育计划、教学目标，建立系统的评估体系、评价标准和激励机制，只有这样才能系统地推进课程思政计划的有序进行。其次，通过建立规章制度，明确教育者和受教育者权利范围，明确课程思政中哪些行为可以做、哪些行为不可做，这样可以维护学校教育的稳定。再次，确立明确的奖惩机制，将课程思政建设情况作为评估高校办学质量的重要标准，将教师参与课程思政建设情况和教学效果作为教师考核的重要内容，从学校和教师方面积极推动课程思政的进行。但是完全刚性教育下的课程思政也会产生一定弊端，因此必须加入柔性部分，即刚性规范、柔性操作。用规章制度、政策法规、奖惩机制等约束教育者和受教育者行为，推进课程思政的有序进行，但也要注意采取柔性的教育方法，如教育疏导、心理说服、沟通对话和氛围营造等推动教育者合理进行课程思政教育，推动受教育者主动接受课程思政内容，从而接受刚性的目标要求。

(2)柔中带刚

柔性教育虽然相对于刚性教育有更多的人本性、情感性特征，但是任何事物都具有两面性，过度的“柔”也会带来严重弊端，如无制度的教学秩序必将混乱，无目标的教学模式将失去方向、无地位的教育者将失去身份。心理契约法和情感激励法强调师生平等地位，但是一旦没把握好尺寸会导致学生目无尊长，模糊评价弱化评价边线，运用不当会导致评价结果模棱两可。因此，课程思政，也要做到“柔中带刚”。第一，在对学生进行沟通和疏时要弘扬主旋律。思政课程是宣扬马克思主义理论的主渠道和主阵地，课程思政是“微循环”，即使是在课程思政中采取柔性渗透，对学生进行沟通疏导也要坚持用社会所要求的价值和信仰来进行教育，保证主旋律教育的严肃性和一元主导性，这样才能提升学生的道德品质、思想观念和意志品格。第二，即使是用柔性教育方法对学生进行教育也必须符合刚性规章制度的要求。柔性教育以学生为本，注重对学生的人文关怀，倡导对学生采取灵活教育的方法，但是其方法也必须符合学校规章制度和道德规范的总体要求，必须是在符合学校规章制度的前提下开展柔性教育。课程思政就是柔性教育下的选择，在坚持用思政课程作为思政教育主渠道的思政教育同时，也利用其他课程来加强教育。

第四节　PBL 与 CBL 的辩证统一

PBL 教学法与 CBL 教学法目前在世界各国教学中广受重视，并成为我国高校课改的重要内容，在发挥学生主动性上，增强学生实践应用能力上效果显著。有的采用其中一种模式，有的采用双轨教学，但各种教学法各有优势，我们要在创新教学法突破传统教学法局限性的同时，也要注重将新兴教学法与传统教学法有效结合，吸取传统教学法的有效因素，在教学事假中实现多种教学法的有效统一。

（一）PBL 与 CBL 教学法的概述

PBL 与 CBL 教学法从正式提出到应用于教学中的时间并不长，是一种新兴教学法，最开始是在国外提出的，现在中国已逐渐应用在教学实践中。

1. PBL 教学法

PBL (Problem - based learning) 教学法，也称为“基于问题的学习”“问题为导向学习”。1969 年，美国教授 Barrows 提出学生应早期到病房见习，根据教师联系临床实际病案设计的问题，通过自主学习、小组讨论来解决问题，获得新知识，从而将 PBL 教学法引入了医学教育领域。《教育大辞典》关于“问题”的解释是：问题是指机体不能利用现成反映予以应答的刺激情境；简单的问题可依据已有的知识立即做出应答。《当代教育心理学》中，从心理学角度对“问题”的定义中指出，“问题是给定信息和要到达目标之间有某些障碍需要被克服的刺激情境”①。从中我们可以得出结论，解决问题就是根据给定的信息通过不断消除障

① 陈琦，刘儒德. 当代教育心理学[M]. 北京：北京师范大学，2007(4)：52.

碍来达到目标的过程。PBL 教学法中的“问题”应该是源于学生现实生活，基于学生已有知识和自身经验，围绕教学内容，通过不断探索、推理、归纳采取方案来解决，且无固定答案。目前国内外学者对 PBL 教学法的定义仍未达成较为一致意见，在综合各位专家意见的基础上，本文给的定义是：PBL(Problem − Based Learning)教学法是指教师设计一定相关的情境，根据教学内容提出针对性问题(也可由学生自己发现)，学生在教师的指导下查阅资料，通过自主学习和小组合作，进行资料的分析、讨论、归纳及整理，进而解决问题、汇报成果，从而实现教学目标的一种教学方法。

PBL 教学法主要包括三大构成要素：问题、教师和学生。问题是 PBL 教学的起点和核心。问题选取是否得当关系到教学效果的好坏，问题的选取应该具有吸引力和针对性，既能为学生提供广阔的探索空间，又能激发学生的内在动力。教师是教学的组织者和督导者。在设计情景、确认问题、呈现问题、组织讨论、观察讨论活动、提出建议等整个教学活动中，教师都发挥着重要组织作用，确保教学活动的顺利进行。学生是学习的主体，承担着学习的主要责任。在整个 PBL 教学活动中，学生是推动活动进行的主角，根据教师提出的问题通过自主探索和小组共同讨论学习来求解，需要充分发挥自主能动性。PBL 教学一般包括以下五个环节：提出问题、小组学习、解决问题、展示成果、评价反思。

PBL 教学法自提出之后到广泛采用经历了一个长期过程。1983 年，Schmidt 在《PBL 的长期影响：对基于问题的医学院和传统医学院的毕业生所获得的能力进行比较》一文中通过对 PBL 教学方法和传统教学法比较，论证了 PBL 教学法的优点，提出要在医学教育中使用 PBL 教学法，作为传统教学的补充。20 世纪 80 年代末，PBL 教学法逐渐被美国和欧洲各个医学院引入，开始实验。20 世纪 90 年代中期，PBL 教学法开始被亚洲医学院开始引进，并在之后开始广泛采用。虽然早期阶段 PBL 教学法发展缓慢，但在 短短 50 多年的历史中，PBL 教学法已经在全球范围内广泛传播。到 21 世纪，PBL 作为一种新的教学法早已跨越了医学教育领域,已拓展至社会学、建筑学等多个学科领域,成为一种国际广泛应用于教育管理领域的方法。不同于 PBL 教学法在医学教学领域的成熟体系,PBL 教学法在思政教学中还属于探索阶段,而如何在课程思政中采用这种方法,还有待于进一步研究和发展。

2. CBL 教学法

CBL 教学法(Case - Based Learning) 是以案例为基础的学习,根据教学目标设计案例,以教师为主导,发挥学生的主体参与作用,让学生进行思考分析、小组讨论,从而强化知识,挖掘理论深度,提高学生分析问题和解决问题的能力。关于"案例"的初始研究,起于英文单词"case",中文译作事例或者实例、情况、状况、诉讼(事件)或判例。不同学科对"案例"一词的理解与命名都不尽相同,例如在医学领域叫为"病例",在法学领域命名为"案件"等。对于"案例"的真实性,不同学者的意见也不尽相同,有些学者认为案例必须是真实存在的事件①,但有些学者认为案例可以是真实的,也可以是模拟的,甚至是虚构的。课程思政案例教法是依据本学科的理论知识、目标和任务要求,通过选取特定的包含思政元素事例,运用课堂讨论、案例分析等多种形式对学生的多种能力进行激发,让学生思考分析,再由教师总结、归纳,使学生获得一定的价值塑造、理论知识和实际操作能力的教学方法。

案例教学法的雏形早已有之。中国古代常常采用民间寓言故事来阐发道理,从而达到育人目的,像"买椟还珠""按图索骥""守株待兔""刻舟求剑"等等,也有根据一定的真实事件来总结经验、警示后人的,像《春秋》《战国策》《资治通鉴》《三国志》等等。最先明确提出并使用"案例教学法"的是美国哈佛大学法学院教授 Christopher Columbus Lang dell,1875 年他正式将该方法应用于法学教育领域,使用真实的法院判决案件来进行教学。又有人说案例教学法起源于

① 郑金洲,案例教学指南[M]. 上海:华东师范大学出版,2000:34.

19 世纪 20 年代，由美国哈佛商学院(Harvard Business School)所倡导，采用商业管理的真实情境或事件来进行教学，透过此种方式，有助于培养和发展学生主动参与课堂讨论，实施之后，颇具绩效。① 这种方法作为美国、加拿大等国法学院最基础的教学方法，后开始逐渐在其他学科中被推行，如医学、经济学、管理学等学科。从 19 世纪 70 年代到现在，这种教学方法在国外仍在不断的改革、发展中，诸如劳伦斯、柯瓦斯基、舒尔曼等学者均有论著。案例教学法于 19 世纪 80 年代进入中国，随着中国九年义务教育的实施，这种新的教学方法在 1988 年被逐步推行。随后为了更好贯彻与落实科教兴国战略，此方法在中小学的教师培训中被广泛应用。

在课程思政中对于案例的选择有一系列基本原则：第一，生活性。案例的选择要贴近学生的生活实际，这样学生才能对教学产生兴趣，并积极阐发自己的观点。第二，关联性。案例的选择要与所讲的课程内容有关。第三，启发性。案例必须能对学生产生一定的启迪作用，并且教师能够对学生积极引导。第四，时代性。所用案例应该表现时代的主流思想，拓宽学习者思考空间，提高对社会发展程度的掌握，加深对社会的关注度，从而提升学生作为社会主义建设者和接班人的自觉性。另外，还要注意在教学过程中的主体性原则、肯定性原则和协作性原则。

(二)课程思政中 PBL 与 CBL 教学法相结合的必要性

PBL 与 CBL 教学法相比传统教学法来说还是一种很新的教学法，正处于不断探索阶段，其他各学科，如医学、经济学、管理学等作为专业教学已经开始广泛采用，而如何实现在各门课程与思政相结合的教学中使用还需要不断探索。

1. PBL 与 CBL 教学法的区别

首先，在培养目标上，虽然 PBL 与 CBL 教学法都注重让学生学会独立思

---

① 郑金洲编著. 教学方法应用指导[M]. 上海：华东师范大学出版社，2006：50.

考，培养学生分析问题、解决问题的能力，但是 PBL 教学法侧重于让学生在发现问题，解决问题中学会学习，培养终身学习的理念，培养语言表达能力、逻辑性及批判性思维能力，主要是强调能力的学力，而 CBL 教学法将理论与实践相结合，在分析问题解决问题中获得教学目的中所要求的知识，强调知识的获得。其次，在教师扮演的角色上，无论是 PBL 还是 CBL 教学法，教师都要经过事先培训，掌握教学要领，但 PBL 中教师是个旁听者或辅导员，只起到引导思考作用，对学生的观点不发表意见，而 CBL 教学中的教师是一个引导者和顾问，对学生的问题进行解答。再次，在设置情境上，两种教学法都要求联系教学大纲，设置一定的情境，充分发挥学生的主观能动性。但 PBL 教学法中所提出的问题一般是多层次、多环节的，体现学科整合的特点，需要学生花费更多的时间和精力去解答问题，给学生预留思考和发挥的空间，而 CBL 教学法通过给定一个真实案例让学生进行探究，突出知识的集中性和实用性，避免效率低和解决问题不集中的弊端。最后，PBL 教学法与 CBL 教学法还有一个很大的不同点是 PBL 教学法是以问题为学习的起点，在于发挥问题对学习过程的指导作用，CBL 教学法是教师先讲解教材，在学生掌握一定的知识前提下，然后做案例分析。

2. PBL 与 CBL 教学法的各具优势

PBL 教学法适应以培养学生能力为中心的目标。PBL 教学法应用于课程思政中就是让以现实的问题情境为起点，让学生把思想道德理论和实际的理论教学要求联系起来，在现实的情境中去发现和解决问题，这与课程思政理论和实践相结合的教学要求是一致的，学生运用学习的知识认知、理性分析最终解决生活和职业的问题，让学生体验到学习对自己的意义。不论是从问题设计、问题分析、问题解决，还是后面包括的整个教学评价(学生自我评价、组内成员评价、小组互评等)，都需要学生积极主动参与，在平等竞争的环境中，逐渐培养学生的沟通合作能力、解决问题能力、独自思考能力等。但是在知识的系统性体现和覆盖面、学习深度方面，这一教学法对教师水平、学生素质、教育资源要求很高，一旦把握不好，容易使教学过程失去控制，学生面对问题天马行空，达不到教学目标。

从 CBL 教学法来看：首先，CBL 教学法是迎合新课程改革，实现课堂角色转换的需要。案例教学法在课堂中通过所呈现的案例，与学生一起探讨案例中隐藏的矛盾问题来得出结论，然后对知识点进行归纳，实现了学生从被灌输者向主动参与者的转变，在这一模式下学生获得了比理论知识更多的东西，这种教学模式集情感、态度、价值观教育于一体，符合新课改要求。其次，调动学生主动学习兴趣，有效加强课堂交流，优化了师生关系，有助于达成教学目标，并能提高学生实践技能，帮助学生理论联系实际。相对于 PBL 教学法，这一教学法操作相对容易，应用更加广泛，师生共同承担任务。教师根据教学目的来引导学生发现问题，解决问题，聚焦问题会很少偏离方向，可以引导课程的有序进行。但是这一教学法往往涉及的内容比较单一，学生的综合素质的锻炼相对缺乏，教师权威和领导意识仍然存在，可能导致学生主动意识不足。

3. PBL 与 CBL 教学法的结合运用

由于 PBL 和 CBL 教学法各有优势和不足，出现了一种将 PBL 和 CBL 教学法相结合运用的方法简称 CBCL 教学法（Case－based collaborative learning），即目的探讨案例式协作教学法，这种教学法摒弃了 PBL 教学法和 CBL 教学法的不足，吸取他们的优点。首先，学生通过自主学习解决问题，并在整个教学过程中承担主要角色，这样可以充分调动学生的积极性。其次，探讨的问题都是事先准备好的，这样就不会使问题研究脱离教学目的。再次，真实的案例可以激发学生的学习动力，使学生在理论联系实际的同时，锻炼了自己的能力，同时也达到了知识获取的目的。目前国内外都有不少将两种教学法相结合使用的报道。根据实验发现，采用 CBCL 教学法往往比采用 PBL 和 CBL 教学法其中一种的教学效果要好，如哈佛医学院在开展生理课程教学中，通过随机对照，研究评估基于案例的协作学习。①

(三)实现课程思政 PBL 与 CBL 教学法的有效统一

PBL 和 CBL 教学法作为一种新兴的教学法。融入与课程思政之中,将对课堂教学起积极促进作用。要在课程思政中,合理使用 PBL 和 CBL 教学法,并使他们有效地统一。

1. 课程思政中实施 PBL 教学法的对策建议

在课程思政中实施 PBL 教学法需要转变教师教学观念,培训 PBL 专业型教师,能够合理应用 PBL 教学法,提高融合信息教学技术,从而提升课堂教学效果,提升学生学习能力。

(1)转变教师教学观念,培训 PBL 专业教师

PBL 教学法主要以学生为主,转变了传统的以老师为中心的教学方式。教师要转变观念,从知识的灌输者变为知识的辅助者,使学生自己开始学会学习。因此,教师要学会更新的教育理念,及时改变传统的教学观念。另外,为了与时代接轨,教师必须能更加熟悉地使用 PBL 教学法,必须进行专门的职业培训,掌握 PBL 教学法的基本理论知识和技能。在问题的设计,教学的基本原则、方法和流程各个方面,整体提高教师的教学水平。

(2)合理应用 PBL 教学法,提升课堂教学效果

大学教育是专业化教育,学生学习的科目多、任务重。但是 PBL 教学法的流程过于复杂,需要花费大量的课余时间,让学生收集整理资料,进行小组汇报等。如果一味地使用 PBL 教学法,将大大地影响教学进度。并且在各专业课程中,里面所含的思政元素,并不是所有的课时都有,需要进行合理的挖掘。要让 PBL 教学法与其他教学法相互配合使用,发挥各自优势,合理地分配教学内容。

---

① Krupat E, Richards JB, Sullivan AM, etal. Assessing the Effectiveness of Case －Based Collaborative Learning via Randomized Controlled Trial[J]. Acad Med, 2016, 91(5) : 723－729.

对于理论性较强的内容，应该以教师讲授为主，对于其他理解性内容，教师可以根据学生已有的知识程度，进行 PBL 教学。

(3)融合信息教学技术，优化 PBL 课堂教学

信息技术的快速发展给老师和学生带来了极大的便利，电脑，手机等工具已经成为他们社交的标配，QQ、微信、微博等成为他们了解别人动态的望远镜。这为学生进行资料收集和问题探讨带来了极大的便利。首先，利用新媒体跨越时空的特点，我们可以通过建立微信群和公众号来发布消息，组织学生讨论，节省课堂时间。其次，多媒体技术使课堂教学更加生动、形象，我们可以利用各种音频、视频、图片等素材，更为直观地向学生创造情境，使学生更快地融入课堂教学之中，激发他们的学习积极性，增强课程思政的实效性。另外，融合信息技术的使用，大大节省了教师在教学中的不必要时间，使教师与学生可以更多地开展交流，互相交换观点，创造和谐的师生关系。

(4)熟知 PBL 教学法知识，提升学生学习能力

虽然 PBL 教学法已经开始广泛地运用在教学实践中，但是还有一定的局限性，其主要被应用在医学方面。其他相关专业的课程中使用这种方法并不多，需要在教学培训中使更多的老师学会使用这种方法，并且将这一方法的相关知识介绍给学生，使学生了解 PBL 教学法的教学目的、教学流程和教学优势，从而让学生更能理解接受这种教学方法。只有当教师和学生学会熟练使用这种方法时，才能在课程中将思政元素顺其自然地融入教学实践中，利用 PBL 教学法的优势合理地将知识授予、价值塑造和能力培养融为一体。另外，由于这一教学法对学生的学习能力要求高，应该提前培训学生一些基本技能，教授学生一些基本的查找资料的途径和方法，掌握自主学习，讨论和总结的技巧，以此保证课堂教学的顺利进行。

2. 课程思政中实施 CBL 教学法的对策建议

在课程思政中实施 CBL 教学法需要充分开发教学案例，精心选取教学案

例，恰当使用教学案例，加强改进学生评价，从而提高课堂教学实效。

(1)充分开发教学案例，增强课程资源意识

课程思政不仅要求教师在课堂教学中挖掘思政元素，教师还要根据教学目标通过丰富主体，优化内容，拓宽途径等方式开发更多的适用课程思政教学的案例。在案例开发主体上，不仅局限于老师，而且也要积极地调动学生去利用课下时间收集本节课案例教材，不仅为学生熟悉案例奠定基础，也锻炼了学生收集信息的能力。在案例开发内容上，不仅要求案例内容与本节课知识目标相符合，而且还要看到案例内容能否对学生的核心素养和价值观起积极的引导作用，并且案例的内容要做到有深度，使教师能够通过对案例的分析引发学生的思考和共情，从而提高教学效果。在案例开发途径上，教师可以以社会热点案例为突破点，也可以查阅相关历史事件，通过书籍、期刊、论文、新闻媒体等进一步丰富案例内容，通过对素材内容进行分类整理，选取与教材知识契合度高的内容，将素材与知识点相结合，优化教学设计，从而为案例教学的实施做好准备。

(2)精心选取教学案例，优化教学案例功能

优化案例的关键在于优化情境，要使案例有助于呈现相关课程的核心概念和方法，充当组织教学、引导教学逻辑的必要环节，教师要从教材知识、实时新闻、情境创设、学情等情况出发，增强案例的针对性、实效性、趣味性、综合性。首先，案例的选取要具有针对性。此案例不仅要符合教材内容，而且还要具有一定的正确价值导向。其次，案例的选取要具有时效性。时代瞬息万变，学生的思想状况也跟着改变，作为老师也更加应该树立与时俱进的意识，更多的关注社会发生的热点问题，引导学生关注社会，投身实践；再次，案例的选取应该具有趣味性。CBL 教学法主要以学生为主体，培养学生的能力，选择学生感兴趣的案例以调动学生的积极性，发挥其自主能动性。最后，案例的选取必须具有综合性。从“课程思政”这一名词中，我们可以看出这是一个复合概念，不仅要求具有课程知识，还必须具有思政导向。因此，在选取案例时 必须加入综合性考量，优化案

例情境。

(3)恰当使用教学案例,培养学科核心素养

教师是CBL教学法的主导,必须进一步提高教师的课堂调控能力。在案例呈现方式上,教师应该运用多样化方式呈现案例,如图片、视频、音频,也可以用形象生动的语言或者角色扮演,并且在案例呈现时,教师还应该层层递进,引人深入。在改进学生学习方式上,教师必须强调学生独立思考,促进学生自主学习,教师应该少讲,学生应该多思考,坚持问题导向,让学生自主获取知识,并进一步加强小组合作,促进合作学习。在价值引领上,通过分析案例,要旗帜鲜明地弘扬社会主义核心价值观,培养学生正确的世界观、人生观、价值观。在把控课堂节奏上,教师应该处理好快与慢的关系,简单的知识点,教师可以一笔带过。对于教学的重难点,教师可以进行深入分析,与学生积极探讨。另外,教师还应该处理好点与面的关系,尽量使案例的内容前后相接,关注部分学生与关注全部学生相结合。

(4)加强改进学生评价,提高课堂教学实效

在CBL教学法中,学生是主体,教师是主导。教师在CBL教学法中应注意对学生的评价,以此进一步调动学生的积极性,推动教学的进程。首先,教师应该注重即时评价。直接迅速地对学生的表现情况进行评价,不仅可以推动教学往正确方向进行,也可以使学生及时改正错误、激励学生进步,或者对于表现好的学生给予鼓励,进一步营造和谐、民主、积极的课堂氛围。其次,教师还应该注重综合性评价。CBL教学法是一种调动学生积极参与的教学方法,教师应该根据学生的课堂表现,知识收集能力,课堂发言能力,知识整合能力等方面进行综合评价。再次,教师应该注重过程性评价。教师可以提前设计一个过程评价表,依据学生在课程中可能的表现,逐一划分加分项,形成一定的小组竞争,激励学生,培养小组合作意识。

3. PBL与CBL教学法相结合的主要理路

(1)综合使用PBL和CBL教学法打破传统教学法

传统教学法以教师、教材和课堂为中心,主要是教师讲授,学生只是作为知识的接收器,是一个被动灌输者,也被称为填鸭式教学。叶澜在《教育学原理》中认为,这种传统教学方法忽视了文化知识与人类及儿童经验世界的丰富关联。[①]不可否认,在传统教学模式下,学生的知识学习目标能达到一定的预期效果,但传统教学模式下学生的实践能力、独立思考能力、创新合作能力等存在教育短板。课程思政的结构是立体多元的,它要求实现知识传授,价值塑造和能力培养的多元统一。但在传统教学模式下,三者割裂的往往是,过多地强调知识的传授,而忽视了能力的培养。将多种教学法综合使用在课程思政之中,能打破传统教学法的桎梏。PBL和CBL教学法以学生为中心,注重发挥学生在学习过程中的主动性、积极性,培养他们在案例和问题分析中发现问题、解决问题的能力,培养了小组合作意识、竞争意识,有效弥补了传统教学法的缺点和不足。无论是PBL还是CBL教学法都是对传统教学法的突破,这是一种改变,更是一种超越,也是教学法与时俱进、具有旺盛生命力的生动呈现。

(2)将PBL和CBL教学法与理论教学法相结合

PBL和CBL教学法注重的是学生实践能力、思维能力的培养,虽然具有很大优势,但是它们通过一个个典型案例来分析,有些理论知识的教授并不能通过案例或者是问题来推动进行。PBL教学化和CBL教学法,它们更多的是注重理论知识的探索,以提高学生理论联系实际的能力,这也是课堂教学的一种有效补充。但是,理论联系实际的前提是对理论知识的掌握,理论知识是无数前人不断总结经验的结果,具有科学性和指导性,只有掌握了理论,才能够应用于实践。然而,有些理论晦涩难懂,只靠案例分析和问题式探究是无法得出来的,并且如

① 叶澜主编.教育学原理[M].人民教育出版社,2016:103.

果都采用PBL教学法和CBL教学法来进行的话，理论知识的获得，效率会十分低下。因此，在课堂教学中，CBL教学和PBL教学法并不能完全取代理论教学法的位置，需要平衡把握他们之间的关系，进行合理科学使用。并且，思政内容本来就是政治性强、理论性强，需要进行深入的理论研究。

(3)在CBCL中实现PBL和CBL教学法的统一

CBCL教学法是PBL和CBL教学法的结合运用。运用在课程思政中具体表现为：首先，在教学活动开始前，确定一定的目标，选取与课程内容相关的案例并确定好问题，要能从案例中提取出思政元素，能够达到对学生知识授予，价值塑造和能力培养的目标。其次，在教学实施过程中，围绕案例不断地推动学生通过自主学习发现问题、分析问题、解决问题，教师在其中担任辅助者角色，并且适时推动教学的进程，引导问题焦点走向。再次，对于学生的讨论结果，教师应该给出及时的评价，并且点明学习的主题，从而进行总结归纳。必要时，教师还应该对理论知识做相应的补充，进一步拓展理论知识的深度和广度。这一教学法具有明确的目的性、客观真实性、较强的综合性、深刻的启发性，突出学生实践性、学生主体性，具有过程动态性，能够实现师生互动、生生互动，是PBL和CBL教学法的升级版。当然，有时在教学中并不一定需要采用如此复杂的教学模式，我们要明确和掌握各类教学法的优势和不足，充分分析教材知识，坚持针对性原则，选择合适的教学法。

第四章　拓展新时代高校课程思政的主要途径

“课程思政”建设对高校坚持社会主义办学方向，落实立德树人根本任务，确保育人工作贯穿教育教学全过程具有重要意义。全面推进课程思政改革，必须加强党委对高校课程思政的谋篇布局，充分认识到“所有教师都有育人职责”和“所有课程都有育人功能”，铸造教师队伍“主力军”、打造课程建设“主战场”、营造同向同行浓厚氛围，全方位推进课程思政改革实践探索。

第一节　加强对高校课程思政的谋篇布局

习近平总书记指出，我们的高校是党领导下的高校，是中国特色社会主义高校。扎根中国大地办大学，必须坚持社会主义办学方向，全面贯彻党的教育方针，坚持以马克思主义为指导，坚持党对高校的领导。“课程思政”改革着眼于新形势下提升高校思想政治教育的水平和层次，是贯彻全程育人、全方位育人方针的必然选择。“课程思政”建设是加强和改进高校思想政治工作的重要举措，事关高校教育教学改革的方向，必须发挥好党委的领导作用。

课程思政建设是一项系统工程，高校党委要强化核心领导，谋划顶层设计，牢固确立人才培养的中心地位，切实把课程思政建设放在特殊重要的地位，对“课程思政”建设的各方面、各层次、各要素进行总体协调、统筹推进，切实保证正确办学方向，掌握思想政治工作主导权。要建立党委统一领导、党政齐抓共管、教务部门牵头抓总、相关部门联动、院系落实推进、自身特色鲜明的课程思政建设工作格局。

(一)宏观层面:强化党委领导,加强顶层设计

习近平总书记强调,高校党委对学校工作实行全面领导,承担管党治党、办学治校主体责任,把方向、管大局、作决策、保落实。党委在“课程思政”改革中的政治责任,体现在宏观把握和顶层设计上,体现在立德树人的效果上。高校党委要切实加强对课程思政建设的领导,结合实际研究制定各校课程思政建设工作方案,健全工作机制,强化督查检查。

1. 建立高校“课程思政”领导机制

建立课程思政领导管理机制,加强课程思政意识培养,确立以高校党委为领导核心的课程思政专项领导组织,进一步落实责任主体,确保课程思政是一次自上而下的教育改革。

(1)加强“课程思政”意识培养,明确党委主体责任

高校党委统领课程思政全局,是课程思政建设的责任主体。加强高校党委领导层对于“课程思政”重要性的认识,提升党委主体责任意识,有助于落实高校立德树人的根本任务。首先,高校党委领导层要提高思想认识水平,积极做课程思政理念的方向标,增强理论自信,提高理论自觉,把课程思政理念融入思想政治教育工作理念体系中。高校党委要在习近平新时代中国特色社会主义思想的指引下,认真学习党的十九大报告、全国高校思想政治工作会议重要讲话、全国教育大会重要讲话等,认真贯彻党和政府颁发的一系列教育文件,充分学习和领会全国高校思想政治工作的会议精神。要充分意识到各门课程都具有育人功能,各科教师都担负育人职责,要充分担负起领导组织责任,整合校内各项资源,构建全员参与、全课程协同发展的“课程思政”体系。其次,建设“课程思政”的主体工作是由承担教学工作的各科老师合力完成的,他们对“课程思政”这一新型教育模式的认识和把握也至关重要。各所高校可以通过培训、宣讲、示范公开课等多种形式,让老师们了解什么是“课程思政”,为什么要推行“课程思政”,以及

如何建设“课程思政”等核心内容，从而让大家充分认识到教学过程中融入思想政治教育理念的重要性、必要性以及可行性，并引导老师们在遵循教学规律、不偏离教学目标和课程特色的基础上，不断融入思想政治教育理念。

（2）确立党委领导下的分工责任制，强化党委的集中统一领导

成立“课程思政”的领导机构，承担制定全校性改革方案、调配改革所需资源、协调校内各级组织行动的职责。加强对“课程思政”教育改革的组织领导，明确在全员、全过程、全方位育人要求下“课程思政”的必然责任，通过层层抓落实的工作方式，保证改革的落地生根。学校党政所属的职能处室，应当在校党委的统一领导下，配合学院的“课程思政”改革，提供所需的政策支持和物力支持。院系党委（党总支）是组织实施学校改革方案的一线组织，担负着将改革意图落实到具体课程的职责。这一层级的党组织不仅要有严格执行校党委要求的能力，而且要根据本学院的专业特点和学术专长，确定具体课程的思想政治教育目标和任务，形成自己的特色。如复旦大学成立课程思政与教材建设领导小组，学校坚持党的全面领导，发挥制度优势构建“三线联动”创新机制，巩固党委领导下的校长负责制“中心线”，强化院系党的领导“中场线”，做实党支部建设“生命线”。“三线联动”实现了从学校大脑中枢到每位教师神经末梢的一体化联动，压紧压实教学单位课程思政建设的主体责任，激发全体教师“为党育人、为国育才”的主体活力，形成课程育人合力。

2. 构建高校“课程思政”保障机制

课程思政建设的顺利开展需要有健全的保障机制，高校党委领导层要高度重视“课程思政”的工作开展，根据自身建设计划，统筹各类资源，围绕教育部印发的《高等学校课程思政建设指导纲要》总体部署，将“双一流”建设任务、“三全育人”综合改革、“一流专业”“一流课程”建设等统筹起来，结合学校教育教学改革，出台相应的制度和举措，全面做好制度保障、平台保障和人才保障工作。

(1)制度保障

课程思政制度建设,目的在于规范和指导课程思政的实践运作。高校党委要结合学校特点,要做好制度保障,出台推进课程思政改革的实施意见与规划纲要,明确课程思政的顶层设计,从学校、学院、教师、课程等方面细化课程思政改革的要求,从课程体系、教学目标、教学内容、教学评价等方面完善整体设计。通过课程思政专项制度建设,管理和规范课程思政的实行力度和工作部署,监督课程思政的实施进度和成效,切实保障好课程思政建设的顺利进行。此外,课程思政建设要强化组织实施,落实落细建设计划,明确建设目标和建设标准,绘好"路线图",确定"任务书",列出"时间表"。例如复旦大学 2019 年发布《复旦大学课程思政攻坚行动计划实施方案》,对示范专业、医学整体思政、示范课程、教材建设、育人队伍、理论研究等六个方面的三年攻坚均形成了分年度计划,从质量和数量上提出了工作目标和具体指标。以示范课程建设为例,学校有计划、有步骤地扩大规模并实施质量验收,促进课程思政提质增效,各门课程育人功能不断充实完善。

(2)平台保障

课程思政需要搭建公共平台,充分调动参与者的积极性,发挥教师的主观能动性,汇聚优质资源推动协同攻坚。一是搭建理论培训平台。通过组织专题报告会等方式,邀请相关领域的专家学者围绕课程思政是什么、建什么、怎么建等相关内容进行解读,不断深化广大教师对课程思政内涵的理解和认识,提高教师的育人意识和育人能力。二是搭建学科交叉研究平台。立足各学科的独特视域、理论和方法,深入挖掘专业课思政资源,完善课程思政教学体系,创新专业课程话语体系,形成一批代表性案例,打造一批有高度、有深度、有温度的"金课"。三是搭建工作交流平台。邀请校内外思政课教师、专业课教师及相关部门同志围绕课程思政建设定期交流,拓展思路,协调工作。四是搭建成果共享平台。依托新媒体技术,搭建课程思政"共商、共建、共享"网络平台,建立课程思政信息共享空间，开展优秀课程思政案例汇编、思政素材库建设、教师培训课程建设、课程思政评价标准制定等专项工作，形成一批可复制、可推广的课程思政教育教学改革成果。

(3)人力保障

课程思政建设需要全员的参与和努力，从校党委书记到每一位教师，个体的积极性和创造性都是潜在的人力资源。教师是提升“课程思政”教学质量的决定性要素，在师资队伍建设方面，急需培养高水平的思政教师队伍。目前高校思政课教师承担大量的教学任务，对“课程思政”建设的辐射带动作用有待发力。高校构建课程思政的人力保障，需要打造一支优质的课程思政教师队伍，充分把思政课教师的思政优势展现出来，同时发挥其他课程教师积极性，推动专业课教师和思政课教师强强联合，共同推进课程思政。一是要建立思政课程与课程思政学习交流促进机制，统筹构建两支队伍在课程思政建设中的合作机制，推动实现专业课与思政课的双向贯通、相互促进，形成协同育人的联动效应。二是在课程思政建设中为专业课安排思政课教师作为专业课共建人，形成课程思政结对制度，共同深挖专业课程中蕴含的思政元素，将学科资源、学术资源转化为育人资源，实现思想政治教育与知识体系教育的有机统一。三是加强培训指导，经常性组织课程思政教学沙龙等，分享建设经验与代表性案例，提升广大教师对于课程思政的认知理解，将课程思政建设的成果及时转化为其他教师课堂的实践运用，拓展课程思政建设的路径。四是开展工作研究。经常性组织教师以专题学习、主题研讨等方式，推进课程思政学习研讨常态化。通过开展教育教学研究、国内外比较研究、传统工作经验研究等，把握教学对象的特点，加强两支队伍课程内容的衔接，切实遵循教书育人规律、学生成长规律、思想政治工作规律开展育人工作。

3. 构建高校“课程思政”评价监督机制

人才培养效果是课程思政建设评价的首要标准，要建立健全多维度的课程思政建设成效考核评价体系和监督检查机制。课程思政评价机制，是包括高校对课程、教师、学生三个环节的课程思政成效的评价机制。立足学校办学定位、基于人才培养特色、针对学生思想特点，有的放矢地制定评价标准，是保证“课程思政”实施效果的一个重要原则，这就需要从院系创新成果、教师课堂教学、大学生思想动态等方面进行客观反映。

(1)对院系课程思政建设状况的评价

首先，高校要形成对院系课程思政建设的评价体系，把课程思政建设成效作为院系教学绩效考核的重要内容，增强对课堂育人效果的评价比重。评价内容可以包括各级院系领导小组对课程思政的部署文件和建设目标，参与课程思政的改革课程数目、参与课程思政的教师人数等，组织院系负责人及教师作阶段性课程思政实践进展的报告等。如严格把握“课程思政”教师的选聘以及教学培训制度，强化课程在政治方向和思想引领的作用，突出综合素养课程的育人价值，制定专业课程育人教学规范和评价标准，编制课程教学指南，推广试点经验，努力彰显综合素养课程和专业课程的育人价值。其次，要科学分析评价结果，组织专项小组进行课改成果检验，形成有效的评价材料，对院系的进一步推进课程思政提出意见和建议。

(2)对教师课程思政教学能力的评价

建立健全有利于教师积极参与“课程思政”育人的考评制度，将教书育人确立在科学、可靠的制度安排之上。高校对教师课程思政教学能力的考核应包括以下内容：教师研究把握学生思想状况的能力、课程与教材设计开发能力、课程思政的教学与管理能力、课程思政的评价能力、反思与发展能力等，通过各种方式和途径对教师上述能力进行考核和评价，依据评价结果有针对性地督促、激励教师补短板、找差距。同时，注重把教师参与课程思政建设情况和教学效果作为教师考核评价、岗位聘用、评优奖励、选拔培训的重要内容。如湖北省高校加强教师思想政治教育和管理服务工作，建立健全师德建设长效机制和实施细则，严格落实“师德一票”否决制度，进一步完善教师评聘考核机制。南方医科大学在职称评聘、教师资格认定等工作中完善了学校职称评聘制度和标准，实行岗位动态管理。复旦大学以高校教师教学激励计划为主要抓手，落实育人的价值导向，针对专业课程的育人功能和教师的育德实效开展绩效评价，并以此作为是否继续给予支持及支持额度的重要依据。

(3)对课程思政影响大学生思政素养提升的考核评价

高校党委要把握课程思政建设的政治导向，紧紧围绕坚定学生理想信念，以爱党、爱国、爱社会主义、爱人民、爱集体为主线，坚持不懈用习近平新时代中国特色社会主义思想铸魂育人。课程思政的成效最终还是要落实到大学生这一群体上。课程思政有序开展，大学生通过课堂教学所产生的思想和行为变化，反映着课程思政的教学效果。因而，高校应在现有课程考核评价方式的基础上，增加课程思政对大学生思想政治素养影响的考核评价内容。一是通过课程考核进行评价，在课程考核内容中加入对相关思政元素的考核。例如，加入对专业课程体现的对学生价值观引导方面内容的考核，对学生专业素养等方面内容的考核等。二是通过调查方式进行评价。采取问卷、访谈等调查方式，了解大学生思想动态以及课程思政对大学生价值引领的影响，掌握大学生在不同阶段的思想特点，进行统计类比，其结果可作为对课程思政评价的重要依据之一。

(二)中观层面:职能部门、二级学院党组织统筹协调，组织实施

对课程思政建设进行顶层设计后，组织实施是关键。高校职能部门和二级学院党组织应在党委领导下，发挥院校两级行政职能，加强组织统筹，调动统筹人事部门、教务部门、教师工作部、党委宣传部、团委等相关职能部门和二级学院的积极性，形成合力，推动全体部门和教师积极参与到课程思政建设工作中来。

1.职能部门统筹协调“课程思政”建设

高校课程思政改革是系统工程，每一个部门、每一个教职工都应守好责任田。从党委的宏观把握到教师的一线实施，还需要职能部门、二级学院的执行责

任的落实，才能保证每一门课、每一节课都能收到好的效果和反馈。要建立由教务处牵头，教师工作部、党委宣传部、人事处、学生工作部(处)、团委等相关职能部门和二级学院各负其责的工作机制。首先，“课程思政”建设的基础在“课程”。教务处作为学校的教学管理部门，在推进“课程思政”建设中担负着重要的、甚至是引领性的作用。要将课程思政融入课堂教学全过程，积极推行教学改革，在教学评价、考核中明确课程思政的比例，设计课程思政教学规范和质量评估指标，将“课程思政”作为一个首要因素，作为课程设置、教学大纲核准和教案评价的重要内容，落实到课程目标设计、教学大纲修订、教材编审选用、教案课件编写各方面，贯穿于课堂授课、教学研讨、实验实训、作业论文各环节，保障课程思政能顺利推行。其次，教师工作部和党委宣传部应在广大的一线教师中挖掘课程思政的先进典型，进行宣传，号召所有教职工能以此为榜样追寻，营造良好的氛围；人事处应提高对教师师德师风在准入以及教师职称评定的标准，对积极实施、开发课程思政的教师确定优先评定等激励机制。学工部、团委等部门应不仅仅局限在第二课堂，应联合教师，使思政课教师、辅导员参与到综合素养课(通识课)、专业课教学实践中。总之，各相关职能部门要积极配合，加强交流沟通，坚持正确的理论指导，有效发挥行政职能，将“课程思政”纳入年度重点工作予以推进，各部门整合资源，为“课程思政”工作的实施、研究和创新提供技术支撑，确保各部门同向同行。

2.二级学院党组织重点落实“课程思政”建设

二级学院党组织是“课程思政”建设的重要组织者和推动者。二级学院党组织应在校党委的统领下，与各职能部门通力合作，形成协同育人效应，党政负责人应主动承担起通过教育教学落实立德树人根本任务的责任，将“课程思政”建设纳入工作职责范围，纳入党政联席会研究重要议程，切实有效统筹推进。二级学院党组织要将“课程思政”建设纳入二级学院内涵建设中来，明确其在“课程思政”建设中的具体责任，并上升到提升办学水平和人才培养质量所必需的高度来认识和把握。首先,结合“一院一特色”实际,找准“课程思政”的融入点,使“课程思政”建设有机融入学院整体的人才培养和课程教学大纲,形成院系特色。其次,明确专业是落实“课程思政”建设的重要平台,要充分挖掘和充实各专业蕴含的思想政治教育元素,结合专业特点,有机融入本专业的建设内容、方法和载体,贯穿人才培养方案、师资队伍建设、科研建设等各方面。此外,强调课程要有品牌,各专业要选准课程,精选教学内容和案例,加强集体备课,把课程和专业的思想政治教育元素有机融入教学大纲和课程教案。教材要规范化,教材建设要深入研究“教什么”“怎样教”等育人的本质问题,要做到以“教材攻坚”丰富供给,把活的现实、活的理论融入教材,使教材有温度、有触感、有质量。

具体可以从以下几方面着手:第一,善于利用网络资源,加大对思政资源的统合力度。二级学院党组织和职能处室应利用网络资源的互动、移动、开放、大数据等特征,对思政教育的方式、内容进行大胆创新。思政课教师和学生应通过网络资源,及时对最新信息和数据进行互动辨析,提高对社会现实问题的认识和理解。第二,统筹各校的资源特色,打造精品思政教育。二级学院党组织和职能处室可以根据不同高校的专业特色和资源优势,借鉴其他高校思政精品课程的经验,打造属于本院的思政品牌课程。在打造精品课程的同时,使思政教育与通识教育、专业教育有机结合起来,形成协同效应,激发学生课堂的求知欲和满足感。第三,完善培训考核制度,优化思政教师队伍。职能部门和二级学院党组织应培养、吸收马克思主义理论的专业教师加入思政教师队伍。应着力加强思政教师队伍的机制建设,严格执行教师定期培训计划,使思政课教师得以系统化、常态化培训。应从教学、科研、社会实践等方面,科学制定对教师队伍的考核机制。第四,注重校园文化建设,以文化人、以文育人。思政教育不仅是课堂教育,也是实践教育,不仅是思想政治教育,也是文化体育教育。多在校园开展形式多样、健康向上、格调高雅的校园文化活动,让学生在实践中感受到社会主义核心价值观的存在和魅力。同时,二级学院党组织和职能处室之间应通力合作,上承思想、中拟方案、下督实施，着力打造优质教师队伍、改进教学方式内容、统筹各类优质资源、打造思政精品课程。

总之，高校各职能部门、二级学院要协力合作，从学科发展、师资培养、课程设置、激励机制等各层面着手，整合校内各项资源，切实保障“课程思政”建设的有序进行。

（三）微观层面：党支部和党员教师具体操作，创新落实

作为一线的思政教育工作者，党员教师以及所在党支部应该更加充分地了解教学课堂效果、掌握学生思想动态，能及时发现存在的问题。因此，对课程思政的细节改革，要充分发挥教师的主体作用，切实提高每一位教师参与课程思政建设的积极性和主动性。

教师党支部是“课程思政”建设的坚强战斗堡垒。党支部担负着直接教育党员、管理党员、监督党员和组织群众、宣传群众、凝聚群众、服务群众的职责。教师党支部要突出政治功能，以提升组织力为重点，将“课程思政”建设作为加强党支部政治建设的重要内容和载体，并作为主题内容列入“三会一课”等组织生活范畴，强化党支部对课程的思想价值引领功能的把关作用。党支部对如何将“课程思政”融入专业设计、课程建设、教材建设中都起到非常重要的指导作用，教师党支部基于对专业、学科和课程的专业性知识的掌握，易于从专业角度和思想政治教育相结合的角度深入挖掘结合点，从而将“课程思政”建设落到实处。贯彻落实“课程思政”的根本在于教师党支部充分发挥战斗堡垒作用，将专业教育与德育教育、使命教育等深度融合，挖掘亮点，掌握动态，推动实施。

党员教师是“课程思政”建设的实施主体，是坚持立德树人发挥榜样示范作用的楷模。在推进“课程思政”建设的过程中教师作为直接实践者，自身素质和业务水平是影响“课程思政”的重要因素。党员教师要加强师德师风建设，要坚持“四个相统一”，努力做新时代“四有”好老师、“四个”引路人，要引导广大教师以德立身、以德立学、以德施教。教师要坚持言教与身教相统一。教师要以社会

主义核心价值观为引领要求自己，不仅要言传，更要以身作则，修身立德，做出示范，成为学生做人的一面镜子、健康成长的指导者和引路人，实现教育与教学的有机统一。要把握课程思政建设的政治导向，紧紧围绕坚定学生理想信念，以爱党、爱国、爱社会主义、爱人民、爱集体为主线，坚持不懈用习近平新时代中国特色社会主义思想铸魂育人。

总之，“课程思政”建设是高校全程育人、全员育人的一项系统工程，需要持续开展，久久为功。每个学院党支部选取一门课程和一批教师进行示范建设，校党委和二级学院党组织进行针对性指导，以点带面，逐渐推进，形成成果可固化、经验可推广的“课程思政”品牌，稳步推进，全面推开。高校各职能部门及各级党组织加强教书育人、管理育人、服务育人，在“课程思政”建设中，发挥党员教师的先锋模范作用，形成全员育人、全程育人、全方位育人的崭新局面。

第二节　铸造师德高尚专业精湛的教师队伍

师者，引人以大道、启人以大智、育人以大德。习近平总书记指出，教师做的是传播知识、传播思想、传播真理的工作，是塑造灵魂、塑造生命、塑造人的工作。教师不能只做传授书本知识的教书匠，而要成为塑造学生品格、品行、品位的“大先生”。教师是课堂教学的第一责任人，推进“课程思政”改革能否成功，教师是关键因素。

(一)高校教师是推进“课程思政”的关键

推进“课程思政”改革，教师是关键因素。在课程思政的建设中，教师要具备让学生敬重的学问与品行，要以自己的理想信念、道德情操、扎实学识、仁爱之心，通过自己的言传身教，让学生耳濡目染。

1.教书育人是教师职责所在

习近平总书记强调，教师是人类灵魂的工程师，承担着神圣使命。传道者自己首先要明道、信道。高校教师要坚持教育者先受教育，努力成为先进思想文化的传播者、党执政的坚定支持者，更好担起学生健康成长指导者和引路人的责任。要加强师德师风建设，坚持教书和育人相统一，坚持言传和身教相统一，坚持潜心问道和关注社会相统一，坚持学术自由和学术规范相统一，引导广大教师以德立身、以德立学、以德施教。德国哲学家雅斯贝尔斯在《什么是教育》一书中提出，“大学有四项任务：一是研究、教学和专业知识课程，二是教育与培养，三是生命的精神交往，四是学术。大学的四项任务是一个整体”。细细读来，雅斯贝尔斯理想中的高等教育与中国传统师者之“传道、授业、解惑”之使命是相契合的，大学的本质在于育人。“课程思政”的本质就是教师既要“教书”又要“育人”，努力构建“全教师、全课堂、全课程”育人的格局。

2. 教师要有强烈的育人担当

高校落实立德树人根本任务需要全员全方位、全过程的思想政治教育和价值引领，绝非只是思想政治理论课的“独角戏”，需要各类课程的“大合唱”，因此，推进“课程思政”需要思政课与其他各类课程在大学生思想政治教育中形成同频共振与和弦同奏。“课程思政”不是简单重新开设一门课或一个讲座，更不是增设一项兴趣活动，而是养成一种课程观念、育人理念，是深入发掘各类课程的思想政治教育资源，以强化课程教学中思想政治教育和价值引领为核心，以引导学生树立正确的“三观”为目的，将马克思主义基本理论观点和方法贯穿教育教学全过程，将习近平新时代中国特色社会主义思想、共产主义理想信念、社会主义核心价值观、中国传统文化以及学校办学理念、校园文化、大学精神等内容有效融入课堂教学之中。让所有课程都要上出“思政味”，所有教师挑起“思政担”，探索构建思想政治理论课、通识教育课程、专业教育课程“三位一体”的思想政治教育课程体系。

3. 教师是推进“课程思政”的关键因素

落实立德树人根本任务，将思想政治工作贯彻教育教学的全过程，需要全校上下的共同努力，特别是学校各级党组织要履行教书育人的主体责任。“课程思政”是思想政治工作的重要途径,而教师是课堂教学的第一责任人,直接关系到课堂教学效果和教学质量,直接关系到育人的成效。实施“课程思政”改革,体现育人的价值导向,需要每一位教师的积极参与和有效落实。因而,推进教育教学改革创新,增强广大教师“课程思政”的意识,提高育德的责任与能力,是确保所有课程“同向同行、协同育人”的重要保障。教师要站在落实立德树人根本任务的高度,自觉担负起教师的职责和使命,将培养德智体美劳全面发展的社会主义建设者和接班人作为“课程思政”的重要途径和基本价值取向;进一步转变观念,强化“课程思政”意识,不断加强自身建设,加强教学内容改革,创新育人方法,努力建构能够适应“课程思政”的知识体系、合适的教学内容和科学的授课方法。

(二)新时代高校教师“课程思政”面临的挑战

教师是落实高校“立德树人”根本任务的生力军,是推进“课程思政”教育改革的执行者。很多高校的师资能力还存在诸多不足,突出体现在以下几点:

1. 教师“课程思政”意识不强

教师是育人的主体,在传授知识、能力培养和价值引领方面发挥着重要作用,其是否具有育人意识对课程思政工作的落实有着极大的能动性,决定着课程思政目标能否落实。近些年,一些高校全面开展课程思政教育教学改革,并进行了一定的课程思政探索,“全员育人”这一理念已深入人心。教师认可“教书育人”的职责,但是思想政治教育却没有落实到每一门课程中来,教师课程思政的意识并不强。教师和学生对课程思政缺乏了解,认为:“这主要是思想政治理论课教师以及班主任、辅导员等学工管理人员的事”“只需要在思想政治理论课、综合素养课等进行教育引导即可,专业课程应保持中立”“没有必要在所有课程中融入思想政治教育元素”等,这些观点并不少见。他们将个人置身事外,忽视教师自身应该承担的育人职责,课程育人的意识缺乏、没有树立“全课程育人”理念。这与新时代“把思想政治工作贯穿教育教学全过程”和“高校教师要努力成为先进思想文化的传播者、党执政的坚定支持者,更好地担起学生健康成长指导者和引路人的责任”这一要求存在明显差距。这种认识上的偏差，对教师的发展不利，给课堂教学育人主渠道作用的发挥带来挑战。

2. 教师“课程思政”能力欠缺

一是教师对思政理论的理解和把握能力不足。“课程思政”的一个重要能力就是要能把马克思主义理论和中国特色的哲学社会科学理论贯穿到专业教学的全过程，这是以思政课为圆心画好育人“同心圆”的关键，也是真正发挥其他课程与思政课产生同频共振的核心所在。“传道者自己首先要明道、信道。”只有教师对马克思主义及其中国化的理论理解透彻，才能给学生传递正确的价值观和方法论。然而大多数教师在课堂教学中做不到有效地将思政理论糅合到专业知识教学中。二是教师的人文知识积累及运用能力不足。“课程思政”的有效推进，不仅对教师的政治素养和政治理论理解力有要求，还对教师个人所掌握的人文知识及有效运用有要求。有了丰厚的人文知识储备和娴熟的运用能力，教师自然能将知识传授、价值引领和学生能力培养紧密结合起来。然而，很多高校教师在专业方面的知识储备和掌握还是比较全面和扎实的，但人文知识储备欠缺的现象普遍存在，工科院校教师更是如此。三是思政元素挖掘能力不足。思想政治教育元素的挖掘在教师课程思政能力中占据重要位置，决定着实施课程思政目标是否准确、有效。高校各类教师中，除思想政治理论课教师熟知相关理论、拥有较多思想政治教育资源外，其他教师都并不具备很强的思想政治教育元素挖掘能力。这是由于教师都有自己熟悉的学科体系和知识结构，对思想政治教育了解不够、认识不多，入职前也不会考察、入职后也没有培训，对课程思政仅凭自己的感觉，难以挖掘思政元素，较少愿意花时间或精力去挖掘这些元素并加以教学利用。“认识不到每一门课程都有情感、态度、价值观的教育要求，而这些要求也是思想政治教育的落脚点。”①以至不能抓住每一次教学和实践活动，来培

① 陆道坤.课程思政推行中若干核心问题及解决思路——基于专业课程思政的探讨[J].思想政治教育，2018:3.

养学生理性客观看待世界和社会，养成思辨与批判的能力。四是缺乏运用正确方法与载体的能力。课程思政的呈现方式方法与载体可以是多种多样的，示范、熏陶、情境、体验等都是可尝试的方式，第一课堂还是第二、第三课堂都是可开展的载体。不论采取何种方式，最重要的是要把握学生的思想动态、成长发展特点、兴趣爱好等，贴近实际、贴近生活、贴近现实，以达到课程思政的针对性。当前教师主要以第一课堂讲授的方式开展课程思政，较少带领学生走入社会开展学习，难以调动起学生的积极性。此外，当前少数高校教师在社会变革中出现不适，教师自身在理想信念、道德情操、学术修养等方面也面临挑战，具体表现为：理想缺失，信念模糊，急功近利，心态浮躁，从而导致在教学上敷衍，在育人上失职，在学术上失范，甚至在道德上败坏。这些教师与习近平总书记提出的“四有”好老师标准相差甚远，不可能站在学生的角度去考虑“满足学生成长发展需求和期待”等问题，更不可能“守好一段渠、种好责任田”，这种状况亟须得到改变。

3.教师“课程思政”动力不足

近年来，我国高等学校在坚持社会主义办学方向的基础上，大力加强学科、师资、科研等建设，高等教育事业取得了长足的发展，为我国经济建设和社会发展做出了积极贡献。目前，高等学校之间的竞争日益激烈，在争创国家“双一流”建设中，更加看中显示办学水平的“办学指标”和各类“排行榜”，对于立德树人这一根本任务有所忽视、有所淡化。由于这种导向上的偏颇，对教师课堂教学产生一定的负面影响，而立德树人的成果很难显现，也很难评估，教师也难以把更多时间和精力放在立德树人上。此外，在高校推进教育教学综合改革过程中，往往将教师考核评价作为一项重要内容。考核评价结果是高校教师选用聘任、薪酬、奖惩等重要的依据。在考核评价中，教师的教学、科研成果和育人成效相比，前者更为容易，更具可操作性。无论是教师年度考核，还是目标完成情况考核，或是在职称晋升、评奖评优等的考核上，教学工作量、教学成果奖项、科研项目、科研获奖以及论文专利等的数量、等级均可进行量化考核。而对教师的立德树人情况的考核则很难量化，育人工作往往成为考核上的“软指标”。在这种考核机制的影响下，教师在繁重的教学、科研任务重压之下，难以做到教书与育人的结合。

(三)推进新时代高校教师“课程思政”能力提升

“课程思政”是高校思想政治教育的重要载体，也是实现习近平总书记提出的“高校之本在于立德树人”中心环节和根本任务的有效途径。“教师承担着传播知识、传播思想、传播真理的历史使命，肩负着塑造灵魂、塑造生命、塑造人的时代重任，是教育发展的第一资源，是国家富强、民族振兴、人民幸福的重要基石。”[①]进入新时代，面对各种挑战，高校教师要加强自身“课程思政”能力建设，强化价值引领，肩负起立德树人的历史重任。

1. 强化“课程思政”育人意识

师者，引人以大道、启人以大智、育人以大德。一名优秀的教师，不应只是教授课业知识和能力的“授业者”，还应该成为传播品德和价值的“传道者”。科学的教育理念是一个教师核心素质的重要组成部分，教师自身的教育理念对其日常教育教学行为起到重要的支配作用。高校教育工作者在面对世界形势巨变之时，在实现中华民族伟大复兴的中国梦的伟大征途中，要牢记立德树人的初心，牢记培养合格接班人的使命，用知重负重、攻坚克难、不断创新的教育行动诠释新时代教育工作者的使命和担当，为培养中华民族伟大复兴合格人才贡献才华和智慧。所以，作为教师，一是要增强教师育人自觉和责任担当。课程思政改革的成效一定程度上取决于教师的思想认识水平和改革能力。推动课程思政建设，要增强教师的育人自觉。要坚持教育者先受教育，让教师更好担当起学生健康成长指导者和引路人的责任。要在教师思想、道德、学识、能力等方面全面落实价值引领和育人导向，将育人导向贯穿到教师成长与发展的全过程，将育人导

① 中共中央国务院关于全面深化新时代教师队伍建设改革的意见[EB/OL].(2018—01—31).http://www.gov.cn/zhengce/2018—01/31/content_5262659.htm

向贯穿到教师教书、科研、实践、文化、管理、服务、组织等工作的全方位，切实增强教师的政治立场、使命担当和育人自觉。二是要发挥思政课与其他各类课程在育人上的协同效应。探索“课程思政”是加强和改进大学生思想政治教育的重要举措，是落实“三全”育人的重要渠道，必须坚持社会主义办学方向，强化社会主义大学的育人导向。我国社会正处于重要的转型期，各类矛盾交织、价值多元碰撞、社会环境复杂，大学生思想政治工作难度加大，仅仅依靠思政课对大学生进行思想政治教育远远不够，价值引领明显不足，迫切需要发挥各个学科优势，彰显各门课程的特色，实现全体教师、全课程、全课堂、全方位育人。“课程思政”理念的终极价值在于育人为本、以德为先、促进学生的全面发展。在“课程思政”教育教学改革过程中，只有进一步强化“课程思政”这一理念，让“立德树人”成为每位教师的神圣使命和岗位责任，牢记“育人”本质，把握学生需求，充分发掘所教课程蕴含的思政元素，使得思政课与其他各类课程在育人上形成协同效应，让学生在潜移默化中深受教育与浸染，把价值引领、能力培养和知识传授贯穿于日常课堂教学之中。

2. 增强“课程思政”内容融合的能力

任何一门专业课程都蕴含着丰富的思想政治教育待开发的“课程思政”元素，都暗含有启迪人们智慧、激发爱国热情、拥有社会正义感、负有社会责任感、具有文化自信、充满人文精神等价值范式的思政元素。“课程思政”的价值就在于充分发掘每一门课程潜在的思想政治元素。一般来说，专业课程教师和学生的关系更为密切、对学生的个人发展影响作用也更大，这就需要专业课教师在传道、授业、解惑过程中，掌握思想政治教育的特征、规律和话语，将思想政治教育核心原则和要求内化到专业课的设计与教学活动中，将专业课程中所蕴含的思想政治教育功能开发出来。专业课教师如何将家国情怀、社会责任、道德规范、法治意识、思维品质、科学精神、创新能力、人文精神等要素融入课堂教学，需要注重教育路径设计，强化思政元素与日常教学内容之间的融合。以哲学社会科学课程为例，专业课教师必须明确哲学社会科学学科在不同程度上均具有意识形态属性，将教学目标定位于使学生在专业学习中提高对问题的鉴别与分析能力，在教学中注重对学生进行正确的价值观引导，在课程教学中，在运用理论分析社会问题时，要有意识地用马克思主义的立场、观点和方法，分析事物的前因后果、内在联系、发展规律，注重在潜移默化中融入思想政治教育。

落实立德树人的根本任务，培养德智体美劳全面发展的社会主义建设者和接班人，必须夯实“铸魂”工程，筑牢“信仰、价值与精神”之基，①重点培养学生的政治认同和文化认同。政治认同体现在“对国家基本制度的认可，对社会发展道路的拥护，对国家方针政策的支持”②，文化认同体现在对中华优秀传统文化的自信与自觉。同时，要帮助学生运用马克思主义的立场观点和方法分析教学中的现实问题，回应学生在日常课堂教学中的现实需求，引导和培养学生正确的辩证思维、历史思维和实践思维，激发学生的认知认同，提升学生思想政治素质和能力。

3. 创新“课程思政”教学方法的能力

强化“课程思政”问题导向，结合课程实际，创新教学方法、丰富课程内涵、优化教学设计。做好大学生思想政治教育要遵循思想政治工作规律，遵循教书育人规律，遵循学生成长规律。其一，开展思想政治教育要树立以学生为中心的理念，要充分了解学生的内在需要和思想动态，贴近社会的客观实际和学生的思想实际，以此产生教与学双方的心理共振，才能催发学生良好的接受效果。把握学生需求，找准学术突破口创新教学载体，不单向灌输，不强加观点，从学生感兴趣的例子出发，把握恰当、自然渗透的原则，转换表达方式，寓教于课、寓教于乐，让学生融入课堂，既紧扣时代发展又回应学生关切。其二，有的教师在讲授专业课

① 李忠军. “铸魂育人”是思想政治教育本质核心内涵的探讨[J]. 思想理论教育导刊，2015(10)：104－108.

② 吴玉军. 论国家认同的基本内涵[J]. 中国特色社会主义研究，2015(1)：48－53.

程时忽视了要增强学生价值判断能力、价值选择能力、价值塑造能力，所以，各门课程教师都要结合课程特点适时嵌入思政元素。课程思政教学改革不是简单的“贴标签”，而是要遵循“盐溶于汤”的原则，重点在于把握好“度”，把握其他各类课程在思政教育中的“隐性”特点。要选择学生乐于接受的话语方式，创设平等和谐的教育氛围，充分调动学生的积极性、主动性与参与性。运用好恰当的话语方式，教师的思想观念、价值取向往往更易为学生接受与信服，具有事半功倍的效果。高校要针对专业课教师开展富有针对性、示范性的“课程思政”教学指导，形成常态化的集体备课制度、教学激励制度，并将教材话语转变为教学话语，提升教学的吸引力和感染力。三是要汲取现代教育方式的创新理念，采用课堂的最新教学形式，鼓励翻转式、交互式、体验式的教学方式，结合新媒体新技术，尝试通过翻转课堂、知行大课堂、特色社会实践等方式，改变传统思政课题灌输模式和说教模式，让学生成为课题教育的主持人、主讲人，充分发挥学生的积极性。推进“课程思政”最理想的境界是让教师在不知不觉中实施教育，学生在不知不觉中深受教育。例如南京航空航天大学的80后“网红”教师徐川用他“百炼钢化为绕指柔”的讲课艺术，“用故事讲道理”的讲课技术赢得了学生和社会的广泛欢迎。

4. 提升“课程思政”教师自身素养

中国传统教育思想强调言传身教，身教重于言传。教师自身的学术水平、治学境界、教学投入等，学生有着最为真切的感受，也最容易受到教师所呈现出来的师德师风的感染和影响。教师在课堂内外是否关心学生群体和个体的成长、教师在教学活动中所展现出来的治学精神和人生态度，对学生有着莫大的影响，是课程思政最见成效的方式，这也对教师队伍的建设、教师的学问品行和潜心育人提出了更高的要求。习近平总书记强调，高校教师要坚持教育者先受教育，努力成为先进思想文化的传播者、党执政的坚定支持者，更好担起学生健康成长指导者和引路人的责任。这对教师“经师”“人师”的责任提出了挑战。在课程思政的建设中，教师必须加强自身修炼，注重个人知识、素养与能力水平的提升，要具备让学生敬重的学问与品行，要以自己的理想信念、道德情操、扎实学识、仁爱之心，通过自己的言传身教，让学生耳濡目染。按照“四有好老师”①的要求，教师只有不断提升自身育人能力，培育坚定的理想信念，才能引领学生成长，为学生点亮理想的灯、照亮前行的路；要有高尚的道德情操才能感化学生心灵，才能用自己的学识、阅历、经验点燃学生对真善美的种子；要有扎实的学识才能激励学生成才，才能用渊博的知识激发学生对知识海洋的憧憬；要有仁爱之心才能关爱学生，才能用爱心滋润浇灌学生美丽的心灵之花。

高校要注重教师“课程思政”素养提升，加强教师培训。培训是教师拓展知识结构，改进教法教态，掌握学识前沿动态，提升思想认识的最快速有效的手段。高校要顺应本校“课程思政”教师教育能力的实际，围绕“政治要强、情怀要深、思维要新、视野要广、自律要严、人格要正”的要求，构建“课程思政”教师能力提升的培训计划和能体现本校特色的培训实施方案。实施问题导向的培训机制，解决教师工作实际问题，使培训成为定信念、育品格、升理念、改教风的重要手段；使培训成为提升教师对先进理论的理解力、优秀文化的传承力、教学教法的创新力、相互配合的协同力和“课程思政”的成效性等方面的重要渠道；让教师达到知行合一，成为培根铸魂、立德树人的真正践行者。

第三节　建构思政课程与课程思政的协同机制

“思政课程”指的是思想政治理论课系列课程，是中国特色社会主义高校对大学生全面、系统地进行思想政治教育的主要方式。“课程思政”强调的是思想政治理论课之外的各门课程也必须承担思想教育的任务，通过课程教学达到对学生进行思想教育的目的。

---

① 习近平. 做党和人民满意的好老师——同北京师范大学师生代表座谈时的讲话[N]. 2014:2.

习近平总书记在全国高校思想政治工作会议上强调："要用好课堂教学这个主渠道，思想政治理论课要坚持在改进中加强，提升思想政治教育亲和力和针对性，满足学生成长发展需求和期待，其他各门课都要守好一段渠、种好责任田，使各类课程与思想政治理论课同向同行，形成协同效应。"①如何发挥课堂教学的主渠道作用、打造思想政治理论课与其他各门课程的协同效应，成为新时代高校思想政治教育改革创新关注的重点。

（一）"思政课程"与"课程思政"的辩证关系

课程思政的改革目标是建设以思想政治理论课为核心、以综合素养课程为支撑、以专业课程为辐射的高校思想政治教育课程体系，其"不是简单增开几门课程，也不是增设几项活动，而是把价值观培育和塑造，通过'基因式'融入所有课程，将思政教育贯穿于学校教育教学全过程，将教书育人的内涵落实在课堂教学主渠道，让所有课程都上出'思政味道'、都突出育人价值，让立德树人'润物无声'"。② 思政课程与课程思政都是课程育人中的重要组成部分，两者既是相对独立又是相互联系的共同体。正确认识和把握两者之间的辩证关系，对构建"全程、全员、全方位"育人体系具有十分重要的现实意义。

1."思政课程"与"课程思政"之异

从课程属性来看，思想政治理论课与其他课程思政是两类不同性质的课程，两者之间的差异性主要体现在三个方面：

（1）角色定位不同

思想政治理论课是进行系统的马克思主义理论教育的主渠道，在课程思政体系中处于价值引领的核心位置，主要体现在思想政治理论课代表了课程思政改革的方向和灵魂，在高校课程体系中获得了普遍重视、优先发展和重点建设，

① 习近平.把思想政治工作贯穿教育教学全过程开创我国高等教育事业发展新局面[N].人民日报，2016：2.

② 虞丽娟．从"思政课程"走向"课程思政"[N].2017：1.

在学生知识传授、能力培养和价值塑造的三维目标体系中承担着价值教育的核心任务,发挥着中国特色社会主义大学人才培养的基础作用。思想政治理论课是对大学生进行社会主义核心价值观教育、正确的历史观教育、马克思主义基本原理与立场、观点、方法教育,以及马克思主义中国化理论成果——毛泽东思想、中国特色社会主义理论体系,特别是习近平新时代中国特色社会主义思想教育的主渠道,是大学生思想政治教育的根基、本体和主体,体现了社会主义大学的鲜明底色和政治属性。课程思政是指高校教师在讲授思政课程以外的课程(含专业课程和通识课程)过程中,要设计德育教学目标、挖掘思想政治元素,提炼出课程中所蕴含的人文精神、家国情怀、文化自信和社会责任等体现社会主义核心价值观的价值理念和价值范式,并将这些理念和范式有意、有机、有效地融入课程教学的各个环节、各个方面,引导学生将所学的知识内化为自身道德涵养和政治素养,从而使学生在学习专业知识的过程中潜移默化地塑造自己的世界观、人生观、价值观,使对学生的思想政治教育由简单的灌输说教转变为润物无声。在课程思政体系中,思想政治理论课是系统的价值教育课程,其他课程则通过知识传授和能力培养实现价值教育的载体功能。

(2)特点形式不同

思政课程是高校大学生的必修课,是以马克思主义理论学科作为主要支撑学科,它有一整套系统的课程结构体系,在高等院校全课程育人中发挥着独特的作用,授课对象为全体在校学生,采用的是显性的教育教学方式。当然,随着时代的进步,现代社会所展现出的问题日渐复杂,这就要求从事思政课程的教师准确把握时代发展脉搏,审度思政课程,使其在“变”与“不变”中不断提高育人效果,更需要教育学生不断用新的思维方式去认识、解决现实中所遇到的问题;课程思政,其学科支撑是马克思主义理论学科以外的其他专业学科,课程的授课对象是部分学生,采用的是显性与隐性相结合的教育教学方式,是在确保思政课程在大学生思想政治教育主渠道地位不变的前提下,进一步拓展思想政治教育课堂教学的新渠道、新载体，是课程育人的一种新的呈现形式。

(3)实现方式不同

“思政课程”是一个科学的学科体系，有着独特的教育教学特点和教育规律，在多年的探索和实践中积累了学科建设和大学生思想政治教育的宝贵经验，为培养社会主义建设者和接班人做出了突出贡献。新时代以来，贯彻落实习近平总书记关于改进高校思想政治教育的相关讲话精神，党和国家对“思政课程”的课程设置、教学内容、人员素质要求、达到的目标和教育效果等方面提出更加具体、明确的要求，为新时代高校“思政课程”改革创新指明了方向，高校“思政课程”的地位得到进一步提升。做好新时代高校思想政治工作，必须坚持巩固思想政治理论课的地位，大力改进和加强思想政治理论课的教育教学工作，通过加强队伍建设、深化课程改革、推动课程实践、严格课程考核、促进方法创新、加强经验总结和实现成果转化等形式，不断增强思想政治理论课的吸引力和凝聚力，不断提升思想政治理论课的亲和力与实效性。而“课程思政”的实现方式在于强化专业教师的思想政治教育意识，引导他们高度重视和积极参与大学生思想政治教育工作；在于整合和壮大高校思想政治教育力量，吸引专业教师主动参与构建高校学生思想政治教育的“大思政”工作格局；在于提升高校思想政治教育创新效能，激励广大教师努力探索创新高校思想政治教育理念、模式和路径方法；在于营造高校思想政治教育氛围，形成高校人人重视思想政治教育的良好态势。

2.“思政课程”与“课程思政”之同

(1)教育教学目标一致

培养什么样的人、怎样培养人和为谁培养人，是新时代高等教育的首要问题。无论“思政课程”，还是“课程思政”，都必须服从服务于高校坚持社会主义办学方向，培养社会主义事业建设者和接班人。深刻领会习近平总书记相关讲话精神，必须保持“思政课程”和“课程思政”教育教学目标的一致性。一是要明确立德树人的根本任务。“立德树人”是以习近平同志为核心的党中央对高等教育提出的根本任务，是新时代高校必须坚守的教育教学原则。教师在课堂教学、进行知识传授中要把“立德树人”的根本任务放在首位，突出加强学生思想教育工作，努力做到既教书，又育人。二是要服务意识形态的建设大局。高校是社会主义意识形态建设的重要阵地，广大教师要不断强化意识形态建设意识，要抵制反动腐朽的思想文化和价值观念的侵蚀，利用课堂教学的主渠道深入阐述科学理论，增强大学生的道路自信、理论自信、制度自信和文化自信，引导广大师生做社会主义核心价值观的坚定信仰者、积极传播者、模范践行者。三是要满足学生成长的现实需要。伴随现代信息技术的快速发展、国际交流与合作的不断扩大、改革开放的不断深入、多元文化交融交织的态势日趋明显，学生在思想认识上容易产生各种各样的问题，需要“思政课程”和“课程思政”教师积极、主动和正面解答学生思想认识上存在的问题，用先进思想文化引导学生健康发展。

(2)承担责任使命的一致性

新时代高校承担着“立德树人”、培养“德智体 美劳”全面发展的社会主义建设者和接班人的责任和使命，完成这一使命，需要“思政课程”和“课程思政”教师及广大教育工作者共同努力。一是要坚持以学生为中心。“思政课程”与“课程思政”要紧紧围绕学生、大力关照学生、积极服务学生，不断提高学生思想水平、政治觉悟、道德品质、文化素养，让学生成为德才兼备、全面发展的人才。二是要遵循教育教学规律。遵循思想政治工作规律，遵循教书育人规律，遵循学生成长规律，因事而化、因时而进、因势而新，不断提高思想政治工作能力和水平。三是要发挥好主渠道作用。用好课堂教学这个主渠道，思想政治理论课要坚持在改进中加强，提升思想政治教育亲和力和针对性，满足学生成长发展的需求和期待，使各类课程与思想政治理论课同向同行，形成协同效应。

(二)协同推进课程思政教育改革的时代价值

中国特色社会主义进入新时代，有了新的目标和新的任务。各个领域都要按照习近平新时代中国特色社会主义思想进行顶层设计，深化改革，严抓落实。

新时代高校实施“课程思政”不仅能够满足全员、全过程、全方位育人要求，有助于确保社会主义大学培养目标的顺利实现，还能够通过强化非思想政治类课程的价值引领功能，达到巩固马克思主义在高校意识形态领域的指导地位的目标，并且有助于完善思想政治教育课程体系，“使各类课程与思想政治理论课同向同行，形成协同效应。”①

1. 确保新时代高校社会主义办学方向

新时代高等学校必须要回答好“培养什么人、怎样培养人、为谁培养人”这一根本问题。习近平总书记在与北京大学师生座谈会上指出：“办好中国的世界一流大学，必须有中国特色。没有特色，跟在他人后面亦步亦趋，依样画葫芦，是不可能办成功的。”②我国高等教育发展方向必须同我国发展的现实目标和未来方向紧密联系在一起，为人民服务，为中国共产党治国理政服务，为巩固和发展中国特色社会主义制度服务，为改革开放和社会主义现代化建设服务。而只有坚持中国特色社会主义道路自信、理论自信、制度自信和文化自信，才能培养出中国特色社会主义建设者和接班人。课程思政正是强调在高校各门课程中均渗透思想政治教育，充分挖掘各门课程的价值意蕴，真正把教书育人落到实处，保证我们培养的人才是拥护中国共产党领导和我国社会主义制度的建设者和接班人，进而确保社会主义大学培养目标的顺利实现。③

2. 落实高校立德树人根本任务

习近平总书记在2016年12月召开的高校思想政治教育工作会议上指出，做好高校思想政治工作，要因事而化、因时而进、因势而新。要遵循思想政治工作的规律，遵循教书育人的规律，遵循学生成长的规律，不断提高工作能力和水

① 习近平在全国高校思想政治工作会议上强调：把思想政治工作贯穿教育教学全过程开创我国高等教育事业发展新局面［N］. 2016：1.

② 习近平：青年要自觉践行社会主义核心价值观——在北京大学师生座谈会上的讲话［N］. 2014：1.

③ 邱伟光. 课程思政的价值意蕴与生成路径［J］. 思想理论教育，2017：7.

平。在实践中,个别老师把自己当成是教书匠,侧重在技能和工具层面对学生的传授,而忽略了在育人层面的投入。课程思政把这一理念目标化、具体化,将这一理念全方位地融入高校德育工作中,为高校开展德育工作提供了新的思路、新的路线图。坚持立德树人,一是要厚植学生的爱国情怀。教育引导学生确立报国的崇高志向、培养干事创业的才智、践行报效祖国的能力,将中国梦和社会主义核心价值观烙印到学生的脑中、浸润到学生的心中、落实到学生的行动上,自觉把个人的学习目的和人生目标融入新时代中国特色社会主义事业之中,这是我国高校落实立德树人根本任务的时代责任。二是要传承中国特色社会主义文化。要将文化软实力根植于大学生的能力素质中去,从而创新地传承和发扬。要坚定文化自信,在创造性转化和创新性发展上把中国特色社会主义文化的独创性、价值观、时代性和启示性传承好、弘扬好。三是要坚持中国共产党领导。中国的高校是中国共产党领导下的社会主义大学,其使命就是培养拥护中国共产党领导和坚持社会主义制度的可靠接班人。立德树人就是要立拥护中国共产党和坚持社会主义制度的德,树能担起民族复兴大业的人。

3.巩固马克思主义在高校意识形态领域的指导地位

随着社会思潮的多元化发展,马克思主义正面临着被非理性解构的风险和困境。新时代高校思想政治教育工作建设需要通过课程思政在各个学科体系中强化马克思主义意识形态话语权。一方面,在市场经济条件下,一些人的日常生活状态在现代“市场神话”的掩饰下被消费主义逻辑所主宰,娱乐性、盲目性、庸俗化的消费模式从中得以强化;在利益的驱使下,一些人的内心世界开始被利己主义、实用主义哲学所占据,物质占有和感性满足已经取代理想信仰成为一些人衡量人生价值的标尺,对世俗功利的非理性追求更使得有些人陷入了生活状态的非理性冲突。在有限的精神生活空间里,有些人的政治修养意识也逐渐淡化,甚至出现空缺。另一方面,由于当前多元社会思潮并存,社会主义国家一元化意识形态的局面已被打破。在中外文化交流和意识形态碰撞中,不断出现意识形态“过时论”“无用论”“淡化论”“终结论”等错误观点；而“西方文明中心论”的文化霸权逻辑也使得马克思主义在意识形态领域的主导地位受到挑战。[①] 在所谓“学术性”的幌子下，一些意识形态性强的学科，如文史哲、政经法、社会学和大众传媒学科等出现了马克思主义学术话语权被架空的倾向。因此，我们需要在各门课程中牢牢把握学术话语传播的价值导向，对“新自由主义”“西方宪政民主”“历史虚无主义”等错误思潮予以批判和驳斥，进而巩固马克思主义在高校意识形态领域的指导地位。

4. 完善新时代思想政治教育课程体系的现实需要

思想政治理论课是高校开展思想政治工作的主渠道，是立德树人的“关键课程”。但高校思想政治理论课建设依然存在被重视不够、优质师资队伍相对缺乏、教师教法固守传统等问题。把思想政治理论讲清楚不容易，让学生入耳、入心、入脑难。鉴于此，高校课程思政教育改革势在必行，将政治理论、爱国思想、文化自信、道德素养等核心要素有机地与其他课程教育和社会实践相结合，充分发挥各类课程同向同行的协同育人作用，是建设社会主义现代化强国、落实立德树人目标、强化高校思想政治教育工作的内在需要。

习近平总书记在全国教育大会上指出，要把立德树人融入思想道德教育、文化知识教育、社会实践教育各环节，贯穿基础教育、职业教育、高等教育各领域，学科体系、教学体系、教材体系、管理体系都要围绕这个目标来设计，教师要围绕这个目标来教，学生要围绕这个目标来学。凡是不利于实现这个目标的做法都要坚决改过来。这是对新时代高校思想政治教育工作提出的更高要求，指明了高校教育教学改革的发展方向。教师在教育教学过程中应重视社会主义核心价值观的培育和践行，讲好中国故事，弘扬中国精神，创设全课程育人环境，确保高校的育人工作贯穿教育教学全过程。此外，课程思政要求全过程、全方位地整合

① 朱培丽. 主流意识形态话语权面临的挑战及其建构[J]. 中国特色社会主义研究，2015:6.

并挖掘全校德育资源，其通过围绕“知识传授与价值引领相结合”的课程目标，强化显性思政，细化隐性思政，构建全课程育人格局。在一定程度上改善了高校德育“孤岛化”、德育课与专业课“两张皮”的问题，进而创造性地将人文与科技相结合、将思政课与专业课相结合，提高了高校德育课的实效性，有利于完善新时代思想政治教育课程体系。

(三)高校课程思政与思政课程的育人格局

课程思政是将马克思主义理论贯穿教学和研究全过程，深入发掘各类课程的思想政治理论教育资源，从战略高度构建思想政治理论课、综合素养课程、专业教育课程“三位一体”的思想政治教育课程体系，促使各专业的教育教学都善于运用马克思主义的立场、观点和方法，探索实践各类课程与思想政治理论课同向同行，形成协同效应的重要途径。既要牢牢把握思想政治理论课在社会主义核心价值观教育中的核心地位，又要充分发挥其他所有课程的育人价值，通过推动思想政治理论课显性育人与其他所有课程隐性育人相结合，使思想政治教育与专业教育协调同步、相得益彰，真正实现在课堂教学主渠道中全方位、全过程、全员立体化育人。

1. 思想政治理论课引领方向

全面贯彻党的教育方针，解决好“培养什么人、怎样培养人、为谁培养人”这个根本问题，思政课的作用不可替代。办好课程思政的前提是稳定和发展思政课程，仍然要充分发挥思政课的中流砥柱作用，让思政课成为课程思政最稳固的基础。推动思想政治理论课改革创新，要不断增强思政课的思想性、理论性、亲和力，遵守“八个相统一”的具体要求。在进行课程思政建设过程中首先需要对课程教学中存在的问题进行解决，主要可以从教学方式、课堂形式、教学手段、教学内容着手进行思想政治课程改革。

第一，教学方式方面，要注意方式方法的革新。要改变以往理论灌输的教学方式，重视对学生政治能力和正确价值观的培养，变学生的被动学习为主动学习。教师要以问题为导向，增加教师和学生之间的互动，提升学生的学习兴趣，教师运用活的案例、活的方法，回应学生在学习和生活中的现实困惑，训练学生的思维方法和思维能力，推动中国特色社会主义理论体系进教材、进课堂、进头脑。

第二，课堂形式方面，坚持将思政小课堂与社会大课堂连接起来，积极构建“知行合一”学习平台。习近平总书记指出，“重视思政课的实践性，把思政小课堂同社会大课堂结合起来”。对于课堂形式的改革，思政课的课堂不应仅局限于室内，社会实践、室外教学也是适用的。从课堂学习发展到社会实践，对学生视野的开拓、社会的认知以及学生价值观的树立都有一定的促进作用。

第三，教学手段方面，树立“互联网 ＋ 教育”“智能 ＋ 教育”教学理念，抓住新媒体发展带来的机遇，打造翻转课堂、线上线下混合式教学等新的教学模式，提高思政课出勤率和抬头率。例如，通过慕课的形式拓宽思政课的学习渠道，慕课的主要特点是便捷性、时间短、知识重点突出；同时，通过慕课这个平台可以学习到相关专业的专家课程讲解。高校可以将慕课的学习方式在思政课上进行推广，发挥学生主动性，让学生选取感兴趣的教师的课程，增强学生对思政课程的兴趣，提升思政课的育人水平。

第四，在教学内容层面，增强教学内容与学生实际生活之间的联系。思政课的主要内容涉及马克思主义理论、国家和社会发展相关的知识，偏重于理论层面的知识较多，思政课教师在对学生进行知识讲解时，对学生内心精神世界的了解较少，并且很少运用马克思主义的相关理论对社会中的现实问题进行分析与讲解。这就造成思政课程的内容对于学生来讲比较枯燥，容易让学生产生思政课与生活实际相脱离的错误认知。因此在思政课程改革中，要加强理论内容与实际生活之间的联系，通过理论与实际相联系的方式，增强学生对思政课程的兴趣，提高学生对思政课程学习的积极性。

2. 专业课融入思政元素

专业课程是课程思政建设的基本载体。全面推进课程思政建设，不仅是对传统思想政治教育的创新和提升，也是对思政课程主渠道的补充和支撑。专业课程的专业性使其在开展大学生思想政治教育上具有强大的说服力和感染力，在发挥课堂主渠道功能上具有不可替代的优势。要深入梳理专业课教学内容，结合不同课程特点、思维方法和价值理念，深入挖掘课程思政元素，有机融入课程教学，达到润物无声的育人效果。①

第一，根据学科特性，挖掘课程思政元素。专业课程当中挖掘的思想政治教育的内容，需要结合学科本身的实质和学科特点，按照学科的发展规律要求，建立起学科育人的科学体系，对于不同类型的课程，需要按照不同的方式重点进行德育资源的发掘。文史哲类的专业课程，要结合专业知识教育引导学生深刻理解社会主义核心价值观，自觉弘扬中华优秀传统文化、革命文化、社会主义先进文化。理学、工学类专业课程，要注重科学思维方法的训练和科技伦理的教育，培养学生探索未知、追求真理、勇攀科学高峰的责任感和使命感，培养学生精益求精的大国工匠精神。农学类专业课程，要注重培养学生的大国“三农”情怀，引导学生“懂农业、爱农村、爱农民”。医学类专业课程，要注重加强医德医风教育，注重加强医者仁心教育，教育引导学生尊重患者，学会沟通，提升综合素养。艺术学类专业课程，要教育引导学生树立正确的艺术观和创作观，积极弘扬中华美育精神。② 例如，复旦大学上海医学院病理学系进行课程思政建设是这样做的，将专业课程的内容与学生的人文精神培养结合在一起，该校的刘国元教授在对血吸虫病的病理学知识点进行讲授时，引用了毛泽东诗词《七律二首·送瘟神》。将二者进行结合，不仅向学生进行专业知识讲解，同时对学生成为医生之后所应当具备的担当健康卫生主力军意识进行培养与引导，引起学生在情感上的共鸣，

---

① 教育部关于印发《高等学校课程思政建设指导纲要》的通知〔EB/OL〕http://www.moe.gov.cn/srcsite/A08/s7056/202006/t20200603_462437.html

② 教育部关于印发《高等学校课程思政建设指导纲要》的通知〔EB/OL〕. http://www.moe.gov.cn/srcsite/A08/s7056/202006/t20200603_462437.html.

培养学生医学人文情怀，实现专业课知识传授与正确价值观的引领，推进专业课的课程思政建设。

第二，突出专业课程教学的育人导向，使专业课上出“思政味”。思政育人是一个潜移默化的过程，任何一门课程都在传递价值、塑造价值。必须坚持价值塑造、知识传授和能力培养“三位一体”，推动课程思政教学体系建设。《高等学校课程思政建设指导纲要》指出，要深入梳理专业课教学内容，结合不同课程特点、思维方法和价值理念，深入挖掘课程思政元素，有机融入课程教学，达到润物无声的育人效果。为此，我们一是要弘扬爱国精神，激发学生的爱国情、强国志、报国行。立足高校实际，发挥专业课程本身的特色，通过将共同抗击新冠肺炎疫情等时代命题融入专业教育，将学科史、科技史教育融入教学内容，提炼爱国情怀、法治意识、社会责任、文化自信、人文精神等要素，把这些转化成社会主义核心价值观教育具体而生动的载体，引导学生将个人的“小我”融入祖国的“大我”、人民的“大我”之中。二是要崇尚专业精神、创新精神，引导学生服务国家战略、行业需求。习近平总书记强调，要面向世界科技前沿、面向经济主战场、面向国家重大需求，加快各领域科技创新。要聚焦世界科技前沿和国家重大战略需求，向学生讲清楚国家加快自主创新的必要性，增强学生推动关键核心技术攻关的骨气和志气，引导学生主动为国家和民族的发展出力争光。建设好学科专业思政素材库，挖掘和整理学科专业中的时代楷模、身边榜样、生活中的应用，以及中国历史上的发明与创新、学科专业的光荣使命等，为培养学生精益求精的大国工匠精神提供鲜活案例。三是培育实践精神，让学生了解行业和社会的发展状况。开展专业实践，激发学生的专业荣誉感与行业自豪感；广泛开展社会实践，在实践中引导广大学生扎根中国大地，用创新创业成果服务国家发展。

在具体实践中，要激励和引导专业教师积极围绕如何将专业课程教学和思政育人工作紧密结合起来，主动开展思考和实践，不断丰富课程思政内涵，不断提升课程整体质量，实现思政课程和课程思政同向同行。一是要将知识传授与理想信念教育有机结合起来。在课程的教授过程中，注意“入深入细、落小落全、做好做实”，注重课堂形式的多样性和话语传播的有效性，深入分析不同专业学生的学习需求、心理特征、成长规律和价值取向，坚持因事而化、因时而进、因势而新，悉心点亮学生对专业课程学习的专注度，引发学生的知识共鸣、情感共鸣、价值共鸣。比如，在讲授学科或学科理论的发展历史情况时，选取那些追求真理、矢志奋斗的代表性人物事例重点讲授，引导学生成为敢于走在时代前列的奋进者、开拓者；在讲授具体理论、原理时，把那些学以致用，服务国家和社会发展的优秀案例呈现给学生，激励学生自觉把个人的理想融入国家和民族事业发展之中；在讲授社会问题时，通过比较视野，增强学生辨析能力，让学生全面客观地认识当代中国和世界局势。总之，专业课要着重强调价值塑造在专业学习中的突出地位，增强学生成为实现中华民族伟大复兴的生力军，肩负起国家和民族的希望的使命感和责任感。兰州大学按照“门门有思政、人人讲育人”的课程思政建设思路，推动全部课程建立德育目标并融入德育元素，将课程思政元素具体到教学的各章、节或知识模块、知识点和学业评价等教育教学全过程和各环节，建设了“地球历史及其生命的奥秘”“走近核科学技术”“文科物理”等一批富含思政元素，广受学生欢迎的线上和线下“金课”。二是要将实践育人与课程育人有机结合。专业课教师要充分利用学生注重专业课学习、专业课实操性强、师生互动频繁关系密切等优势，通过创造更多社会实践机会，努力在实践环节中融入思想政治教育内容，做到实践育人与课程育人有机结合，进一步提升思想政治教育的效力。对于哲学社会科学类课程而言，可通过设置志愿服务和社会调研等实践环节，进一步培养学生运用马克思主义的立场、观点、方法认识国情、了解社会、观察民生，科学分析各种社会现象与问题，加深对党的理论、路线、方针、政策的理解，树立和巩固科学的世界观、人生观和价值观。对于自然科学课程而言，可通过课题研究、专业实践，进一步了解国家和社会需求，激发学生刻苦钻研、服务国家和人民的热情，增强使命感和责任感，真正实现专业知识与价值观念的同步提升。

3. 综合素养课程加强人文素养

高校综合素养课程要有灵魂，要成为培育和践行社会主义核心价值观的重要课堂，其使命就是在潜移默化中加强理想信念教育。发挥综合素养课的重要作用，综合素养课要做到融通文理，给学生以思想的启迪、心灵的共振，培养德智体美全面发展的人才。在提高综合素养的过程中开展价值引领，通识课程不应该是简简单单的“水课”，也不应该是传授一些零散知识的“帮闲”课程。通识课程旨在博采众长、触类旁通，在于培养寻求真理的能力，是为大学生打好人生底色的课程。推进课程思政改革，必须要完善通识课程体系，不断推动学生“打开脑洞”，全方位培养担当民族复兴大任的时代新人。在实践中，上海一些大学开展“大国方略”系列课程，培养大学生政治认同和文化自信；开展“人工智能”系列课程，培养大学生想象力和创造力，都属于通识课程升级改造的有益探索。

一般来说，通识教育与思政教育的交叉点非常丰富，涉及学科多，方便多元、多角度地渗透思想政治教育，在课程思政改革中，我们需要一是制定综合素养课程建设价值标准。围绕体制机制、课程设置、教师选聘以及教学方式等方面，修正通识教育体系，强化政治方向和思想引领，突显综合素养课程的价值使命。二是打造好一批“中国系列”品牌课程。“中国系列”品牌课程，邀请名师大家走上讲台，从各个角度讲述中国方案，引导大学生树立中国自信，以润物无声的形式将正确的价值追求和理想信念有效传导给学生。三是加强综合素养课程教师团队培养。实践证明，通识教育能否取得好的效果，主要取决于谁来引导学生思想、引导到何处去。高校里的大家名师，在讲授知识的同时，还会阐述知识背后的逻辑、精神、价值、思想、艺术和哲学，通识教育课程以润物无声的形式将正确的价值追求和理想信念有效传导给学生。

总之，全面推进课程思政改革，必须深化对课程思政内涵的认识与理解，充分认识到“所有教师都有育人职责”和“所有课程都有育人功能”，认真贯彻各类课程同向同行的要求。

第四节 营造课程思政同向同行的浓厚氛围

课堂教学是立德树人的主渠道主阵地,课程思政改革主要聚焦课堂育人主渠道,推动学科体系、课程体系、教学体系、教材体系的整体性育人功能发挥。但这一改革不是封闭的,而是与其他教学方式和管理体系的改革互相呼应、同向同行。要打破分割界限,使得课堂教学、课外实践、理论学习平台、校园文化环境、新媒体网络渠道等作为育人工作的各子系统同频共振,共同推进。实现不同载体之间的相互补充,建设立体化多维育人空间,实现协同效果的最大化和协同方法的最优化。

(一)丰富校园文化,构建课程思政与校园文化建设协同育人体系

校园文化区别于社会文化,与精神文化、物质文化都有所不同,校园文化是具有独特性的。在高校的思想建设中,校园文化建设与思想政治教育彼此互相影响、互相渗透,将会给高校的建设发展带来新的改革。

习近平总书记在全国高校思想政治工作会议上指出:“要更加注重以文化人以文育人,广泛开展文明校园创建,开展形式多样、健康向上、格调高雅的校园文化活动,广泛开展各类社会实践。”①高校在大力推进课程思政建设过程中,要充分发挥课堂育人的主渠道作用,同时,要开展文明校园创建,开展形式多样、健康向上、格调高雅的校园文化活动。通过校园文化来武装学生、引导学生、塑造学生、教育学生和培养学生,通过文化的传承、传播和创造,引领大学生的思维方式、价值判断、行为习惯的形成,促进大学生的社会化、个性化和文明化,使大学生在优秀文化的熏陶中实现自我教育,培养和塑造人格健全、全面发展、勇担民族复兴大任的社会主义建设者和接班人。

① 习近平在全国高校思想政治工作会议上强调:把思想政治工作贯穿教育教学全过程开创我国高等教育事业发展新局面[N].2016:2.

1. 校园文化建设建设面临的困境

(1)校园文化的价值引领作用发挥不够

随着改革开放的不断深入推进，国内外形势深刻变化，特别是西方敌对势力注重文化输出，多元社会文化思潮不断涌入，不同思想文化相互交融交锋，特别是新自由主义、民主社会主义、历史虚无主义、享乐主义、消费主义以及所谓普世价值等错误思潮，影响我国主流意识形态的权威认同，威胁我国意识形态安全。在社会转型背景下，许多大学生价值选择呈现出功利性和实用性，面对意识形态领域的诸多挑战，“如何在传统文化与现代文化、中华文化与西方文化的交织互动中确立价值定位和价值取向，在不忘本来、吸收外来和面向未来的保存与抉择中明晰价值内涵和价值遵循，对大学生的价值引导而言意义重大”①。当前，校园文化对有关传统文化、民族精神和时代精神的活动开展互动性不够，校园文化对学生信念以及修养培养的系统性和连续性不够，校园文化出现偏重娱乐性和商业化，缺乏艺术性和思想性的现象，未能有效发挥价值引领作用。

(2)校园文化的传承与创新不足

“校园文化是传统的延续，历史的沉淀。建设高校校园文化要挖掘和总结学校发展中的传统与文化，历史与积淀。”②然而，一些高校未能充分挖掘在办学过程中长期形成的深厚的文化传统、人文底蕴和教育积淀，进而凝练出校园文化的核心，特别是校训、校歌、校史的育人功能未能得到充分发挥，导致校园文化建设的主旋律不突出。“优秀的校园文化精品项目是学校的‘文化名片’，能够生动诠释学校的历史内涵和文化传统，彰显学校办学理念、办学特色和精神风采，有着积极的示范效应和广泛的社会影响力。”③优秀的校园文化精品项目应是在继承的基础上不断创新。当前，高校校园文化活动在如何与教学相衔接，如何与班

---

① 刘修华，揭锡捷. 高校思想政治工作价值引领的实践逻辑[J]. 高教探索，2018:4.
② 冯刚. 高校校园文化建设理论与实践[M]. 长沙：湖南大学出版社，2006:63.
③ 冯刚. 高校校园文化建设理论与实践[M]. 长沙：湖南大学出版社，2006:81.

风、舍风、学风和校风相结合方面，思考得不够深入。校园文化活动传统项目多，创新项目少，与学校自身特色相结合的精品项目不多。特别是结合地域特点、专业特色来打造特色校园文化的活动不多。

(3)课程思政与校园文化融合效果有待提升

思政教育教学的具体内容在我国高校校园文化建设工作中并没有得到充分体现。大部分高校在开展校园文化建设工作时依然是以传统的文化理念为指导，一些校内有关理想信念教育的活动，品质内涵还有待提高，活动开展形式多样性、趣味性还有待探索。在开展校园文化建设工作时，也没有注重培养学生良好的思维习惯，学生活动的参与度和结果不尽如人意，学生的政治素养以及意识形态没有得到很好的培育。

2. 构建课程思政与校园文化建设协同育人的途径

(1)突出价值引领，增强校园文化底蕴

高校要突出校园文化建设中的价值引领作用，将中华优秀传统文化、革命文化、社会主义先进文化有机融入校园文化建设中，引导大学生做出正确的价值判断和价值选择。高校校园文化建设要始终坚持马克思主义的指导地位，牢牢掌握意识形态工作的领导权和话语权。用马克思主义的立场、观点、方法，深入研究多元社会文化思潮的基本观点和基本思想，客观评判各种社会文化思潮的社会作用，辩证吸收多元社会文化思潮中的科学成分，引导大学生科学、全面地认识各种社会文化思潮。高校校园文化建设应坚持历史与现实的统一，从历史中汲取中华优秀传统文化和革命文化的精髓，结合现实要求加以阐发，使其与社会主义先进文化相适应，与现代社会相协调，使大学生注重对历史事件的考究和历史方法的运用，激发大学生的使命感与责任感。高校校园文化建设还应坚持服务党和国家事业发展的理念，引导大学生热爱和拥护中国共产党，引导大学生树立共产主义远大理想和中国特色社会主义共同理想，加强品德修养，培养综合能力，奉献国家和社会。

重视营造氛围，优化校园文化环境，增强校园文化底蕴。环境既是文化发展的结果，也是文化建设的催化剂，校园文化环境往往有教学主渠道达不到的教育效果。校园文化环境建设，一方面要强化对课程思政教育的舆论导向，通过校内外各种媒体平台，加强对课程思政理念、理论、实践、目的、典型的宣传，营造校园文化氛围；另一方面进一步探索思考以校训等精神文化为载体的校园文化建设新途径。学校的校园文化要立足于挖掘校训的深刻内涵及文化底蕴，从它所体现的历史文化、办学理念、价值追求等方面寻找挖掘思政元素的最佳切入点。同时，要重视课程思政活动场所、文化景观等基础设施建设，用无处不在的积极形象、标识营造校园文化氛围。

(2)强化协同联动，规范校园文化管理

校园文化建设是一个由多要素组成的系统工程，与之相关的各个领域、各个部门、各个方面是相互联系、相互渗透、共同作用的有机整体。校园文化建设的协同联动，要将文化育人的各要素整合起来，使之相互配合、相互协作共同推动育人目标的实现。对于校园文化活动与思政元素的结合，必须有一套完整的体系。具体说来，在学期初或者学年初，负责部门要统筹规划一学期或学年的校园活动，进行专业的设计与融合，兼顾思想政治教育元素的内涵体现，活动载体以及各部门的活动分配、联动。这就涉及校园活动的学生活动、教学活动、思想政治活动的方方面面，亟须统筹规划，避免方向散乱和主题不明，以及活动内涵肤浅等问题，充分提升活动的整体质量，激发学生主体的参与意识。要推进育人平台协同配合，要着眼于整体，树立全局意识，不仅要关注校内育人要素的作用，还要关注校外育人要素的作用，全面统筹课堂内外、校园内外、行业内外、网上网下、理论实践等多方面的育人平台资源，推动信息交流和资源共享。要推进育人制度协同创新，处理好高校内部和各协同主体间不同层次、不同组织、不同阶段管理制度的整合协调，加强顶层设计，通过教育政策和制度创新，调动多元利益主体参与校园文化建设的积极性。

(3)坚持以学生为本,创新校园文化品牌

习近平总书记在全国高校思想政治工作会议上指出:"思想政治工作从根本上说是做人的工作,必须围绕学生、关照学生、服务学生,不断提高学生思想水平、政治觉悟、道德品质、文化素养,让学生成为德才兼备、全面发展的人才。"[①]高校校园文化建设必然要以学生为出发点和归宿。校园文化建设要满足大学生的合理需求,关注大学生的实际生活和思想动态,分析和研究大学生需求的变化,不断满足大学生不同层次的需求,将学术科技、文化艺术、公益服务等活动与解决学生的实际问题结合起来。根据大学生物质生活和精神生活的需要,有针对性地制订校园文化活动计划、选择教育内容、确定教育的时机和场合,随时进行必要的调整和调节,从而减少和避免教育的盲目性,使教育成效实现最大化。要突出大学生的主体地位,尊重他们的独立人格、思想感情和自身价值,激发和调动学生内在的积极性、主动性、创造性,充分发挥大学生的主观能动作用,从而使大学生自觉地进行自我教育、自我管理、自我服务。

丰富多彩的校园活动是校园文化建设的重要载体和平台,高校的各类活动是对学生进行思想政治教育的重要载体。要深入挖掘思政元素,以重大节日、纪念日、重大事件为契机,集中开展爱国主义主题教育活动,培养学生爱国主义情怀、集体主义观念、社会主义信念。要积极利用媒体平台,以学生喜闻乐见的形式,增强互动。利用微博、微信、QQ群等新媒体平台,推送优秀传统文化的德育素材,以专题片、纪录片、图片、动漫、微电影等形式再现地方优秀传统文化;同时,充分挖掘本校长期形成的文化底蕴,在继承的基础上,结合班风、舍风、学风和校风建设,不断创新发展,着力打造具有地方文化特色的校园文化精品项目,增强时代感和吸引力。

---

① 习近平在全国高校思想政治工作会议上强调:把思想政治工作贯穿教育教学全过程开创我国高等教育事业发展新局面[N]. 2016:3.

(二)加强网络育人,构建课程思政育人网络阵地

习近平总书记在全国高校思想政治工作会议上明确指出,做好高校学生思想政治工作,要因时而化、因时而进、因势而新。这是新任务、新时期、新形势下做好高校学生思想政治政治工作的总要求。运用新媒体、新技术,推动思想政治工作传统优势同信息技术高度融合,以丰富的网络育人内容和形式,以学生喜闻乐见的网络传播方式和平台,使思想政治教育贴近学生,融入学生日常生活,增强时代感和吸引力,提高思想政治工作的实效性和针对性。这既是新时期适应教学对象学习方式变化的需要,也是增强教学内容现实感的需要,更是实现教学方式多样化的需要。

1. 建构高校思想政治教育网络阵地的必要性

(1)适应教学对象特征变化的需要

随着信息技术快速发展、社会变革不断加剧,从报刊、广播、电视等传统媒体,到互联网、手机短信、移动电视、触摸媒体等新媒体,媒介形态和信息传播方式的改变,使整个社会已经进入沟通、交流的新时代。大学生是使用新媒体最普遍的群体,新媒体独有的信息传播特点,深刻改变着大学生的学习、生活和思维方式。特别是伴随着智能手机在大学生群体中的普及和移动互联网技术的完善,微博、微信等新媒体平台成为大学生获取信息、知识的重要渠道。新媒体搜索引擎的便捷,使得大学生学习更具自主性,并逐渐不满足于课堂上被动接受教师的知识灌输。单纯依托课堂平台,采用单一的教学模式,忽视学生的个体差异和新的需求,难以调动学生的积极性,甚至导致一部分学生的漠视和反感。运用信息技术拓展思想政治理论课教学网络新阵地,有利于思想政治理论课教学彰显以学生为本的基本理念,提高教学效果。

(2)增强教学内容现实性的需要

理论联系实际是高校思想政治理论课教学的基本原则。传统的课堂教学往往以教材知识为中心,通过教师说教等方式传授给学生,教学内容往往与现实生

活有一定距离，不能够真正做到“贴近学生”“贴近生活”和“贴近实际”。新媒体平台提倡信息分享和互动交流，促使学生更加关注课程教学内容所涉及的现实问题，更加注重理论分析和问题解释，而教师照本宣科脱离实际的灌输教学无法满足学生的这些需要，会使学生丧失学习的兴趣。新媒体的出现彻底改变了信息资源的传播方式，在微博、微信等一些新媒体平台，人人享有平等的话语权，都可以成为信息的发布者，新媒体平台的信息传播速度大大超过了传统媒体，在一定程度上解构了教师的信息优势，降低了教学内容的实效性。因此，新媒体环境下借助新媒体工具，推动课程思政建设向课堂之外的网络新阵地拓展，是增强教学内容现实性，使教学内容触及学生心灵的迫切需要。

(3)实现教学方式多样性的需要

教学方式的创新问题是当前制约、影响思想政治理论课教学实效性的主要因素和关键环节。传统的教学方式多以教师为中心，采用“满堂灌”的讲授方式，这种方法由教师掌握主动权，能在短时间内给学生讲授大量的理论知识，提高教学效率。但新媒体平台的出现使得更多学生倾向于双向互动式的学习方式，进而实现个人与社会知识的建构。单纯运用传统的教学方式，容易使学生逐渐丧失学习的热情和动力，削弱课堂教学效果。因此，新媒体环境下拓展课程思政教学的网络阵地，实现新媒体技术和课堂教学方式创新的有机结合是非常必要的。

2. 高校课程思政网络阵地拓展的路径

(1)坚持正确方向，巩固思政课程宣传阵地

中国特色社会主义已经进入了新时代，随之而来的新目标、新任务、新使命也对高校思想政治教育提出了更高的要求，作为掌握主流意识形态新阵地的网络思想政治教育方向正确与否，将对实现中华民族伟大复兴产生重要影响。高校思想政治教育必须要把握新时代网络阵地构建的正确方向，与党和国家的大政方针保持高度一致。首先，高校思想政治教育网络阵地要将新时代的各项要求和目标任务纳入其中，不断增强自身教育工作的时代感和使命感。其次，高校

思想政治教育网络阵地要以习近平新时代中国特色社会主义思想为指导，在这一阵地中大力贯彻和弘扬“五位一体”总体布局的各项要求和具体内容，引导学生树立“四个意识”，坚定“四个自信”，为新时代高校师生明确努力奋斗的方向与使命。最后，高校思想政治教育网络阵地要不断增强自身在新时代的话语权，通过思想意识形态的力量，充分调动当代高校师生参与新时代社会主义事业建设的热情与信心。高校思想政治教育网络阵地只有与党和国家的大政方针保持高度一致，跟上时代发展的步伐，才能发挥其应有的作用。此外，高校要积极巩固和拓宽思政课教育教学意识形态宣传阵地，积极打造集校报、校园广播、校园宣传栏、官方微信、官方微博、校园手机报、校园信息展示平台、合作媒体等校园载体、官方平台、校外媒体于一体的全媒体宣传矩阵，实现意识形态工作向网络平台全覆盖，促进网络思政工作形成融合发展的格局，旗帜鲜明、敢于亮剑，筑牢意识形态安全“防火墙”，为学校健康发展营造良好的舆论氛围，汇聚成推动学校又好又快发展的强大动力。

(2)创新教育模式，与互联网时代接轨

高校思想政治教育网络阵地建设强调将思想政治教育与互联网结合。在新媒体迅猛发展的背景下，大学生成为新媒体运用的主力军。网络已经成为学生成长发展、高校人才培养及育人工作的新环境，用互联网思维来推动思想政治教育创新发展，实现思想政治教育传统优势与信息技术的高度融合，增强其时代感和吸引力，是当前必须面对和解决的一个紧迫课题。高校思想政治教育网络阵地的巩固和提升，必须要创新网络思想政治教育引导模式，与当前的互联网大背景接轨，与新媒体的运用融合。首先，高校思想政治教育网络阵地教育的模式要适应主体学生的思维，充分运用大学生喜闻乐见的新媒体，实现交流平台的统一和融合，构建“线上线下”“课上课下”“校内校外”相结合的综合性高校思想政治教育体系。其次，网络阵地的教育模式要适应互联网的跨界思维，不断增强思想政治教育的协同性，发挥各方面育人的合力。再次，网络阵地的教育模式一定要体现互联网时代的智能性，充分运用新媒体灵活多样、形式多变、传播迅速的特点，建设思想正确、形式灵活、内容丰富、广大青年学生喜闻乐见的思政网络，只有这样，才能够使高校的思想政治教育走近学生，融入生活，使党的路线方针政策入耳、入脑、入心，完成党和国家赋予高校思想政治教育的历史使命①。

(3)丰富教学形式，构建课程思政网络平台

结合现代信息技术搭建网络教育教学平台，实现线上、线下师生全过程跟踪互动的信息交互教育教学新方式，形成大学生思想政治教育官方网站、课程网站、官方微信等网络交互教育平台，牢牢把握网络思想政治教育的话语权。以教育信息化建设为依托，结合现代信息技术优势，推进教学模式和教学方法改革，为师生提供教与学互动、教学资源、教学管理方式和沟通传播方式的数字化教学环境，构建网络化、立体化的思政教学资源体系。发挥好“学习强国”“课堂在线”等新型网络学习 APP 以及“微信”“微博”“QQ”等即时通信 APP 等在“课程思政”建设过程中的作用。切实增强易班网、中国大学生在线等网络阵地的示范性、引领性和辐射度，重点建设一批高校思政类公众号，发挥新媒体平台对高校思政工作的促进作用。② “强化师生网络意识，加强网络素养教育，重视发挥社会主义核心价值观在网络环境中的引导作用。引导和扶持师生积极创作导向正确、内容生动、形式多样的网络文化产品。利用网络平台，开展大学生网络文化节、高校网络育人优秀作品推选展示等网络文明创建活动，遴选一批优秀作品作为师生评奖评优依据，积极传播主旋律、弘扬正能量，带头守护好网络精神家园。

(三)深化实践教育，构建高校第二课堂育人体系

习近平总书记在全国高校思想政治工作会议上明确提出：“要重视和加强第

---

① 青年科技人才要勇做创新先锋[N]. 2008:2.

② 教育部等八部门关于加快构建高校思想政治工作体系的意见〔EB/OL〕http://www.gov.cn/zhengce/zhengceku/2020－05/15/content_5511831.htm.

二课堂建设，重视实践育人，坚持教育同生产劳动和社会实践相结合，广泛开展各类社会实践，让学生在亲身参与中认识国情、了解社会，受教育、长才干。”[①]高校第二课堂实践育人工作是贯彻社会主义核心价值观、加强德育的一项重要工作，也是落实“培养什么样的人、如何培养人、为谁培养人”这一核心问题的根本任务。要综合运用第一课堂和第二课堂，发挥社会实践的育人功能，不断拓展学生社会实践的平台和路径，为学生参与社会实践创造更多的机会，提供更好的条件，拓展课程思政建设方法和途径。

1. *加强高校第二课堂实践育人体系建设的必要性*

习近平总书记指出，社会实践、社会活动以及校内各类学生社团活动是学生的第二课堂，对拓展学生眼界和能力、充实学生社会体验和丰富学生生活十分有益，有利于学生树立“对人民的感情、对社会的责任、对国家的忠诚”。[②] 高校第二课堂是指学校教学计划所规定的教学活动之外，组织和引导学生开展的各种有意义的课外活动，包括知识性的、学术性的、文艺性的、健身性的、公益性的等等，是对第一课堂的重要补充”；[③]第二课堂育人作为高校人才培养的重要载体，是第一课堂教学的补充和延伸，以其活动主体的自主性、内容广泛性和形式多样性、参与实践性的优势，而成为高校培养德智体美劳全面发展时代新人的重要载体，是推进高校思想政治工作不断改革创新，深度融入高等教育综合改革，不断完善学生发展服务体系的迫切需要。在高校育人过程中有着无可替代的地位，对学生的个人成长和发展作用巨大。

（1）有利于落实立德树人根本任务，实现思想政治工作因事而化、因时而进、因势而新

---

① 中共教育部党组.深入学习贯彻习近平总书记关于青年学生成长成才重要思想 大力培养中国特色社会主义建设者和接班人[N].2017:2.

② 习近平.把思想政治工作贯穿教育教学全过程 开创我国高等教育事业发展新局面[N].2016:1.

③ 冯刚.改革开放以来高校思想政治教育发展史[M].北京：人民出版社，2018：208.

我国教育的根本任务是立德树人，是培养社会主义建设者和接班人。培养社会主义建设者和接班人，必须有实现这一培养目标的教育体系。习近平总书记指出："要努力构建德智体美劳全面培养的教育体系，形成更高水平的人才培养体系。"①"人才培养体系涉及学科体系、教学体系、教材体系、管理体系等，而贯通其中的是思想政治工作体系。"②因此，创新高校第二课堂育人体系，充分发挥第二课堂的自主性、课外性、灵活性、渗透性，能够因"势"、因"群"、因"业"开展活动，有利于聚焦重点任务、重点群体、薄弱环节，优化内容供给，加强分类指导、着力因材施教，满足学生成长发展需求和期待；有利于落实立德树人根本任务，实现思想政治工作因事而化、因时而进、因势而新。

(2)有利于增强学生的非专业素养，培养创新型、复合型、应用型人才

习近平总书记指出："所有知识转化为能力，都必须躬身实践。要坚持知行合一，注重在实践中学真知、悟真谛，加强磨炼、增长本领。"③创新高校第二课堂育人体系，实现第二课堂内容的丰富性、形式的多样性、时空的开放性、参与的主动性、效果的全面性，有利于引导学生广泛参加社会实践与志愿服务活动，积极投身社会，深入了解社会，全面提升综合素质。

2.高校第二课堂育人体系落实路径和建议

高校第二课堂以政治锤炼、知识实践、技能拓展、素质养成为主要教育方式，本质是学生能力培养。深刻把握第二课堂教育与专业教育、思想政治教育诸要素的契合点，做到与时俱进、因势而新。

(1)第二课堂与思想政治理论课协同育人

充分发挥第二课堂与思想政治理论课协同育人作用，用习近平新时代中国

---

① 习近平. 坚持中国特色社会主义教育发展道路 培养德智体美劳全面发展的社会主义建设者和接班人[N]. 人民日报，2018:1 .

② 习近平在北京大学师生座谈会上的讲话[N]. 人民日报，2018:1 .

③ 习近平关于青少年和共青团工作论述摘编[M]. 中央文献出版社，2017：55.

特色社会主义思想铸魂育人，培养一代又一代拥护中国共产党的领导和我国社会主义制度，立志为中国特色社会主义奋斗的有用人才。具体而言，一是让有信仰的人讲信仰，大力推动新思想进教材、进课堂、进头脑的同时，充分发挥第二课堂的作用，推动新思想进网络、进支部，进公寓，引导学生将信仰、信念、信心的力量转化为奋进的力量。二是在第二课堂中，采取多层次、立体式、全覆盖的方式方法，助力学生学懂、弄通、做实新思想。如“学习新思想千万师生同上一堂课活动”“青年大学习活动”等主题教育活动，引导学生主动把中国梦作为共同追求的奋斗目标，把中国特色社会主义作为衷心拥护的发展道路，把共产主义作为矢志不渝的远大理想，建立融课程思政、社团思政、讲堂思政、作品思政等于一体的立体思政课堂，提升第二课堂的思想政治教育价值。三是针对00后大学生的个性特点，在第二课堂中坚持用透彻的学理分析回应学生、用彻底的思想理论回应学生、用真理的强大力量引导学生，通过“用故事讲道理，用历史讲精神”，实现理论入脑入心。[①]

(2)第二课堂与专业教育同向同行

习近平总书记指出，教师不能只做传授书本知识的教书匠，而要成为塑造学生品格、品行、品位的“大先生”。第二课堂与专业教育结合，即依托“名师工作室”“名师讲堂”，把德育融入每一门课的教学之中，让专业教师既当好“经师”，更要当好“人师”。具体而言，一是遴选具有坚定的理想信念、扎实的专业功底、深邃的思想魅力和生动的话语表达的师德楷模、名师大家、学科带头人走上“名师讲堂”，用高尚的人格感染学生、用真理的力量感召学生，用深厚的理论功底赢得学生。二是应充分挖掘各学科、各专业的思想政治教育元素，寓价值观引导于知识传授之中。如通过专业教师讲述自身专业成长历程、专业与人生的关系，自身所承担的专业责任与使命，畅谈专业的魅力与价值等内容，引领大学生感受专业魅力、感悟专业精神、

① 李丽，周广，臧欣昱.创新高校第二课堂育人体系的实践探索[J].思想政治教育研究，2019，8：114－115.

坚定专业信仰、铭记专业使命。三是应运用以“快手”“抖音”短视频等为代表的新媒体新技术，生动形象地呈现各学科和各专业在我国发展建设中的重要作用，教育引导大学生献身专业，实现自身价值。

(3)校内校外协同联动，构建“实践育人共同体”

搭建实践平台，充分发挥校内校外实践育人作用，把思想政治教育融入社会实践、志愿服务、实习实训等活动中。重点依托思想政治教育课、素质教育大讲堂、红色文化教育基地、党团学组织系统“四个阵地”，强化立德树人。大力推进大学生思想政治教育课主渠道、主阵地协同育人机制，充分发挥马克思主义理论的学科、研究优势，实行思想政治理论课“主客体双向互动”，鼓励学生积极参与马克思主义理论研究。如积极探索思想政治理论课教学与暑期“三下乡”社会实践相融合、思想政治理论课教学与学生学术研究活动相融合的模式，扎实推进青年马克思主义者培养工程，构建“大思政”教育体系。依托校友论坛、就业指导服务中心、创新创业基地等载体，开展创业就业指导，提升创业实践能力。依托校园文化艺术节、社团文化艺术节等，深入开展群众性体育活动。开展红色主题教育实践，开展“青年红色筑梦之旅”“百万师生大实践”等社会实践，逐步形成实践育人合力，提升学生理论素养与实际创新能力。此外，利用分工协作育人机制，寻找校外人力资源助力“课程思政”建设。认真做好、坐实“请进来”工作，对符合任课条件的各级党政领导、知名企业家、专家、学者、各行各业先进模范人物请进校园，聘请他们担任学校“课程思政”名誉教授，吸引具备条件的感动中国优秀人物加入“课程思政”之中。通过校内校外协同联动育人，构建“实践育人共同体”，推进社会主义核心价值观实践养成，将思想政治教育融入大学生成长成才全过程，推动习近平新时代中国特色社会主义思想入脑入心，为中国特色社会主义事业培养合格的建设者和可靠接班人。

总之，新时代开展课程思政建设是一项复杂工程，面对当前全面建成小康社会决胜阶段复杂的国内外形势，面对经济社会发展的新趋势、新矛盾，高校思政体系建设必然面临新挑战、新使命。高等学校要进一步拓展新时代高校课程思政建设主要途径，提质升级新形势下的思政教育模式，广泛凝聚思政教育育人的合力，常抓不懈、久久为功，推动高校思政教育建设不断强化提升，开创我国高等教育事业发展新局面，培养出更多具有家国情怀、创新能力、全球视野和引领时代的一流人才。

第五章　打造新时代高校课程思政的网络平台

教学形式直接影响教师教学的方式和质量，传统教学主要以课堂授课、课堂布置作业作为传授知识的方法。随着“互联网＋”时代的到来，信息技术与教育教学深度融合，各类新式的教学形式正逐渐涌现，知识的获取渠道也不断拓展。由于知识信息来源的多元化和信息传播的便利化，一些不当言论、不良信息大量滋生并快速传播，传统的教育方法无法完全应对学生思想政治教育所面临的许多新情况、新问题。对此，摸索适合的、与时俱进的“课程思政”支撑载体，同样成为“课程思政”的实施成功与否的关键因素之一。

第一节　课程思政教育信息手段的应用

伴随着社会信息丰富化、快速化发展，互联网技术在高校中迅速推广并逐渐在教学中占有比重。“课程思政”的实施也需要紧跟时代步伐，充分利用信息化教学手段，不断创新“互联网＋教学”模式，推进线上线下协同育人，开辟思想政治教育新领域，从而提高思想政治教育实效性，不断推动思想政治教育的大众化及持续化发展。

(一)信息化教学手段的作用及特征

传统学手段主要是教师通过肢体语言、板书设计及教学模型等，向学生讲授知识。信息化教学手段借助于计算机辅助教学工具和互联网教学平台，利用各种信息和软件技术，将抽象的文字转化为声、像、文并茂、形象生动的多媒体文本。

区别于传统教学手段，信息化教学手段不仅可以增加教师教学的信息量，实现信息的多样性、连性和可重复性，还可以减少概念、图表及公式推导过程的板书，将声音、图片、视、音、演示文档等结合起来，以更加吸引学生注意力的方式，生动而立体地展现出来，提高课堂时间的利用率和教学的效果。同时利用信息化教学手段还可以改变书本内容更新缓慢、针对性不强的缺点，使教师授课内容紧跟时代的变迁和前沿科技的发展，更加贴近社会发展的需求。利用信息化教学手段还可以实时了解学生动态，便于教师及时调整教学策略，优化教学过程，从而达到高质量的教学效果。

信息化教学手段的主要表现形式，从其具体实的层面来说，大致分为计算机辅助教学、虚拟实验教学和虚拟训练教学。① 计算机辅助教学，在日常教学中一般有两种方式，即课堂计算机教学和远程网络教学，其优势在于能将传统教学手段难以表达的教学内容或无法观察到的现象生动形象、直观地展示出来，克服了传统教学抽象、枯燥、理解困难的弊端。借助网络平台，学生可以跨越时间和空间的障碍，随时随地交流学习，例如"微课""慕课"及"翻转课堂"的开发应用。虚拟实验分为虚拟演示实验和虚拟练习实验。浅层次的应用就是通过计算机件进行模拟实验。虚拟实验的目的在于验证性，教师扮演的是研究员的身份，让学生自己获得知识，并对知识深信不疑，强化记忆。虚拟训练就是利用虚拟软件，通过操作某种专用的设备或系统的方式进行训练，教师扮演的是教员的身份，让学生掌握技能的实操要领，并让技能成为某种情况下特定的无意识性动作。

信息化教学手段呈现如下特征：一是多媒体式教材。采用多媒体技术扩展传统文字教材内涵，例如多媒体课件、实用教学软件等，构建教学内容的动态化、形象化表示模式。二是教学管理自主化。利用计算机技术及网络技术，可以实

① 王宏伟，全吉成. 关于信息化教学手段的几点思考[J]. 教育技术研究，2012(10)：61—62

现单机或异地网络化考试与评分、教学问题诊断、教学任务分配等，通过建立储存教学档案可以为教学评价提供基础数据，支持教学过程评价。三是教学环境虚拟化。依托于计算机技术构造的虚拟环境，学生们为了学习知识、认知对象，需要寻找实践和认识对象，计算机模拟的虚拟现实就能满足这一条件。另外，虚拟现实技术可以超越现实，我们就可以借助虚拟技术实践真实世界无法或难以进行的活动，使学生扩展认知空间，延伸学习体验能力。四是教学系统开放化。教学系统的开放，首先要做到教学内容上的开放，实现资源共享是第一步。其次，就是教学结构上的开放，合理利用相关计算机管理技术，及时调整和更新教育组织形态问题。再者，是教学功能的开放，以学生为真正的服务主体，开启多种教育服务。

(二)信息化教学手段在课程思政教育中的应用与影响

PH信息技术正在对课程思政教育的发展产生重要影响，具体表现为：可以利用多媒体教学手段，将课程中的思政元素呈现出来，创设合适的教学情境，进而对学生开展中国特色社会主义和中国梦教育、社会主义核心价值观教育、法治教育、劳动教育、心理健康教育、中华优秀传统文化教育等。正如在 2020 年始，一场突如其来的“新型冠状病毒”来袭，随着新型冠状病毒感染的肺炎疫情的蔓延，疫情不断扩散，各地纷纷开展停课不停学的工作，在此期间，教育部利用网络直播的方式组织“全国学生同上一堂疫情防控思政大课”在线学习。各学校的老师们利用现代化信息手段，以“思政慕课”等新形式在互联网平台吸引学生目光，增强课堂感染力。同时通过网络了解、关心和回应学生在学习、生活、沟通、成长等方面的需求，增强了课程思政教育的吸引力和效力。

1. 创设合适的教学情境，激发学生的学习兴趣

各个学科都应该充分利用信息化教育技术的优势，利用多媒体教学手段，呈现课程教学中的思政元素、创设合适的课程思政教学情境，让学生在教学环境中潜移默化地接受课程思政教育。例如在讲职场英语时，利用信息化教学手段呈

现一个海外华人经历的 2002 年第一次抵达悉尼机场和 2019 年抵达悉尼机场时的情形,第一次心里忐忑不安,满眼的英文指示牌,处处都是白皮肤黄蓝眼睛的人,耳边响起的也是“不啦不啦”听不懂也不明白的语言。机场上许多指示牌下的象形文字是日文或韩文。2019 年再次抵达悉尼机场所看到的机场的指示牌下的日文韩文不知道何时已悄悄地变成了中文,黄皮肤黑眼睛的国人也越来越多,时常耳边飘过来的“不啦不啦”是自己亲切熟悉的中文母语。在这一情景对比中学生深深感受到祖国的进步与发展,在国外地位的逐步提升,从而增强文化自信,激发学生爱国主义情怀。该课程充分对接英语语言课程的基本必要特点,利用信息化教学手段,完美地结合对接授课内容,营造了合适的教学环境,悄无声息地进行课程思政元素渗透。

但是,在创设情境中,并不是所有的情境都能达到好的教学效果。教师应该根据教学内容合理利用多媒体,选择合适的情境创设。例如,在一次课堂展示中,教师讲解二分法这一内容的时候,给学生利用多媒体播放电视上“幸运五十二”的游戏节目,让学生从头到尾观看节目,老师的本意是为了让学生思考如何最快地猜到某件商品的价格来引入二分法的思想,结果学生被激动人心的电视节目吸引了,也完全投入到教师创设的情境中了,但是在此种环境下,没有多少学生去思考数学问题,又因为视频没有进行合理剪辑,浪费课堂时间太长,在这里,多媒体提供的教学情境只停留在表面的热闹,实际上并没有带给学生合理的认知。这种过于热闹的场面只会转移学生的注意力,甚至有的教师在制作教学课件时,选择了五彩缤纷的教学背景,以为可以引起学生的学习兴趣,实际上适得其反,学生被鲜艳的色彩和过于热闹的视频所吸引,忽略了教学内容的实质。

2. 运用信息教育技术,发挥学生主体地位,实现有针对性的教育

学生的差异化是客观存在的,如何针对差异进行有效教学,这就需要改变原有教学方式。理想状态下一名学生就有一名教师随时可以解答这名学生提出的问题,这有点像“家教”的“一对一”,这在传统课堂中是难以实现的。但是借助于

信息化技术就可以针对不同层次学生学习水平，让每位学生进行针对性学习，从而提高课堂教学效率，真正做到因材施教。例如目前中国的就业形势下，求职者面对的竞争越来越大，企业对求职者的要求也越来越高。求职择业也成为大学生在人生道路上面临的一次重要抉择。找到一份自己心仪的工作，是所有盼望早日就业的大学生的共同心愿。但是不同学生自身的特点和面临的问题不一样，教师可以利用信息化教学手段发布相关问题，快速便捷地了解学生存在的问题，进而有针对性地对学生开展就业教育。

此外，在教学过程中，学生的主体地位得到了充分体现，因材施教的教学目的可以得到充分的贯彻落实。例如，在教学过程中，教师提出本节课的学习内容和应达到的教学目标和学习重难点，然后通过网络将学习要求和可能用到的各种资料，如习题、图片等发到网络教学平台上，然后学生根据教学软件的提示，一步一步看书和学习，还可以根据学习需要随时查阅资料。教学系统则在学生学习一定内容后通过系统发布相关习题等方式检查学生对知识的掌握情况。并根据测试情况设置能否进入下一阶段的学习，已掌握的同学可以进入下一个内容学习，没有掌握的则需重新加强学习或学生立即请教教师等方式完成学习任务。学习完成后，教师总结学生在学习过程中出现的问题，进行统一讨论，强化重点，突破难点。利用信息化教学手段开展教学，既可以支持学生的自我选择，尊重学生自我选择的意向，引导学生根据自己的特点和喜好选择适合自己的学习方式，又可以帮助学生锻炼学生解决学习资源信息量大时处理信息的能力，还可以就学生的学习效果和学习能力及时评价、反馈。同时利用信息化教学技术，教师可以根据学生线上学习情况有针对性地选择教学策略，从而提高课堂效率。

3. 运用信息教育技术的直观演示，降低教学难度，增加教学密度，提高教学效率

现代素质教育要求教师在教学过程中能够精讲多练，根据教学目标设计课堂结构和多媒体课件，适时增加教学的信息量，增加教学密度，提高教学效率。

例如《国际金融》课程的特点是“难、杂、远、热”。“难”——学生没有建立金融学科的知识框架；“杂”——课程涉及内容包罗万象；“远”——课程大量内容都属于宏观现象，距离实际生活较远，缺乏感性认识；“热”——课程知识点，如汇率 、金融危机等内容都是经济热点。但是借助信息化的教学手段可以将教学内容直观形象地呈现出来，将热点问题梳理出来，做好教学内容的选择和处理。例如随着国际金融市场的变化，金融知识日益更新，为了更好地让学生接受知识，贴近知识，在教学内容处理上，将部分知识点融入人文、政治、历史等知识，加入不同国家的金融市场和金融规则等相关内容。让学生在了解规则的过程中树立职业道德操守，提升职业素质能力。

现代信息教育技术的发展对教学教育的教学价值、学习目标、数学内容以及学生学与教师教的方式产生了重大影响。各门课程的教学设计和课堂实施都应重视现代信息技术的运用，特别要充分考虑运用教学软件、教学平台、信息化教学资源和信息化教学手段等对教学内容和学生学习方式的影响。大力挖掘各门课程中的思政元素，开发并向学生提供更为丰富的信息化学习资源，把现代信息技术作为学生学习和解决问题的强有力工具，致力于为学生学习提供更加丰富的教学资源和适切化的学习方式，使学生乐意并有更多的精力投入到教学活动中去。

4. 运用信息教育技术，能够适时地对学生学习情况进行评价与反馈

传统教学环境中，由于教学条件的限制，教师在课堂中并不能及时、全面地了解到每个学生的学习情况，在了解学生本节课的学习信息方面也存在一定的主观性、片面性，并带有一定的延迟。教师经常凭借对以往学生的掌握情况和教学经验，根据学生在课堂上的反应和回答情况来判断学生对于本节课课堂知识的掌握情况，这种对学生信息的了解并不全面和具体，反馈也不够及时。此外，在课堂教学活动中，学生在课堂教学上的信息反馈的参与面较窄，老师很难同时对多个学生提供课堂辅导，针对作业、练习和测试的反馈往往在课后进行，在时

间上有较大的延迟，难以对每个学生因材施教，提供针对性的学习建议。而信息技术在教学中的应用可以就学习者的学习情况及时反馈，并为学习者提供更多的学习机会。首先，计算机具有强大的数据存储与分析功能，能够全面记录学生的学习过程数据，并为教师和学生提供全面的测试报告。其次，网络中存储了大量优质的学习资源，如试题、解析、教案等，可以为学习反馈提供内容来源。再次，利用信息化教学技术开发的评价反馈系统具有较高的智能性，能够根据学生的水平、任务的难度等自动为学习者提供个性化的反馈，真正体现"一对一"的教学理念，从而促进有效教学。

5. 在教学中实现"鼠标＋粉笔"的高效有机整合

部分教师为了体现课堂的信息化，在课堂中除了多媒体几乎放弃了其他教具，他们把课堂中的内容一股脑全部输入电脑，导致我们的课堂教学变成了幻灯片的放映，就像看电影。结果一节课下来，学生对教学内容缺少深刻分析，无法完成教学目标。任何事情都需要两面看待，尽管信息化教学具有无法比拟的优越性，但是传统教学的优点也不能忽视。例如，作为传统教学模式的重要工具之一的黑板，具有多媒体无法达到的优点。黑板的重现力强，随写随看，学生有不懂的地方也可以比照黑板进行讲解，内容好删减，而且好的板书具有提纲挈领的作用，同时教师一手好的板书也可以帮助学生理解教学内容。

"鼠标＋粉笔"的教学模式是以计算机多媒体的信息化教学手段为主，以传统的黑板板书为辅，教师利用计算机，综合处理和管理文字、声音、图形、和影像等多媒体信息，通过有效对接教学三维目标，精心开展教学设计，将多媒体信息制作成教学课件。上课时，教师将课件内容展示在荧幕上，并给予讲解，当在课堂上有新的内容需要补充时，教师可以在计算机和黑板上随时进行相关补充和修改。信息化教学不能取代传统教学，如在数学课堂上，虽然图像的平移伸缩变化需要依据计算机来完成，但是教师可以在黑板上完成问题的分析过程和习题讲解，特别是计算过程，还是需要依靠粉笔黑板来完成，如果全部依靠计算机，就会降低学生的计算能力，并且干扰学生思考过程，顾及不到计算能力稍慢的同学。在这个教学过程中，学生接受了来自教师和多媒体计算机的信息，同时也接受了传统教学手段的信息。

在课堂中，教师运用板书进行教学，是对课堂内容进行归纳的重点，可以体现知识体系的因果性，针对本章教学的重难点可以制作相关表格或图片，运用投影仪进行教学展示。这种结合多媒体教学和传统教学的方法，可以使学生积极地投入教学模式。例如，以数学课堂《三角函数的图像变换》为例，教师如果只是简单地按照课本讲解每个参数对图像平移伸缩变化的影响，不仅使课堂内容变得单调而枯燥，而且不能对参数使图像变化有直观的认识，但是如果利用计算机，变换参数，形成图像的动态变化过程，将课本中静态的图像变成计算机中动态的动画，在变化的过程中一边提问一边板书，为学生观察、分析、总结重难点。或者通过观看教师在计算机上的动画演示，让学生分析动画并让学生在黑板上画简图来巩固学生对知识的理解和运用。这样，静态枯燥的课堂就变得动态活跃起来，而且调动了学生学习的积极性。通过教师提问和板书归纳使学生更好地掌握本节课的重难点，锻炼了学生读图分析和知识归纳的能力，实现了教学的最优化。因此，我们应该将传统教学和信息化教学结合起来，选择性地应用多媒体教学手段，教师可以在教学的不同阶段、不同环节、根据学生的类型和课程的需要灵活地设计课堂，弥补传统教学的缺陷。

第二节　课程思政教育优质资源的精选

教学资源作为支撑教学活动的基本要素和条件，其内容和形态直接影响到教学方式的选择和教学质量的好坏。精选课程思政教育资源强调的是课程思政教育整体教学资源水平的提升，而不是个别资源的重点提升，不是只重视知识信息传授和学习质量，而是上升到有利于学生综合能力和整体素养水平提升的高度，以贯彻“发挥好每门课程的育人作用”的指导思想和教育实践。

(一)优质教育资源的内涵及定位

现代信息技术在教学实践中的发展及应用,使得教学资源的形态、特征、功能发生了巨大变化。随着教学改革的持续深入,追求优质教育和素质教育的时代背景对教学资源的开发和利用提出了更高的要求。优质教学资源是指在优质教育理念指导下,以建构主义学习理论为主要理论基础,在现代信息技术营造的数字化资源环境支持下,在追求教学过程优化过程中实现教学资源质量高水平、教学应用效益最大化。优质教学资源是优质教育发展的有机组成部分,可以从以下几个方面予以定位:

1. 优质教学资源是一种资源形态

优质教学资源符合人们对知识信息的感知需求,符合人们综能力培养的规律,能够给人们在认知、人格、情感等方面带来好的影响或者体验。接触它便可感受到并会对它作出优质的评价和认可,无须深入的技术考量和价值认证。需要说明的是,我们所讲的优质是资源在具体条件下能取得的最大功效,是在教学与学习过程中所具有的突出特质,有别于其他领域资源,是相对而言的,与其他教学因素相顺应,是具有特定效能的资源形态。

2. 优质教学资源是一种资源理念

优质教学资源与现代教学理念相一致,具有时代性。它要求通过对资源进行全面整合与重建以及对资源环境、课程与教学、学习与能力等方面把握与权衡等,使得资源要素达到最优化组合。在这一理念指引下,通过重视学习的认知建构、价值引导、人性养育、情景创设以及理性选择和灵活运用资源建设路径与策略等,建设和开发教与学交感互动、生态和谐的优质教学资源。

3. 优质教学资源是一种资源境界

它是使命与责任、理解与追求相互交融而生成的高深境界。优质的境界必将生成优质的资源文化价值,在其感染下开始了资源优质化的变革过程,其意义在于产生一种推动和导向作用。优质教学资源是人们基于当前的资源优化程度或状态，对未来教学资源发展的一种展望与追求，也是人们扎根于现实的努力并试图超越提高的一次尝试，是基于现实基础而建构的一种崭新的资源形态，虽然不是一蹴而就就能达到，但绝对是可望又可求的。

(二)精选课程思政教育优质资源的价值

精选课程思政教育资源既要彰显教学服务功能，更要凸显育人价值，以保证优质教育的实施和立德树人育人目标的实现。

1. 有助于立德树人目标的实现

高等学校人才培养是育人和育才相统一的过程。教学资源作为教学活动的基本要素，其质量直接影响高校育人实效。课程思政优质教学资源是通过梳理专业课教学内容，结合不同课程特点、思维方法和价值理念，深入挖掘课程思政元素，按照学科门类和专业文化知识体系进行建构的，体现了数字化教学与立德树人要求，可以实现自主式学习、协作式学习、探究式学习、讲授式学习等多种教学和学习的模式。支持教师与学生间畅通无阻的交流与协作，具有资源种类丰富、形式多样、信息多元、价值引领的特点。只有在教学资源中渗透思想政治教育才能实施完整的育人功能，帮助学生塑造正确的世界观、人生观、价值观，这是人才培养的应有之义，更是必备内容。课程思政教育资源不是单纯注重知识的供给和灌输，而是追求将价值观引导包含于知识传授和能力培养之中，将价值塑造、知识传授和能力培养三者融为一体。

以高职大学生《就业与指导》课程为例，高职毕业生群体在大学短短 3 年的学习生涯中，他们的价值观、人生观会受到各种社会思潮的影响，而在毕业就业这一人生重大选择过程中思想更加复杂。一些潜在的、隐形的思想问题特别容易凸显和集中性地爆发，按照毕业生的求职规律把相关内容有步骤、有意识地将正确的就业观渗透到课堂教学中去，渗透到大学生培养的全过程中去显得尤为重要。该课程根据授课内容，结合学生实际精选了“2016 感动中国十大人物大学生村官”“朴实男”孙于飞求职 JAVA 工程师成为香饽饽等一系列案例，让学生在学习教师精选的教学资源过程中领悟诚实守信的重要性，使学生在理性分析就业问题的前提下合理地规划自己的职业之路，树立正确的择业观，进而顺利实现人生价值。

2. 有助于涵养教师的教学实践智慧

智慧是个体生命活力的象征，是个体在一定的社会文化心理背景下，在知识、经验习得的基础上，在知性、理性、情感、实践等多个层面上发生，在教育过程中形成的应对社会、自然和人生的一种综合能力。智慧的类型多种多样，从理论与实践的关系上可以将其分为理论智慧和实践智慧。① 教学智慧是一种典型的实践性智慧，是“教学经验”“理论修养”（包括学科修养）和“教学德行”三个方面在实践中的综合体现。教学过程充满着不确定性和多种可能性，教师的教学决策是在一种理性权衡后采取选择，具体体现在教师对于参与其中的各种教学资源要素的整合、筛选与优化当中，这正是教师实践智慧的具体体现。为了有序组织教学，在保证教学活动顺利开展的同时给课堂教学添彩，教师不仅要做好教学资源的开发、挖掘和合理规划，同时还要及时捕捉课堂中正在生成的教学资源。这一过程不仅使得教师的教学资源意识和教学资源开发挖掘能力得以提升，同时涵养了教师的教学实践智慧。

3. 有助于增强教师的教学效能

教学效能是指教师在教学实践中其能力的发挥程度。教师教学能力强，其所产生的教学效能也大。但在实际的教学活动中，教学能力与教学效能之间总会出现一定的落差。教学是教师和学生通过交往方式在课程内容之间的能动而现实的双重双向对象化过程中发挥和建构自身主体性的教育活动。提升教学效能需要教师关注形成教学效能的诸多要素之间的关系，最终寻找到释放教学效能的各个要素之间的最佳结合点。教师、学生、课程内容互为对象，教师借用一

① 程广庆，宋乃文. 论教学·智慧教育研究[J]，2006:2.

定的课堂情境，将自己的教学价值观、教学知识、教学情感等外化出来，供学生学习，学生又通过自己的作业、对事、对物的态度与行为方式等表达学习结果和成效。

教学效能不仅需要教师的教学能力，也需要将基本的能力合理地释放出来，这都有赖于教师对于各种形态的教学资源的掌控和应对。精选教学资源有助于增强教师的教学效能，因为精选课程思政教育优质资源一方面要求教师教师有充分的教学资源意识，能够挖掘课程思政元素，将普通的教学资源转化为包含科学内容、隐含价值观与情感的具有丰富教育意义的课程思政教育资源。另一方面要求教师对教学中的预设性教学资源和生成性资源的共同关注，具备准备预设性教学资源、敏锐捕捉生成性教学资源和挖掘开发教学资源的能力。这些正好是提升教学效能的重要途径。例如，教给学生一个新的理论知识，是采取教师先做教具演示而后通过教师讲述推导出结论的教学方式呢？还是先提出课题要学生先自学课本而后通过师生谈话的方式得出结论，这要看当时的教学任务，学科与教材内容的特点及学生的已知未知情况等，从若干因素的相互关系中，找到彼此相适应的教学方式。教师在每个具体教学活动过程中还要尽力找到各因素相结合的最佳结合点。再比如，教师教给学生的知识，究竟教多深、教多少才合适。教深了，学生不懂；教浅了，学生觉得是已知的，没味道，没兴趣。教多了，学生消化不良，教少了学生不解渴。如何教得不深不浅，不多不少，恰到好处，既适应学生的可接受程度，又能促进学生智力的发展，这就是在教学的难度和广度问题上的教与学的最佳结合点的问题。教师通过对文本教学资源的优化组合，对生成性教学资源的敏感意识并及时利用生成性教学资源产生的教学契机，从而使得教学活动的质量的提升，教学效能也随之提升。

4. 有助于唤醒教师的教学资源意识

意识，是一个不完整的、模糊的概念，是典型的心理学术语，一般认为意识是人对环境及自我的认知能力以及认知的清晰程度。通常情况下，人通过认识才会逐渐建立意识，进而产生行动或者行为。教师的教学资源意识就是教师对于促进和改善教学效果的相关教学要素保持一种独特的敏感性和自觉性，能时刻清晰认识到显性教学资源，有针对性地挖掘潜隐性教学资源，注意教学活动中的生成性教学资源，并能在教学中恰到好处地使用各种教学资源要素，进而促进和优化教学活动的高级心理活动或明显心理倾向。具体表现为，教师在教学设计中能够有意识地根据具体的教学任务，主动搜寻教学目标资源，实时地创设教学情境资源，有选择性地使用教学方法或教学手段资源；同时随着教学活动的深入适切地调整教学目标，捕捉并利用课堂中即时生成的生成性教学资源实施教学。

精选课程思政教育优质资源的关键和核心在于找准思想政治教育与相关课程的契合点，任课教师并不是在已有资源的基础上，增加与教学内容无关的道德说教与政策宣讲，而是精选专业教育与思政教育“生成性”内在契合关系的教学资源，以无缝对接和有机互融的方式，以隐性教育和润物细无声的方式对学生进行思想政治教育，实现知识传授与价值引领的有机统一。具体而言，精选课程思政教育优质资源一是需要老师课堂教学之外，有意识地搜集与教学活动有关的网络、影视资源、多媒体资源等各种资源，并将学生视为重要的教学资源，充分考虑学生的原有经验、现有发展基础、学生的兴趣爱好、思维特点以及个别差异，使学生在教师的引导下获得主动的发展。二是把教材视为教学资源但又不拘泥于唯一的文本教学资源，是在“用教材教”而不是“教教材”。三是能够熟练使用各种教学方法但又不局限于一种方法。能充分捕捉与挖掘课堂中生成的即时性的教学资源，能在教学活动的进行中恰当地利用学生的困惑、问题来提升教学的生动性与趣味性，能通过课堂情境的恰当创设，提升课堂教学的品质，使学生在教师的激励和唤醒下主动学习、主动发展。精选教学资源可以帮助教师澄清教学资源的基本认识，促使教师形成教学资源意识，同时在精选优质资源的实践过程中，教师的资源意识会随着实践的深入逐步增强，最终转化为教师的教学资源能力。

5.有助于培育学生深度学习的学习品质

美国著名教育家布鲁纳在谈及学习时指出，学习具有表层过程和深层过程，而且这两种过程是处于互补关系中的。布鲁纳提议，学生的学习过程必须作为更加能动的认识过程加以展开，必须拥有埋头于问题解决的学习“体验”。[①] 精选优质教学资源为学生掌握知识和提高综合素质提供条件。现代教学模式中，教师和学生的角色观念有了新的变化，学生通过利用教师精选的优质教学资源不仅可以获得建构知识的能力，而且还能得到信息素养的培养，同时对于学生自主学习能力与问题意识的养成及怀疑精神的塑造具有重要意义。在课堂教学等教学活动中，教学资源为学生从事建设性、发现性的学习活动提供学习的渠道，并对其学习品质产生影响。例如：利用学生对数字化教学资源方面表现出的兴趣，开发和利用数字化教学资源，激发学生学习兴趣，学生根据专业需要自行甄选、组织相关的资料和信息，构建自己的知识体系，获得自己的观点见解，提升独立思考、分析判断的能力，帮助学生养成深度学习的学习品质，从而实现真正的学习。

6.有助于丰富学生的思维方式

思维方式是人们用以把握、描述、理解和解释世界概念框架的组合方式与运作方式，即人们自觉不自觉运用的、把握世界的相对稳定的、模式化了的思维结构、思维习惯及思维定势，是具有高度综合性、概括性的哲学范畴。思维方式决定人们看待世界和处理问题的态度及方式。[②]

教学资源之于学生思维方式的价值就在于，教师将课堂的教学过程视为师生共同建构知识的过程，将教师和学生的生活经验、实践智慧、人格魅力、问题与困惑、情感态度与价值观等“人力教学资源”带入课堂教学，使学生在主动学习的过程中建构自己的知识结构与人格品质，同时，在师生的互动过程中通过对话教

① 钟启泉.教育的挑战[M]，上海：华东师范大学出版社，2008：10

② 杨晓奇.教学资源极其优化研究[D].2014：3.

学不断生成瞬时的、不可重复的教学资源。所以，课堂教学中教师的资源意识会直接影响到教师在课堂中对教学过程的理解与组织。一个善于利用教学资源的老师，会跳出教案的思路，及时倾听学生，将学生的"声音"转化为重要的教学资源。教师将与学生对话，开展课堂提问的过程视为学生展现自己、欣赏自己的过程，鼓励学生用独特的学习方式去表达自己、建构自己的知识结构，并在与学生互动过程中捕捉学生思想上的闪光点。在师生互动的课堂中，学生在教师的引导与唤醒下主动发现问题、解决问题，从而形成问题意识。学生的思维方式不仅应该是丰富多彩的，还应该是可以优化和塑造的。在教学资源中体现思维知识，教师利用多样的教学资源，倡导探究性学习。提倡学生积极从学习中、从生活中发现问题、提出问题、解决问题，通过开展基于问题的教学展示过程，以启发诱导取代知识灌输，对学生进行丰富的全方位的思维方式训练。在突出基于问题的教学的同时，教师还可以在教学评价中，改革标准化的评价方式，注重单一向度的求同思维与多向多度的求异思维相结合，偏重考察学生的思维品质。在此意义上，教学资源丰富学生思维方式的目标也能达成和实现。

(三)精选课程思政教育优质资源的策略

精选课程思政教学资源不仅需要在理论层面予以澄清，还需要一系列具体、可行的策略保障落实。在精选精选课程思政教育优质资源过程中，必须践行最新的教育理念，通过重视团队作用、做好资源的普查与摸底、完善评价标准建设等策略，做好精选课程思政教育优质资源工作。

1. 明确主体责任，重视团队建设

习近平总书记指出，高校思想政治工作关系高校培养什么样的人，如何培养人以及为谁培养人的根本问题。要将"立德树人"作为高校工作的中心环节，明确"课程思政"建设中的主体责任，做好课程的整体规划。上海按照"党委统一领导、党政部门协同配合、以行政渠道为主组织落实"的思路，建立健全领导体 制和工作机制，所有高校都成立了"课程思政"改革领导小组，所有高校党委书记均

亲自担任组长，并设立 专门办公室推进落实。武汉大学成立"课程思政"教学 改革指导委员会。学校教务处、人事处、教师发展中心、教育质量监测中心积极配合学工、研工和学校德育中心，有效发挥行政职能，将"课程思政"纳入年度重点工作予以推进，校、院两级分管思政和教学工作 的条线紧密结合，学校各部门整合资源，为"课程思政"工作的实施、研究和创新提供技术支撑。

教师是推进"课程思政"教学资源建设的主体，教师教学资源意识和教学资源能力是决定一门课"课程思政"教学资源水平的关键因素。但是，随着"课程思政"教学资源建设的不断深化和拓展，如果缺乏团队和平台支撑，教师个人能力和素质发挥作用的程度就会受到制约。

2. 积极培植教师的教学资源意识，强化教师的教学资源能力建设

教学资源意识是教学资源开发、深化和优化的前提，是课堂优质化建设的必需，也是提升教学品质依托之所在，更是教育改革对课堂教学变革的诉求和着力点。可以这样说，教学资源认识程度如何，直接决定着教学艺术化程度的高低和教师教学品质的优劣。因而积极培植教师的教学资源意识，让老师们从思想上强化"教学资源是改善课堂教学的主要依托"的观念。充分认识到教学资源的重要性，就使得教师课堂教学变革找到了具体"抓手"，认识到教学资源的丰富性，就使得课堂教学变革有了更多的可能性和突破口，课堂变革就不再是"口号"，而是诸多教学资源的整合、筛选、优化过程。

教师的教学资源能力建设即是指教师搜寻、筛选、处理、整合、优化教学资源的综合性能力。首先，教师要在能力所及的范围内搜寻到尽可能丰富的教学资源，譬如文本资源、媒体资源、网络资源、教学经验资源、课例资源、学生资源等，要具备最基本的教学资源能力，如知识能力、判断能力、观察能力、筛选与整合能力等。其次，教师要针对教学目标、教学内容、教学方法、教学资料等资源要素进行区分和取舍。教师要意识到不是所有资源都能为同一种类型的教学所用，也不是所有的教学资源都能出现在不同的学科、课型、教学对象、教学情境当中。

教学资源的类型不同，就意味着其各有特点，也各有优势。扬长避短地使用教学资源是最基本的前提。再次，关注教师在教学过程中捕捉生成性教学资源的能力。教师敏锐判断、适时捕捉那些能够提升课堂教学品质的“节外生枝”的生成性教学资源要素，并将之运用于教学过程中，就能产生艺术化乃至美的教学效果。

3. 做好教学资源的普查与摸底，提升课程思政教学资源建设的有效性

尽管社会的变革为课堂教学提供了丰富的教学资源品类，但是在现实的课堂教学中，教学资源的开发和利用不足导致的资源荒废却屡见不鲜。为避免教学资源的低水平重复开发，应做好教学资源的普查与摸底。

针对教学资源的不同类型和存在形态，紧扣教学资源的特点，从静态与动态、隐性与显性、预设与生成、“物性”与非物性、生命载体与非生命载体、校内与校外，从学科门类、学段特点、师生教学资源意识与能力、学生的认知取向等诸多维度加以介入，建立教学研机构与研究者的普查共同体，开展教学资源的普查和摸底，从中了解不同学科的基本教学资源现状、不同学段的基本教学资源现状，通过深入课堂教学活动之中，明晰课堂教学中教师对于教学资源的使用和开发现状，最大限度地研究学生的兴趣类型和活动方式，准确把握学生的认知的方式。根据不同专业学生的学习需求、心理特征、成长规律和价值取向，结合专业课程本身的特色，提炼爱国情怀、法治意识、社会责任、文化自信、人文精神等要素，并将其转化成核心价值观教育具体而生动的载体。复旦大学结合自身教学资源，发挥学校办学优势，开展“中国系列”选修课程，既紧扣时代发展又回应学生关切，既具备深厚学术积淀又有效激发学生求知需求，这些课程资源巧妙地寓社会主义核心价值观的精髓要义于无形之中，在引人入胜、潜移默化中实现了教育目标。

4. 完善评价标准建设，确保教学资源建设的规范性

评价是管理链条的一个重要环节。“课程思政”教学资源建设应着力开展工

作评价，把握好基本原则，确保“课程思政”教学资源建设规范化推进。首先，评价是深化“课程思政”教学资源建设的必要举措。一般而言，评价是从特定的目的出发，根据一定的标准，通过特定的程序对已经完成或正在从事的工作（或学习）进行检测，找出反映工作（或学习）进程的质量或成果水平的资料或数据，从而对工作（或学习）的质量或成果水平做出合理的判断。因此，“课程思政”教学资源评价就是从课程育人目标出发，根据一定原则和标准，对“课程思政”教学资源开展情况进行检测，找出反映其质量和水平的资料和数据，从而对“课程思政”教学资源建设做出合理判断的实践活动。建设课程教学资源完善的评价标准，不仅有利于推进“课程思政”建设的规范化和科学化，还可以增强教师开展“课程思政”建设的积极性、主动性和创造性，从而营造“课程思政”教学资源建设的良好氛围，形成强大育人合力。

其次，工作评价是“课程思政”教学资源建设评价的重点。“课程思政”工作评价是对“课程思政”教学资源建设是否已经开展，推进工作是否规范，落实部署要求是否到位等工作情况的综合评价。对照“课程思政”教学资源建设实施方案和部署要求开展工作评价，可以根据过程反馈，更有效地推进“课程思政”教学资源建设。需要强调的是“课程思政”的立德树人成效，因为其潜在性、综合性和发展性，难以在学生在校期间便做出准确、合理、定性的评价。因此，应

该谨慎开展以育人效果为指向的“课程思政”教学资源效果评价，着力开展“课程思政”教学资源的工作评价，这既是规范推进“课程思政”建设不断深化的客观要求，也是科学评价“课程思政”教学资源建设立德树人成效的必然要求。

最后，“课程思政”教学资源建设工作评价要重点把握的基本原则。一是把握方向，宜粗不宜细。“课程思政”教学资源建设仍处于起步起点阶段，很多工作都是探索性的，尚未形成完整成熟的建设体系。工作评价要重点看方向是否正确，思路是否清晰，工作细节可以逐步在实践中探索和完善。二是统一认识，各按步伐推进。“课程思政”教学资源建设中的不平衡不充分的问题是必然存在

的,推进工作不宜搞“一刀切”。要鼓励有积极性的单位和教师大胆试、大胆闯,不断积累经验。[①] 三是强化规范,确保工作质量。“课程思政”教学资源建设的深化是教育教学的一场革命,不仅方向要正确,而且工作规范从一开始就要抓紧抓牢。工作评价要重点看统一要求是否落实到位,是否结合自身专业实际探索凝练自身特色。另外,还要看“课程思政”教学资源示范课程、示范团队、优秀教师等典型的选树和发挥作用情况,是否起到了示范作用等。

5. 重视制度建设,构建协同育人新机制

制度问题带有根本性、全局性、稳定性和长期性。“课程思政”是中国特色高等教育制度的重要组成部分,“是高校在新时代构建全员全程全方位育人格局,将思想政治工作体系贯通人才培养体系,推进中国特色社会主义一流大学建设的根本举措”[②]。因此,深化“课程思政”教学资源建设需要持之以恒、久久为功,必须坚持在制度机制建设上持续改进。

在宏观层面,完善制度机制设计。持续改进制度机制设计是确保“课程思政”资源建设不断深化的必要前提。一般来说,“系统完备、科学规范、有效管用、简便易行”是制度机制设计的基本原则和要求。在此基础上,就深化“课程思政”教学资源建设而言,应该着力在两个方面完善制度机制设计:一是要完善“课程思政”教学资源建设本身的制度机制设计。主要是指在实践深化的基础上,要不断完善“课程思政”教学资源建设的顶层设计,特别是要统筹“专业思政”“学科思政”等建设,完善深化“课程思政”教学资源建设的制度机制体系。二是要把“课程思政” 教学资源建设贯通学校制度体系建设。主要是指从构建德智体美劳全面培养的教育体系和形成更高水平的人才培养体系的高度,把“课程思政”教学资源建设融入办学治校各领域各环节。

在中观层面,严格责任落实制度是确保“课程思政”教学资源建设不断深化

① 韩宪洲. 以“课程思政”推进中国特色社会主义一流大学建设[N]. 2018:2.
② 韩宪洲. 以“课程思政”推进中国特色社会主义一流大学建设[N]. 2018:3.

的重要着力点。“课程思政”教学建设是学校、院系(部)、机关职能部门以及所有教师的共同任务,相互之间既需要统筹协调,又需要各负其责,才能形成有效合力。因此,学校各单位和所有教师,要敢于担当履责,紧紧围绕立德树人根本任务,在着力构建全员全过程全方位育人格局过程中,把深化“课程思政”建设的要求和责任同步落实。

在微观层面,构建资源整合机制。资源整合机制是确保“课程思政”教学资源建设不断深化的重要基础。要通过设置教学研究课题、组织教学团队、教研室平台搭建等多种形式,构建课程“思政资源”的挖掘、共享及整合机制,搭建好服务教师开展“课程思政”的资源平台,让教师把更多精力放在“课程思政”教育教学工作上。

第三节　课程思政教育精品课程的建设

建设课程思政教育精品课程是全面推进课程思政建设的重要环节。它不仅可促进教师教育教学观念转变,引领教学内容和教学方法改革,还可以推动高校构建高质量人才培养体系,达到提高人才培养质量、服务学习型社会的目标,同时也有助于推进课程思政优质课程教学资源的共享。

(一)课程思政教育精品课程的特征

课程思政精品课程作为高层次、高水平的示范性课程,其教学过程应体现先进的教育理念,充分尊重学习者在学习过程中的主体地位,很好地完成教与学双方的互动交流,将思想政治教育有机融入教学过程中,融知识传授、能力培养、素质教育于一体,实现立德树人的润物无声。

1.鲜明的课程特点,凸显课程育人

习近平总书记指出:“用好课堂教学这个主渠道,思想政治理论课要坚持在改进中加强,提升思想政治教育亲和力和针对性,满足学生成长发展需求和期待,其他各门课都要守好一段渠、种好责任田,使各类课程与思想政治理论课同向同行,形成协同效应”。① 传授科学知识、培养德智体美劳全面发展的社会主义接班人是高校的重要任务。这要求教师正确把握传授知识、培养能力和提高素质三者之间的关系,尤其是要重视落实立德树人基本要求,大学是立德树人、培养人才的地方,古今中外,每个国家都是按照自己的政治要求来培养人的,世界一流大学都是在服务自己国家发展中成长起来的。② “课程思政”精品课程正是以“用好课堂教学这个主渠道”为总要求,以“培养什么人”这个教育的首要问题为根本导向,以促进学生成长成才为出发点和落脚点,这是将思想政治教育有机融入各门课程的教学过程的具体体现,是构建高水平人才培养体系的重要科学实践。

2. 先进的教育理念,着力培养学生学习的创造性与主动性

现代教育理论认为:学生是学习的主体,大学教育最重要的目标是教会学生怎样寻找信息、怎样延伸阅读、怎样分析归纳和怎样找出答案。这就要求教师尤其是精品课程的教师不仅仅是对学生进行知识的传授,更重要的是了解课程的教学思路,使学生掌握自主学习的方法,发挥学生的个性特点,做到因材施教,充分调动学生学习的积极性、主动性,着力培养学生的个性和创造力。教学活动是一种双边活动。在教学活动过程中,教师充当的是教育者、组织者和引路人的角色。作为精品课程建设者的教师在提升自身育人意识和育人能力的同时,还应重视自身创新能力的提升,因为创造型教师是进行创造性教学的先决条件。对于精品课程而言,要把学生培养成创造型、开拓型的人才,教师需要营造相应的条件和环境,通过精心开展教学设计,精选教学资源,精准对接人才培养方案等方式开展教学活动,并在教学活动中鼓励学生开动脑筋、积极探索,培养学生的创造意识,激发学生学习的主动性。

---

① 习近平.《习近平谈治国理政[N]. 外文出版社,2017:45.
② 习近平. 在北京大学师生座谈会上的讲话[N]. 人民日报,2018:12.

3. 先进的课程体系，重视课程体系与社会发展的同步性与适应性

我国高等教育承担着培养社会主义的建设者和接班人的重要任务，与此相应，课程思政精品课程的课程体系必须与经济建设、科技进步和社会发展对人才培养的要求相适应，与人的全面发展需求相适应，与信息化教学背景下多样化的学习需求相适应，与高等教育课程改革相适应。因而课程思政精品课程的课程体系应具有足够的广度、深度和梯度，突出显示开放性、可选择性和育人性等特点。

精品课程是一个综合性的有机整体，其课程体系建设要整体考虑课程建设的方方面面，深刻理解各方面之间的相互关系，进行全面的改革与创新。构建课程思政精品课程体系是落实“课程思政”理念，发挥课程立德树人功能的具体实践。教师应立足于国家对于人才培养的最新要求，关注大学课程的综合化、系列化、实践化等主流发展态势，把握学科发展的最新动态。既要充分发挥精品课程在课程群中的独特作用，又注意加强各课程之间的有机联系，增强其内在逻辑性，在传授知识、培养能力与提高素质相结合的层面上构建精品课程的内容和框架。

4. 先进的网络平台，现代信息技术应用的广泛性与开放性

课程思政精品课程要展示其丰富的教学资源并实现优质资源的共享，就必须借助先进的网络平台和信息技术手段，特别是网络技术和多媒体技术。无论是教师建设课程思政精品课程还是学生使用课程思政精品课程教学资源，都必须提高其使用信息技术的能力，从而有力地推进高校的教学与管理的信息化建设。

教育部要求精品课程通过网络向所有使用者免费开放，共享优质教育资源，这种开放性无疑会为我国的高等教育带来一场深层次革命。因而课程思政精品课程建设单位要大力加强网络课程和网上教学资源的开发建设，构建网络教学平台，积极推广计算机辅助教学、多媒体教学技术、虚拟技术等现代信息技术，实

现教学方式、学习方式的变革，扩大课堂教学的信息量，注重提高课堂教学效果。同时还要积极创造条件建立教学辅导网站，将课程教学大纲、教案、习题、实验实习指导、参考文献资料等放在网上，供学生自主学习。

5.鲜明的课程特色，资源利用体现整合性与独特性

课程思政精品课程应是持续性的精品，不能是一时性的精品。随着时代的发展和科技的进步，课程思政精品课程的教学内容、教学方法、教学手段都应不断地更新与改革。要使学生从课程思政精品课程中不断得到最好的收获，就既要充分利用课堂教学和依托现代化教育技术，还要开发课程中的思政元素，开发建设课程思政教育教学资源，实现教学资源的优化整合。毫无疑问，课程思政精品课程作为具有示范性和辐射性的课程，要彰显其课程特色，最主要的在于挖掘和利用课程思政教学元素，同时要结合专业特点和行业需求，整合和利用那些具有独特性的资源。例如，在《人体解剖学》课程通过开发遗体捐献的意义的“人生大课”教学资源，对遗体捐献者开展感恩教育，从而引导学生思考生命的意义，提升同学们医学责任意识。

（二）课程思政教育精品课程建设的主要内容

建设课程思政教育精品课程一方面需要处理好它与原课程建设之间的继承关系，做好它们之间的衔接，充分利用已有课程建设成果，避免浪费。另一方面，要充分挖掘原课程中的课程思政元素、根据国家关于人才的最新培养要求和时代发展需要，在已有课程建设成果的基础上进行优化与创新，做好教材、教学内容、等课程思政精品课程建设相关教学资源的开发建设工作。

1.教材建设

教材是知识传授的主要载体，是对课程内容体系的集中反映，也是学生获取知识的主要来源。课堂教学就是教师把教材上的静态文字、理论推导等根据自身理解和多年的实践经验，进行详细解说和形象展示，所以教材建设直接决定了课程讲授的内容。虽然在线课程对知识的传播在时间和空间上都有巨大的优

势，但是仍然无法取代纸质教材、参考书和配套习题集等。所以，要整合传统出版社的优势，结合在线课程建设特点，推进传统教育出版社与现代信息教育技术的深度融合。随着信息技术的快速发展，出版社在纸质教材发行的同时，也逐步进行电子教材的建设，对教材的精华内容从听、说、读、写等方面多角度呈现给学习者，教学内容的呈现形式不再单一化。在课程思政教材建设过程中，教材建设负责人需要统筹规划，制定教材核心内容、知识点编排，把握内容难易度，合理设计教材结构，统一文字表达规范等。尤其是教师要在知识传授中体现主流价值观引领，尽量把家国情怀、工匠精神等德育内容自然渗入教材，充分体现课程思政特色。为配合在线课程建设，教材编写可以有自己的特色，根据授课内容编制精简版和扩充版。精简版以教学视频为参考，由于规范的在线教学视频一般都是一个个独立的知识点，在组织教材对视频内容进行编排时，教材内容是以知识点的形式进行编排，有层次性但不具有连贯性，可以对部分内容加以案例说明辅助理解知识点。而扩充版则是将整个视频知识点串成一条线，通过语言组织和内容扩充，形成一本连贯、通畅的完整教材。①

2. 教学内容建设及课件(PPT)制作

由于在线开放课程重在对于知识点的讲解，存在知识点碎片化问题，这就导致在线开放课程教学内容的完整性、连贯性、系统性、层次性受到影响。因而教学团队需要对教学内容进行重新规划和部署，将看似没有关联的知识点通过结构图、表等进行凝练、简化，通过承上启下的关联词、句等进行衔接。通过对相关知识点或易混淆内容进行节末总结和梳理，帮助学生将碎片化的知识点进行串联和整合，形成完整的知识体系。需要强调的是，作为课程思政在线开放课程，课程内容除了保障专业性、准确性和时代性外，还要考虑重视学习者人生观、价值观、伦理观的培养，坚持以德智体美劳五育并举统领课程目标，以丰富的案例、

---

① 顾晓薇，胥孝川，王青，国家精品在线开放课程建设研究[J]. 现代教育管理，2020(6):80—81.

巧妙的构思将思想政治教育与课程教学有机结合，培养专业技术熟练、行业道德高尚、社会责任心强、爱国主义情深的全方位复合型人才。

PPT是对教材内容的高度概括和提炼，是对授课内容知识结构的梳理，它不仅可以为教师提供授课的思路，同时也给学生提供知识点的层次性和逻辑性。因此，PPT制作的好坏直接影响教学效果。PPT在在线开放课程中扮演着重要的角色，因为当前网络平台上开设的课程主要以PPT的形式出现。单一、简陋缺乏设计感的PPT难以吸引学生，因而授课教师需要对已有PPT课件进行重新整理、修改和美化。为了提升课件的制作效果，教师要重视图片、表格、数据、视频等与教学内容相关教学素材的搜集，帮助学生理解相关教学知识点。当今，随着信息技术的快速发展，各种课件制作配套软件相应产生，且兼容性良好，可以在多软件的交替使用下完成课程制作。例如可以利用Flash、Photoshop等软件制作课件中需要的二维动画；可以利用3Dmax、Maya等软件制作建筑动画以及角色动画等；可以借助PhotoZoom Pro软件对图片进行处理；利用PPT素材夹帮助使用者整理PPT素材；利用Ispring Suite可以给课件增加音频、视频和旁白等，让枯燥的课程文字转化为声音、动画等，刺激学生的视觉和听觉，吸引学生的注意力。此外，课件版面应力求简洁、明了。文字内容应简洁精练体现知识点的核心思想，通过使用粗体、斜体、下划线、颜色等强调关键词、句；可以使用图片、表格等辅助文字说明，使知识点更加形象生动；声音、视频、动画等三维立体素材可以加深学生对知识点的理解。

3. 视频录制和编辑

视频是把教材上的知识经过凝练、精简后，以解读和解析的方式搬到屏幕上，所以视频中呈现的内容要求可视化、结构化和清晰化，特别是晦涩、枯燥以及纯理论的内容要形象化、简单化、通识化和动态化，以此达到降低学习者的认知难度、提升学习者的学习积极性和能动性，实现知识传播的目的。① 因此，在视频制作过程中，尽量选择表格、图形、三维动画等可视化效果好的媒体。

视频录制模式包括叠加式、实景式，可汗式，情景式，虚拟仿真式等多种模式。叠加式指授课教师和含有课程内容的背景叠加，全程出现在教学视频中，这种模式在精品课程的录制中应用较多。全屏式指根据教学内容采取部分时段全屏 PPT 或者动画，部分时段出现讲课老师。采用可汗式录制模式，讲课老师则完全不用出镜，只通过手写、贴画和录屏软件录制教学过程。动画式指通过卡通角色、文字特效等讲述难解知识点。实景式录制模式是老师到实验室、野外、工厂等现场进行课程录制。访谈式则是通过采访、对话或者座谈的方式讲授专业知识。另外还包括情景式，虚拟仿真式等。② 教师可以根据课程性质、授课内容以及讲课风格自行设计录制模式。视频录制中，由于没有听众或者说只有摄像师一个人在听在看，所以教师可以自然地把摄影师和镜头当作学生，正常表述和交流；讲授知识点前和讲授完知识点后，教师需要有几秒没有任何语言和动作的停顿，保证视频的美观效果。片头片尾是视频编辑的重要工作，也是在线课程吸引学生的一个重要部分，为避免教学视频开始与结束显得太突兀，可以选择 PPT 中精彩的图片作为片头片尾，也可围绕教学内容自行设计，或者是结合专业特点及学校标志等制作片头片尾，但注意要将时间控制在 5～10 秒之间。后期视频制作也很重要，后期制作主要从美化、过渡、音效方面入手，教师也可在视频中添加自制的动画及与课程相关的网络视频等。

4. 其他内容建设

为了方便学习者在课程学习之前了解课程内容、教学目标和学习目的等，以

---

① 顾晓薇，胥孝川，王青，国家精品在线开放课程建设研究[J]. 现代教育管理，2020(6)：80－81.

② 刘海波，沈晶，王革思，等．工程教育视域下的虚拟仿真实验教学资源平台建设[J]. 实验技术与管理，2019，36(12)：19－35.

便吸引更多的学习者，精品课程建设团队在课程建设中需要设计课程公告、制作课程简介和课程宣传视频等。为了让每一位学习者更好地掌握各章学习要点，清晰掌握各章知识脉络，需要给出每章相关的学习目标、学习指南、知识内容、练习作业、案例、常见问题、知识结构等相关内容。在各节知识点的学习中，给出知识点具体内容、具体练习、相关案例、相关资源下载及拓展学习等对应资源。为了了解学生的学习效果，还需重视习题库的建设，引文习题库是在线课程考核的主要依据，习题库建设水平直接影响到课程学习者学习效果评估的可靠性和准确性。此外，习题库建设的内容应针对章节知识点学习情况进行测试，同时为期中和期末考试的试题做好储备，因而习题库题量要大、难易度要适中、答案要准确。在线课程建设中，互动环节是课程教学的升华，这里为学习者和教学者提供了观点抒发、知识碰撞和相互学习的平台。教师可以设置讨论题，学生就自己感兴趣的问题自由讨论，根据对知识的理解程度提出问题，其他学生和教师都可解答。在互动环节中，教师有两个重要任务：一是发起论点，调动大家讨论的积极性；二是及时答疑，特别是学生通过讨论都难以解答的问题，教师要及时答复，做好平台的日常维护工作。

(三)课程思政教育精品课程建设的路径

课程思政教育精品课程建设是一项涉及教师、学生、教材、教学方法与手段、教学管理的系统工程，又是一个不断发展与完善的动态过程。为巩固其建设成果，提高其建设水平，充分发挥它的示范和辐射作用，应坚持教学与科研相结合，加强教师队伍建设；坚持内容与形式相结合，及时更新教学资源；坚持规范与开放相结合，不断优化网络资源；坚持效率与质量相结合，健全教学管理体制。

1. 坚持教学与科研相结合，加强课程思政教育教师队伍建设

邓小平曾经指出：“一个学校能不能为社会主义建设培养合格的人才，培养

德智体全面发展、有社会主义觉悟的有文化的劳动者，关键在教师。”①教学实践表明，有什么样的老师就会教出什么样的学生，只有好的老师才能教出好的学生。所以教师的育德意识和育德能力直接关系课程思政精品课程的建设质量和效果。

一门课程之所以能够成为精品，关键在于它拥有“一流的教师队伍”。在教与学的关系中，教师是整个教学过程的最为关键的要素，没有形成一支技术过硬、结构合理、人员稳定、教学质量高的教师梯队，课程思政教育精品课程就不可能取得良好的教学效果。构建立体化教师队伍是一项系统工程，课程思政精品课程建设队伍不仅要有专业课教师，还应包含经验丰富的思政课教师，既要发挥课程负责人的带头与领军作用，又要大力培养中青年骨干教师，整体提高中青年骨干教师的教学和科研水平。促进中青年骨干教师的发展，可以通过支持和鼓励在职攻读学位、参加前沿学术论坛、岗位培训、出国深造等，为他们提供学习和锻炼机会以及教学与科研平台，提高理论水平与教学科研能力。其中专业课教师要深化全员育人意识，在专业发展上提升有效育人能力。学院相关部门要采取新教师岗前培训和“课程思政”教育教学改革专题培训等多种措施，转变教师重知识传授和能力培养、轻价值引领的观念，引导教师树立“课程思政”的理念，以思想引领和价值观塑造为目标，带动广大教师既要教好书，还要育好人。同时通过专题培训、专业研讨、集体备课等多种方式，深入挖掘各专业课程的思想政治教育育人元素，把知识传授、能力培养、思想引领融入每一门课程教学全过程，帮助教师养成在课程教学中主动研究和落实“立德树人”的自觉意识。此外，还要重视提升思想政治专业教师业务水平和综合素质，严格落实《高等学校思想政治理论课建设标准》的有关要求，有计划安排思想政治理论课教师外出研修、考察、访学、挂职和到企业实践锻炼，不断提高思想政治理论课教师的执教能力。

---

① 邓小平文选，第2卷[M]. 北京：人民出版社，1994：126.

在建设课程思政教育精品课程的过程中，还应重视以研促教，通过对其科研提出明确的要求，要求教师推出高质量的教学科研成果，并将研究成果运用于课程的教育教学之中。同时，坚持以教引领研，实现教与研的互相促进。通过为教师提供的科研平台和学术研究基地，健全管理体制、建立专门的课程思政教育教学科研组织机构，为进行科研提供良好的保障，并始终坚持以研促教、以教促研，提升教师综合素质，进而推动课程思政精品课程建设。

2. 坚持内容与形式相结合，及时更新课程思政教育教学资源

教学资源是传递教育信息的载体，任何一门课程的理念、特征及其目标的实现，都要通过一定的教学资源来表达。教学资源主要包括教学内容和教材两方面内容。在课程改革中，不断更新教学资源是建设课程思政教育精品课程的需求。鉴于精品课程的示范与引领作用，从教育教学规律的角度来认识，课程思政教育精品课程的教学内容应具有先进性、思想性和科学性。同时，广泛吸收本学科及其他学科先进的教学经验，积极整合优秀的教学改革成果，体现新时期社会、政治、经济、文化的发展对人才培养提出的新要求。在课程思政教育精品课程建设中，应准确定位课程在人才培养中所起的作用，然后根据作用来进行定位，判断课程内容的价值与质量是否能实现应有的课程教学目标，是否教给了学生最基础、最前沿、最有用的知识以及科学的学习方法和思考问题的方法。

3. 坚持规范与开放相结合，不断优化课程思政教育网络资源

精品课程要展示其丰富的教学资源并实现优质资源的共享，就必须借助先进的网络平台和信息技术手段。针对当前网络精品课程建设在统一规划、共享及交互等方面存在的问题，应坚持规范与开放相结合，不断优化课程思政教育精品课程的教学网络。

首先，按照统一标准，建立规范的课程网站。开发课程思政教育精品课程应依据一定的标准和规范。这样既方便对课程思政教育数据资源进行再加工与重新整合，又可以有效避免课程教学资源难以交流而造成资源的浪费。其次，重视

宣传使用，促进资源的开放共享。资源的开放共享既是建设课程思政教育精品课程的要求，又能推动其他优质教学资源的共享，有利于教学质量的大力提高。再次，构建交互平台，确保课程的持续发展。教学过程中的交互活动对于充分调动学生学习的主动性、积极性，提高学生的能力和素质具有至关重要的作用。构建课程思政教育精品课程的交互平台，需要重点设计人与人和人机两方面交互活动。人与人的交互活动指在课堂上或课堂外师生之间、生生之间面对面的交流活动，形式主要包括学生提出问题、师生共同讨论、组织座谈交流等，这种交互活动虽有时空限制，却直接、快捷、方便，能及时得到答疑。人机交互活动，是指采用在线答疑、BBS、电子邮件等方式进行的一种计算机辅助教学，这种交互活动，可以弥补由于时空分离而导致的信息交流不便，极大地增加了教学交互的灵活性。

4. 坚持效率与质量相结合，健全课程思政教育教学管理体制

课程思政教育精品课程建设是一项系统工程，各地各高校要高度重视，建立健全多维度的课程思政建设成效考核评价体系和监督检查机制，加强顶层设计，全面规划，循序渐进，以点带面，不断提高课程思政教学效果。

首先，科学管理教学，促进教学管理规范化。教学管理是沟通教与学的中介。精品课程建设是动态的，要随着时代的发展、知识的更新，教学方法的改进而发展，因此，科学而完备的教学管理机制是不可缺少的。在精品课程建设中，健全教学管理机制的重点就是要建立和实施各种教学管理制度，为课程思政教育精品课程的建设提供支撑条件和政策保障。其次，健全激励机制，激发教师工作积极性。课程思政教育精品课程建设是一项长期而艰巨的任务，需要投入大量的时间和精力，仅靠教师的奉献精神和敬业精神难以保持精品课程建设质量及课程的可持续发展。因此，要建立健全并实施切实可行的激励机制，以激发教师投身教学工作的热情，提高教学管理人员及教师参与精品课程建设的积极性，从而为课程思政精品课程的建设注入活力，保障其持续发展。再次，健全评价机

制，以评估促进课程建设。评价是人们常见的一种社会活动。从教育价值学的角度而言，评价本质上是一种价值判断的活动。教育评价是对教育活动满足社会与个体需要的程度作出判断的活动，是对教育活动现实的（已经取得的）或潜在的（还未取得，但有可能取得的）价值作出判断，以期达到教育价值增值的过程。合理、有效地开展教学评价是提高教学质量的有效保证，而做好课程思政教育精品课程评价的前提，是制定一个课程思政教育精品课程建设标准，建立一套完整的、多元的、切实可行的课程思政教育精品课程评估指标体系，组织专家、领导、同行和学生定期对被评的课程思政教育精品课程进行价值判断。

第四节　课程思政教育资源库的构建

建设课程思政教育资源库是一项实践性很强的工作，需要我们认真分析当前课程思政教育资源库建设存在的主要制约因素，并从技术、功能、平台等各个角度找准建设课程思政教育资源库的策略。

（一）建设课程思政教育资源库的必要性

“课程思政”是把立德树人根本任务落实于学校教育教学全方位全过程的探索与实践，是“大思政”观的体现。教学资源是指在学校教育中，围绕教学活动的开展，为实现教学目标，优化教学活动，提升教学品质而参与其中且能被优化的所有教学要素的总和，是课堂教学的重要载体。建立课程思政教育资源库有助于构建“大思政”工作格局、提升教学品质、增强教师教学效能，帮助学生选取适切的学习方式。进而更好发挥课堂育人的主渠道作用，提升“课程思政”育人实效。

1. 有助于构建“大思政”工作格局

推动“思政课程”向“课程思政”转变，使各类课程与思想政治理论课同向同行，形成协同效应，这是当前贯彻落实全国高校思想政治工作会议的重要任务。建设课程思政教育资源库就要充分挖掘蕴含在专业知识中的德育元素，实现通识课、专业课与德育的有机融合，将德育渗透、贯穿教育和教学的全过程，凸显立德树人，助力学生的全面发展。进而使各类课程与思政课程同向同行，将显性教育和隐性教育相统一，形成协同效应，构建全员全程全方位育人大格局。当前，多数学校的老师因技术、师资等原因在课程思政开展方面存在诸多困难。通过课程思政教学资源库的共建实现不仅有利于各高校的教学资源的统筹协调和综合利用，打破地区、部门、学校界限，推动教育教学资源联合重组。同时课程思政教学资源库建设突破地域专业限制，整合行业、企业、研究机构中的各类可利用于课程教育教学的资源及可利用人才，借助于现代信息技术的支撑，将协助、联合的范围延伸到各地区、各学校、各部门的优质教学资源，并对其进行有效的资源整合，进而构建“大思政”工作格局。

2. 有助于提升“课程思政”教学品质

课程思政的教学内容能否吸引学生、感染学生，决定着课程思政的生命力。当前课程思政教学内容的深度和广度不够是影响课程思政教学效果的重要原因之一。教学资源作为教师开展教学活动的重要载体，可以有效地呈现和解释教学内容，增强教学内容的吸引力和感染力。为此，提升“课程思政”教学品质，需要重视“课程思政”教育资源库的构建。教学资源库的建设和使用可以使广大师生突破时空界限，方便灵活地获取信息，共享网络上最好的教师和课程。通过丰富多样的交互方式，让学生们能够积极主动地参与，随心所欲地调用其中的内容，有利于打破以教师为中心、以书本为中心和以课堂为中心的传统教学模式，逐步建成一个全新的、开放的、全民的、终身的教育体系。以作者所在单位建设的“生态文明通论”课程思政教学资源库为例，为了提升育人实效，“生态文明通论”教学团队根据学生兴趣爱好，结合学院特色，紧跟国家政策和社会发展，充分运用现代信息技术，对课程教学资源进行优化，不仅改版了《简明生态文明教育教程》教材、建成了“生态文明通论”慕课、还开发和建设“生态文明通论”案例库、实践教学资源库等，为提升课程品质、彰显育人实效提供了重要支撑。

3. 有助于增强教师教学效能

教学资源是教学活动赖以存在和发展的基础，教学资源意识的强弱直接影响教师的教学效能。当前很多教师存在教学资源意识薄弱、教学效能不高，具体表现为在教学过程中仍然是“教教材”而不是“用教材”。组织教师优化教学资源可以帮助教师强化资源意识、涵养教学智慧、提升教学能力、增强教学效能，因为教学资源的优化需要老师更加关注课堂教学、重视教学反思、开展教学研究、积极参加教师培训、重视自我学习等。以关注课堂教学为例，教学资源的优化程度，不仅影响课堂教学行为的改善程度，还直接关系课堂教学的品质。所以课前教师会有意识地收集与教学活动有关的影视、网络等各种教学资源并结合教学内容进行精心设计，课中任课教师会就教学过程中即时生成的教学资源，譬如课堂中精彩教学活动的开展、对课堂学生疑问的精彩解答等进行捕捉和挖掘，课后会开展教学反思总结教学经验。在开展教学活动的过程中，教师的教学设计能力、教学资源的优化能力和教学反思能力等得以提升，从而增强了教师教学效能。

4. 有利于学生选取适切的学习方式

建设课程思政教学资源库，不仅需要优化已有的教学资源，还要根据学生学习特点、专业爱好等建设新的教学资源，这样不仅可以使学习内容变得更加形象具体，帮助学生理解抽象的学习内容。同时也为学生选择适切的学习方式、进行深度学习提供了便捷。以“生态文明通论”课程思政教学资源库建设为例，在教学过程中根据学生对于“低碳生活”表现出极大的兴趣，“生态文明通论”教学团队不仅改编了教材，增添“低碳生活”专题。同时，还制作“慕课”专题网络教学资源，便于学生利用手机或电脑随时随地学习。此外，为了丰富学生的学习体验，“生态文明通论”教学团队还建设和开发了实践教学资源，易于组织学生进行实践教学。

(二)建设课程思政教育资源库的主要制约因素

由于课程思政教育资源库建设处于起步阶段,再加上缺乏资源标准化建设标准、已有资源库建设缺乏教育性等原因。当前课程思政教育资源库建设受到一系列制约,主要体现在以下几方面。

1. 实用性资源比较匮乏

专业课课堂缺少丰富的育人素材成为当前实施课程思政的一大障碍。由于学校把主要的精力、财力都放在购机、布网等硬件条件的打造上,硬件设施比较完备,却忽视了内部资源的开发,当前高校在教学资源库的建设上普遍存在“重硬轻软”“重量轻质”“重建轻用”的现象,库内资源陈旧、老套,不能紧跟时代发展和产业领域内技术的发展更替,实用性比较差。此外,由于高校教学资源库的建设实际定位在“素材中心”,仅仅是教学课件以及素材的集合,而偏离其作为“学习中心”的实际定位,出现了简单模仿、低层次重复建设,甚至照搬照抄等问题,“批量化生产”现象严重,致使一些教学资源库特色不鲜明。不能紧跟时代、针对不同专业的教学特点形成建设特色,从而导致教学资源库实施教学利用率偏低。2017 年 12 月,中共教育部党组印发的关于《高校思想政治工作质量提升工程实施纲要》(以下简称《纲要》)中明确提出,要坚持育人导向,突出价值引领,建立健全系统化育人长效机制,特别是统筹推进课程育人,以此推动以“课程思政”为目标的课堂教学改革,优化课程设置,修订专业教材,完善课堂教学设计,加强教学管理,充分挖掘和运用各门课程所蕴含的思想政治教育元素和所承载的思想政治教育功能,融入课堂教学各环节,实现思想政治教育与知识体系教育的有机统一。

2. 教师开展课程思政建设的意识和能力有待提升

《纲要》提出了要构建包括课程、科研、实践等“十大育人”体系,其中将“课程”置于首位,并明确指出要“大力推动以‘课程思政’为目标的课堂教学改革”。在这一改革过程中,高校及各科教师要认真梳理专业课程中隐含的思政教育元素，挖掘其具备的思政教育功能，将之融入专业课程的各个环节，使知识教育搭载思政教育，实现专业知识、技能的理性教育与思想、品格等非理性教育的有机统一。但通过笔者调查分析，高校专业课教师在落实课程思政的工作，开发课程思政教学资源库等工作中还存在着诸多不足。

首先，部分专业课教师育人理念尚需加强。习总书记指出，高校“要坚持把立德树人作为中心环节，把思想政治工作贯穿教育教学全过程”，高校立德树人将立德作为首要任务，以树人为旨归，本在要求所有教师都坚持立德树人、教书育人，不仅要看到思政课程对学生的重要作用，同时还要看到专业课程中蕴含的隐性思政教育作用，使大学生将知识转化为德性，将德性转化为德行。高校教育的目的是为了“培养人”而非“制造机器”，教师应该“像荷马史诗中费尼斯一样，既教学生怎样演讲，又教学生怎样做人”，高校的所有教师都应合力为社会主义培养理想高远、本领高强和具有担当精神的新一代大学生。但目前，部分高校专业课教师对立德树人的认知不足，缺乏立德树人意识和合力育人观念，各教师之间缺乏联系与合作，部分专业课教师不注重向其他教师了解学生的情况和动态，合力育人的意识较为缺乏，不能将课程专业教学转化为课程思政教育资源。鉴于此，各大高校应调动专业课教师的育人积极性、发挥育人力量、形成育人合力，应从制度保证、平台建设等层面多管齐下，形成具有“最大公约数”的育人共识，进而开发出课程思政教学资源。

其次，专业课教师视野的宽广程度是影响其灵活运用思政教育素材的重要因素，一位教师有广阔的视野可以帮助他充分挖掘并结合学生、社会、国家、国际等诸多因素，以知识性、人文性、国际性、历史性视野教书育人。目前，部分专业课教师视野不够宽广，专业课堂的教学还局限于传授知识与技能，不能做到寓价值观引导于知识传授和能力培养之中，导致专业课课堂缺乏时代感和吸引力，对大学生的诉求和期待满足度较低。因而专业课教师要拓宽视野，树立积极主动挖掘并运用专业课程中所蕴含的思政教育元素的意识，对大学生的现实思想问题进行剖析，对国际国内重大事件及时讲解，开发挖掘课程思政教学资源，进而增强课堂时效性、创新性，在专业课课程教书育人过程中，潜移默化感染学生，提升育人实效。

3. 缺乏具体规范的建设标准

缺乏具体规范的标准致使教学资源的质量得不到保障，系统平台内部结构和接口不全，影响资源的有效整合及共享。在课程思政教学资源库的建设过程中，由于专业众多再加上不同单位以及人员的参与，使资源库具有多样性和复杂性。因而需要规范的建设标准，否则会出现内容庞杂凌乱、区域分散，分类不科学、重复堆砌，适用性不强等问题。不利于教师的教学，不利于学生的自主学习，不利于管理，直接影响了专业教学资源库的应用以及共享，不能起到应有的教学辅助作用。同时，如果缺乏具体规范的建设标准，资源的准确性也不能得到充分保障，由于教学资源库中的教学资源来源广泛，不乏大量来自网络的资源，就不可避免地导致库内资源在准确性及可靠性上存在一些偏差，有的内容甚至存在严重错误，如此一来，学习者学习资源的质量更无法保障，进而会导致严重教学事故的发生。因此，教学资源质量的参差不齐、准确性缺乏保障，是当前课程思政教学资源库建设的难点。

4. 协同推进课程思政教学资源建设的体制机制有待完善

课程思政教学资源库建设还未建立有效的监控、评价、反馈机制。

当前专业教学资源库的辅助作用还远远没有得到有效的发挥，仍需要依靠学生的主观自觉性。区别于传统课堂教学，教师不是课程教学的主体，学生才是主体，当学生在库中进行自主学习时，由于大多时间教师无法观察到学生的学习动态，不能及时给予评价，而整个教学资源库的建设体系中又缺乏跟踪式的学习评价，将导致学习者积极性下降，很难保障学习的最终效果。总之，从每一年的高职院校专业教学资源库的申报数量上不难看出，现如今高职院校在专业教学资源库的建设工程中，都拥有着高涨的建设热情，并从理念上明确了建设对各自专业教学及学校的深远影响。然而在实际建设中仅仅停留在基础理论层面，仅仅搭建了建设的框架，开发中，不能有效针对不同的受体，目标设立并未体现应有的个性化学习特点，真正体现建设质量的内容还未填充到位，也未实现应有的特色建设，不能够建设出引领职业教育整体发展的优质教学服务体系。我们对于专业教学资源库的需求是极为迫切的，但是如今可提供的资源确实相对匮乏，这也正是高职院校未来进行专业教学资源库建设的核心问题所在。

由于在管理职能上出现"多头管理""管理死角"的并存现象，大部分院校并没有专设专业教学资源库建设管理中心，而是在建设时临时组成了项目小组，在建设初步完成后便自行解散，致使后续管理出现混乱，影响教学资源库的可持续发展。

(三)建设课程思政教育资源库的策略

课程思政教学资源库的建设是一项系统工程，必须秉持科学的建设理念，强化对资源平台的顶层设计、结合专业特点分类推进。

1. 强化顶层设计，全面贯彻"课程思政"理念

课程思政教学资源库建设，是贯彻落实中共中央办公厅、国务院办公厅《关于深化新时代学校思想政治理论课改革创新的若干意见》，把思想政治教育贯穿人才培养体系，全面推进高校课程思政建设，发挥好每门课程的育人作用，提高高校人才培养质量是国家的一项重要举措。课程思政教学资源库建设要实现其提高人才培养质量，发挥所有课程育人功能，为个人的多样化学习需要等提供服务的目标，不仅要重视知识传授和能力培养，更要重视价值观的引导；不仅要为教师的教学服务，更要为学生的学习服务。因而在建设定位上，应将资源库真正建设成为一个以学生中心，重视价值引领，而非仅仅服务于教师教学的素材库中心。在平台的框架设计上，应建立起针对教师、学生以及社会学习者等不同用户登录的界面设计，资源内容的组织要考虑不同主体的需求。要完善系统的管理模块建设，模块的功能应包括资源入库、资源导航、资源管理、资源检索等多个方

面，这样才能很好地发挥资源库服务不同学习主体的功用。

课程思政建设工作要围绕全面提高人才培养能力这个核心点，这决定着课程思政资源库的建设必须以社会主义接班人培养要求为逻辑起点，并依据这一逻辑起点有针对性地修订人才培养方案，专业的建设标准、课程及教学资源的选择以及课程内容的组织方式等。科学确定平台建设的逻辑起点，资料和素材的选择才有据可循，才能有效避免教学资源的简单堆积，凸显资源在价值引领方面的价值；要坚持学生中心、产出导向、持续改进，不断提升学生的课程学习体验、学习效果，坚决防止“贴标签”现象的出现。

资源本身只是材料的集合，只有当它被赋予了特定的教学理念和教学设计之后，才会成为有灵魂和有活力的实体。建设高水平的课程思政教学资源库，解决好专业教育和思政教育“两张皮”问题，就必须把落实立德树人根本任务作为平台建设的逻辑起点。课程思政资源库的建设内容要紧紧围绕坚定学生理想信念，以爱党、爱国、爱社会主义、爱人民、爱集体为主线，围绕政治认同、家国情怀、文化素养、宪法法治意识、道德修养等重点优化课程思政资源内容供给，为教师对学生系统进行中国特色社会主义和中国梦教育、社会主义核心价值观教育、法治教育、劳动教育、心理健康教育、中华优秀传统文化教育提供教学资源。

2. 结合专业特点分类推进课程思政教学资源建设，满足个性化学习需求

专业课程是课程思政建设的基本载体。要深入梳理专业课教学内容，结合不同课程特点、思维方法和价值理念，深入挖掘课程思政元素，强化资源素材的关联性和价值引领作用，为不同专业的学习者创设便利的学习资源和环境，构建“分类分级 ”的专业教学资源体系。专业教学资源体系的“分类分级”即强调教学资源库的资源组织应注重资源间的内在逻辑关联、资源素材的价值引领作用，以及资源应服务于不同类型学习者个性化学习的需求。要实现这一建设目标，首先，为凸显资源库建设的示范引领作用，应重视结合专业特点进行课程思政元素的开发和挖掘。以医学类专业课程思政教学资源库建设为例，要挖掘或者开

发医德医风的课程思政教育资源，使学生在学习教学资源时接受医德医风教育，进而培养“敬佑生命、救死扶伤、甘于奉献、大爱无疆”的医者精神。同时也要重视医者仁心教育教学资源的开发，引导学生在学习精湛医术的同时，始终把人民群众生命安全和身体健康放在首位，尊重患者，善于沟通，提升综合素养和人文修养，提升依法应对重大突发公共卫生事件能力，争做党和人民信赖的好医生。其次，在平台的框架设计上应建立起针对教师、学生及社会学习者等不同用户登录的界面设计，并将资源库素材有机地纳入相应的框架之中。此外，在资源的组织上，应突出其内在逻辑关联，应按照立德树人的培养要求、专业建设标准、课程及教学素材标准、学习评价标准等将建设内容进行整理与归类。

基于“积件思想 ”开展资源库素材建设 。资源素材是课程思政教学资源库建设的核心。目前，教学资源库的资源素材占主导部分的是各种各样的多媒体课件。这些课件个性强共性弱，共享性较差，使用率较低，由此造成了资源开发的浪费。为了避免这一现象，应引入“积件思想”开展资源库的素材建设。所谓积件(integrable ware)，是由教师或学生根据教与学的需要灵活组合运用多媒体教学信息资源的教学软件，是继课件之后的新一代教学软件，是从传统 CAI 课件的基础上发展出来的、符合现代网络教学要求的新型 CAI。积件思想的基本特点是将教学信息资源与教学设计、教学方法、学习理论相结合的主动权交给教师和学生，将课件设计者从事的教学设计回归到每一位教师和学生手中，成为教师和学生教学活动和知识学习的有效工具，它适应任何类型的教师与学生，具有高度的灵活性和可重组性。积件式素材库的建设，不仅会大大提高教学资源库的实际应用价值，同时，积件素材的基元性特征也为各类素材提供了更为机动灵活的复合重组的可能，为满足学习者个性化学习需求提供了广阔空间。

3. 重视平台建设，建设示范性教学资源库

网络技术为建设课程思政教学资源库创造了条件。课程思政教学资源的有序开发、分类管理、高效利用等都需要相应的软硬件环境和服务管理配套。课程

思政资源库建设应首先做好系统设计，主要包括网络平台选择、平台的运行管理内容。

资源库的网络平台选择。平台不是结构越复杂、档次越高就越好，应重点研究其使用要求。资源库建设目标之一是通过 IT 技术将各个高校优质的课程思政教学资源有序集中起来，实现教学资源共享。建成后，能实现任何一个专业的课程思政资源库满足同时在线访问用户达数万之众的需求。因此，系统平台可以采用网络存储构架，利用服务器和磁盘阵列实现网络型颁布式存储与管理，用磁盘阵列进行备份。由高性能的中心资源服务器、存储磁盘阵列和各个合作院校专业资源服务器和存储磁盘阵列组成资源库，既可以保护各高职院校资源库的知识产权，同时又方便对授权用户提供资源服务。

平台的运行管理。资源库的建设、维护、完善等工作，内容多、涉及面广，必须从整体上进行相应管理体制与运行机制。首先应从管理体制上明确资源库管理的责任主体。这里涉及人、财、物等问题：一要搭建顾问班子和聘请建设指导专家（含建设质量监控人员），形成工作的组织体系；二要精选启动、开发、集成和试用等环节的各类人才；三要保证建设的启动资金和后续建设资金的来源。

课程思政教学资源库建设要力争做到三个打造，打造一流专业建设平台、打造个性化学习平台、打造终身学习平台。“开放性”是对这三个平台的共同要求和基本特征。我们可通过建设主体的多元性、建设内容的开放性、资源应用的交互性以及建设技术的先进性等实现和满足资源平台的开放性本质要求。

资源建设主体的多元性。课程思政教学资源库的建设不仅包括对课程思政教学资源的开发和已有教学资源课程思政元素的挖掘，同时也应关注资源应用环境的建设，为此，资源库的建设主体应该是一个资源库建设共同体（建设团队）。这一共同体应包括并精选启动、开发、集成和试用等环节的各类人才。为了确保课程思政教学资源建设的先进性和示范性，建设团队应该重视吸纳思政课教师和相关企业导师，将本专业领域的优秀教师、企业的技术骨干、优秀思政课教师以及教育专家纳入建设团队中来，根据学科专业的特色和优势，深入研究专业课程的育人目标，深度挖掘提炼专业知识体系中所蕴含的思想价值和精神内涵，科学合理拓展专业课程的广度、深度和温度，从课程所涉专业、行业、国家、国际、文化、历史等角度，建设集知识性、人文性、时代性和开放性于一体的课程思政教学资源库。同时为了实现教学资源库网络运行的要求，建设团队应吸纳课程教学骨干、程序开发人员、美编设计人员等多方面的人才进行共同研究和探讨，通过网络或定期会议形式，不断进行经验交流与知识共享。保障建设内容能很好地满足教师、学生等多方面的需求。

资源建设内容的开放性。资源建设内容的开放性具体体现在如下方面：一是在资源库的建设阶段上，资源库的建设是一个逐步完善的过程，“持续更新”是资源库建设的基本要求。二是在资源内容的开发上，要充分关注最新政策法规、社会热点、充分利用行业企业的资源，关注专业发展，使教学资源内容能充分反映当下本专业对人才培养的最新要求。三是在开放的范围程度上，不仅要注重共享国内先进院校的建设资源，也要关注并吸纳和整合国外著名远程教育机构的优秀教学资源；四是建设内容的设计应具有广泛的包容性，既要反映国内共同的建设要求，也要不断将具有独创、特色的教学信息纳入资源库，把专业独创、特色的教学成果和实践形象反映出来，有力支持资源库在专业课程思政领域的示范引领作用。此外，“终身学习”是对资源库建设平台提出的一项新要求，若要很好地实现这一功能，资源建设内容必须紧跟时代发展和行业产业实际，保持其开放性是其必然要求。

资源建设技术的先进性和资源内容应用的交互性 。课程思政教学资源库本身就是一个网络共享资源库，网络运行是资源库的一个重要特征。要创建资源库平台运转的优良的网络环境，必须引入先进技术的支撑。课程思政教学资源库资源内容应用的交互性主要体现在如下几个方面：一是加强学习者使用资源库时的交互，主要是在资源库的建设框架上，应进一步完善系统内用户论坛。

通过开发构建出一个小规模的网络虚拟社区，方便用户在使用资源库时的交互。二是学习者对资源使用开展及时的反馈和评价，通过收集反馈和评价意见，对资源的内容和平台的建设加以针对性完善。三是建立起对平台建设成果的评价和激励机制，政府相关管理部门可以引用国家精品课程建设经验，对取得建设成果的项目予以表彰鼓励。这种激励机制的建立，对于推进和完善资源库平台建设将会发挥十分有效的作用。

第六章　制定新时代高校课程思政实效的评价体系

2020 年 5 月，教育部印发的《高等学校课程思政建设指导纲要》（以下简称《纲要》）指出，要建立健全课程思政建设质量评价体系，在各类考核评估评价工作和深化高校教育教学改革中落细落实。要“充分发挥各级各类教学指导委员会、学科评议组、专业学位教育指导委员会、行业职业教育教学指导委员会等专家组织作用，研究制订科学多元的课程思政评价标准”。[①] 这意味着不仅要建设课程思政，更要注重对课程思政的实效评价。因此，构建课程思政实效评价体系意义重大。教育部高等教育司负责人就《纲要》答记者问时同样强调要“用好评价这根‘指挥棒’，建立健全多维度的课程思政建设质量评价体系和激励机制，把课程思政建设成效作为‘双一流’建设监测与成效评价、学科评估、本科教学评估、一流专业和一流课程建设、专业认证、‘双高计划’评价、高校或院系教学绩效考核等的重要内容。”[②]

课程思政实效评价是管理链条的一个重要环节。课程思政建设应着力开展实效评价。首先，实效评价是深化课程思政建设的必要举措。课程思政实效评价就是从课程育人目标出发，根据一定原则和标准，对课程思政开展情况进行检测，找出反映其质量和水平的资料和数据，从而对课程思政做出合理判断的实践

① 教育部关于印发《高等学校课程思政建设指导纲要》的通知：http://www.moe.gov.cn/srcsite/A08/s7056/202006/t20200603_462437.html

② 同上.

活动。对课程思政建设进行实效评价，有利于推进课程思政建设的规范化和科学化，有利于增强教师开展课程思政建设的积极性、主动性和创造性，有利于形成深化课程思政建设的良好氛围，形成强大育人合力。[①] 其次，实效评价是课程思政建设评价的重点。课程思政实效评价是对课程思政建设是否已经开展，推进工作是否规范，落实部署要求是否到位等工作情况的综合评价。对照课程思政建设实施方案和部署要求开展实效评价，可以根据过程反馈，更有效地推进课程思政建设。

课程思政实效评价也有其自身的规律，开展课程思政实效评价应遵循基本的原则，构建科学合理的指标体系，按照恰当的方法进行，并要对评价结果进行反馈，最终促进课程思政持续高效开展。

第一节　课程思政实效评价的基本原则

所谓原则，是指经过长期检验所整理出来的合理化现象，是说话或行事所依据的法则或标准。课程思政实效评价基本原则是在对课程思政的实效进行评价时所遵循的基本法则或准则。课程思政实效评价在遵循教学规律和学生发展规律的同时，应该遵循基本的原则，以确保实效评价的公开、公平、公正。在进行实效评价时，根据评价内容和所要得到的结果不同，所遵循的原则也有所区别。因为课程思政本身是一个复杂的系统工程，所以从不同的视角来看，课程思政实效评价的原则也应有所不同。具体来说，在实际操作中，应该遵循以下基本原则。

(一)客观性原则

客观性原则是课程思政实效评价应遵循的首要原则。任何评价，只要是有人参与，就存在主观性。课程思政实效评价当然是在一定的评价体系和具体的评价指标的对应下进行的评价，但无论是指标体系的建立，还是评价的具体操

① 韩宪洲.深化“课程思政”建设需要着力把握的几个关键问题[J].北京联合大学学报(人文社会科学版)，2019:3.

作,都是由人来完成的。为保证实效评价结果的公正性、科学性,就必须从客观出发,遵循客观性原则,力求评价过程的公正、公开、公平,结果的有效、准确、科学。客观性原则具体体现为:

1. 公开性

公开彰显透明,只有让实效评价曝光在阳光下,才能让课程思政实效评价的功能最大化。公开性原则要求做到:第一,评价指标公开。评价指标一般是经过课程思政的实施主体和评价客体之间多次综合后形成的较为完备的体系,它本身具有较强的科学性和客观性。指标公开可以为课程思政实施者提供风向标,同时为评价者提供操作指南,能够最大程度使评价者和被评价者达成一致。第二,过程公开。过程公开是指在整个评价的实施过程中,要让被评价者知晓是在什么阶段、什么时间进行的评价。因为课程思政并不是能够立竿见影的,它是一个润物细无声的过程,同时是一个循序渐进的过程。因此,在不同的阶段实效评价的结果可能差别较大,实效评价应该覆盖课程思政实施的全过程,做到过程公开,一定程度上打消了课程思政实施者的顾虑,也有利于课程思政的持续开展。第三,结果公开。一方面,结果公开可以使被评价者了解自己的优点和缺点、长处和短处,从而使评价成绩好的人再接再厉,继续保持先进;也可以使评价不好的人心悦诚服,奋起上进。另一方面,还有助于防止评价中可能出现的偏见以及种种误差,以保证评价的公平与合理。

2. 知行合一

知行合一,是指客体顺应主体,知是指良知,行是指人的实践,知与行的合一,既不是以知来吞并行,认为知便是行,也不是以行来吞并知,认为行便是知。知行合一是从评价内容的视角考虑的。就教师而言,立德树人绝不能只停留在口头上,止步于思想环节,而要落实到行动上。教师要言行一致,绝不能口是心非。就学生而言,既要评价学生的道德判断能力,即学生运用已有的道德概念及道德认识,对自己或别人的行为进行判断和推论的能力,是否因课程思政而得以发展，更要考查学生是否将道德观念转化为自觉的道德行为。亚里士多德认为，伦理学的目标不是为了学习理论知识，而是为了获得实践智慧，因为我们不是为了了解德行，而是为使自己有德行。知行合一就是要考查社会主义核心价值观是否内化为精神追求、外化为自觉行动；就是要防止“两面人”；就是要以知促行、以行求知，实现道德判断和道德行为的良性互动。①

（二）立体性原则

所谓立体性原则，就是对课程思政的实效评价不能只看某一方面，或者只评价实施过程中的某一个阶段，而应该全面系统地、全景式地、多元化地评价其实施效果。

1. 政治方向正确、旗帜鲜明

这是课程思政实效评价的根本原则，具有“一票否决”的决定性作用。高校是知识与文化集中、各种思潮汇聚和激荡的地方，是意识形态斗争这个“没有硝烟战争”的前沿阵地。这个阵地如果马克思主义不去占领，非马克思主义、反马克思主义的东西就必然去占领，因此意识形态建设是高校思想政治工作的核心和灵魂。政治方向正确、旗帜鲜明，就是要高举马克思主义旗帜，推动马克思主义中国化的最新成果——习近平新时代中国特色社会主义思想深入人心，坚持弘扬和践行社会主义核心价值观，能明辨是非、澄清模糊认识，态度鲜明地自觉反对和抵制错误思潮，决不能成为西方资本主义意识形态的吹鼓手，坚决杜绝一切削弱、歪曲、否定党的领导和我国社会主义制度的言行，坚决杜绝违背党和国家大政方针、违背宪法法律、危害国家安全、破坏民族团结的言行。专业课程，特别是理工类课程由于其专业本身的特点，不少原理、公式都来自西方，在这样的课程中就更应该开展课程思政。例如经济学专业中的“西方经济学”课程，教师如果没有正确的价值观引领，或者说课程思政不能坚持正确的政治方向，极易带

① 刘晓，张黎声. 高校专业课程思政环节与评估的原则导向[J]. 中医药管理杂志，2018:5.

偏学生。

2. 自评他评结合

该原则是从考核主体视角考虑课程思政实效评价的。自评包括教师自评和学生自评。教师自评是指教师对自己"课程思政"的评价，它是教师自我诊断、自我调节和自我完善的过程，有利于激发和推动教师总结经验、发现问题和提升课程思政水平。学生自评是指学生自己评估课程思政是否对自己产生了积极影响以及影响的大小，它有助于督促学生思考和总结从课程思政中出现的积极变化以及存在的问题。学生自评应该在平时的课程学习过程中进行，强调学生的实际感受，只要学生觉得在思想上受到了教育，就可以随时记录下来。这样的记录可长可短，哪怕是只言片语也行，但要实事求是，不得弄虚作假。自评要避免空泛言词，而应该有相应的具体内容。他评包括教师评价学生和学生评价教师两方面，但重点是学生对教师课程思政的评价，从学生眼中折射出来的教师的表现。

3. 多元化评价

课程思政实效评价应是多元的，而且它与原来专业课课程实效评价是一体的，不过是明确规定了价值引领与知识传授、能力培养一道列入专业课教学评价。课程思政多元评价主体包括教务处、督导、同行、学生、企业与社会，而且评价主体不同评价重点不同，比如：教务处要在专业人才培养方案、课程质量标准、课程教学大纲、课程考试大纲、教案等重要教学文件中，重点审核"知识传授、能力提升、价值引领"同步提升的考察点；督导听课评价在原有侧重知识与技能传授的考核基础上，进一步加强师德师风的考核和社会主义核心价值观引领的考核。[①] 教师互评着重考评教学过程中是否体现了思政元素，是否将专业课应讲授的职业道德融入知识与技能教学中展现出来了；企业与社会评价是对育人成

① 谢晗进，李鑫，江雯. 新时代高校教师的专业课程思政化评价研究[J]. 教育教学论坛，2019：4.

果的评价，着重通过对学生思想政治素质、职业道德与职业操守、吃苦耐劳与精益求精精神的考察，检验学生是否是企业与社会所需；学生评教着重“育人效果”的反馈，学生的了解、理解、消化、融合是否每一环节都包含思政教育元素，是否将职业道德教育融入专业成长，学生喜欢不喜欢这样的课程思政，这样的课程思政有没有对学生起到价值引领的作用。只有这样多元化评价，课程思政才会取得实效。①

（三）过程性原则

事物是过程的统一体。过程性评价的“过程”是相对于“结果”而言的，具有导向性，关注教学过程中学生智能发展的过程性结果，如解决现实问题的能力等，及时地对学生的学习质量水平做出判断，肯定成绩，找出问题，是过程性评价的一个重要内容。过程性评价的功能主要不是体现在评价结果的某个等级或者评语上，更不是要区分与比较学生之间的态度和行为表现。从教学评价标准所依据的参照系来看，过程性评价属于个体内差异评价，亦即一种把每个评价对象个体的过去与现在进行比较，或者把个体的有关侧面相互进行比较，从而得到评价结论的教学评价的类型。评价的功能主要在于及时地反映学生学习中的情况，促使学生对学习的过程进行积极的反思和总结，而不是最终给学生下一个结论。

《纲要》指出：“将课程思政融入课堂教学建设全过程”，因此课程思政实效评价也必然是全过程的。课程思政全过程评价是从专业人才培养方案、课程质量标准、课程教学大纲、课程考试大纲、教案、教学实施到教学评价等重要教学文件中，评价是否将思想政治教育摆在前面，是否将思想政治教育元素作为教材讲义必要章节、课堂讲授重要内容和学生考核关键知识贯穿始终。课程思政全过程评价还包括实习、实训。课程思政全过程评价是指评价课堂教学各环节是否细

---

① 成桂英，王继平. 教师“课程思政”绩效考核的原则和关注点[J]. 思想理论教育，2019:1.

化了课程思政目标、深入挖掘了课程思政内涵、教学内容蕴含了思想政治教育元素，包括作业、考试。只有这样全过程评价，专业课课程思想建设才会落到实处。

过程性原则兼顾过程和结果、重在过程。从根本上讲，教师课程思政实效评价，关键要看课程思政对学生和教师的积极影响。就学生方面而言，要看是否提高了学生的思想政治素质；要看是否教育引导学生形成了正确的世界观、人生观、价值观；要看是否教育引导学生正确认识世界和中国发展大势、正确认识中国特色和国际比较、正确认识时代责任和历史使命、正确认识远大抱负和脚踏实地；要看学生是否树立了正确的信仰，形成了健康的专业伦理以及良好的行为习惯。但困难在于我们很难将一门课程的“思政”实效分离出来。课程思政实效不可分的一个原因是思想政治教育的复合性和叠加效应。譬如，假如在某门课程中融入了思想政治教育元素，我们看到学生在思想政治和道德品质方面发生了积极的变化，但我们很难说这种变化就是这门课教育的贡献，因为在这门课程育人的同时，其他很多课程、其他方面的很多因素也在影响着学生。课程思政实效不可分的另一个原因是抵消效应：某门课程已经在思想政治教育方面做了努力且事实上产生了积极效果，但这些效果被课堂之外的其他消极因素所抵消。在这种情况下，学生未出现积极变化，不应该归咎于这门课的教师。课程思政实效的不可分性，使得实效评价需要特别注重课程思政的过程，需要特别注重教师在课程思政方面目标是否明确具体、在教学中做了什么和怎么做的。当然，实效评价也要尽力结合结果，因为只重过程而不看效果，容易助长形式主义，甚至因此会滋生教师对课程思政本身的反感情绪。

(四)发展性原则

任何事物都是发展的。发展性评价是指通过系统地搜集评价信息和进行分析，对评价者和评价对象双方的教育活动进行价值判断，实现评价者和评价对象共同商定发展目标的过程，旨在促进被评价者不断地发展。

第一，育人与自育兼顾。该原则是从课程思政应该实现的功能的视角提出的。提到课程思政，绝大多数人会立刻想到它培养和教育引导学生的功能，而往往会忽视课程思政对教师本人的自我教育、自我完善功能。造成这种片面认识的主要原因在于，人们内心常常隐含着这样一个假设：教师作为教育主体、施教者，他们的思想政治素养、理论水平、道德修养等已经达到了足以教育引导学生的高度，似乎不再需要进一步提升了。实际上，这个隐含的假设是错误的，因为教师是在长期的教育引导学生的过程中，逐渐自我提升和自我完善的，是逐渐从“教书匠”修炼为“大先生”的。因此，课程思政必然具有“育人”和“自育”两大功能。一方面，课程思政是专业课教师通过相关课程的教学来培养教育学生的过程；另一方面，它同时也是教师自我教育的过程。《纲要》明确指出，要将课程育人作为教师思想政治工作的重要环节。① 从这个视角看，教师课程思政实效评价，自然应该体现其教育学生和自我教育两方面的功能。换言之，评价不仅要关注课程思政对学生产生的积极影响，而且也要关注对实施课程思政的教师本人的影响。鉴于当前人们普遍对课程思政自育功能的忽视或轻视，鉴于教师本人也是高校思想政治工作的重要对象，在遵循育人自育兼顾原则时，应该充分重视对自育效果的考核，考核课程思政给教师本人带来的积极变化，关注教师的政治立场、教师自身思想政治素养和职业道德水平的提高，关注教师是否做到了知行合一、言传身教。第二，“思政”“专业”相长原则。该原则是从课程思政实施的视角提出的，包括两点要求：一是专业课教学中“思政”内容不得缺失，这是最基本的要求，因为如果连“思政”内容都没有，更何谈相长。二是不能出现“两张皮”现象。如何将党的理论创新成果与各学科专业理论知识有机融合，是决定课程思政成败的关键。课程思政要起到育人作用，就要避免生搬硬套、东拉西扯，否则会弄巧成拙、适得其反。习近平总书记指出：好的思想政治工作应该像盐，但不能光吃盐，最好的方式是将盐溶解到各种食物中自然而然吸收。这也告诉我们，

---

① 教育部关于印发《高等学校课程思政建设指导纲要》的通知：http://www.moe.gov.cn/srcsite/A08/s7056/202006/t20200603_462437.html

只有符合"思政""专业"相长原则的要求，才能达到"随风潜入夜，润物细无声"的育人功效。①

(五)一致性原则

所谓一致性原则，就是指在进行实效评价时，考察课程思政是否做到价值引领和育人导向上保持目标和方向的一致，显性教育与隐形教育相结合、育德意识和育德能力相统一、专业课与思政课有机融合、专业课教师与思政课教师协同联动。

第一，高校专业类课程必须始终与思政课在价值引领和育人导向上保持目标和方向的一致。长期以来高校专业类课程与思政课在价值引领和育人导向上程度不同地存在着各自为政的"两张皮"现象，甚至出现价值冲突的问题。不少专业课程为了与国际接轨，要么完全使用国外原版教材，从概念、内容、方法、范式、观点等方面自觉或不自觉地受到西方的影响；要么过于偏重专业的知识传授与技能培训，忽视了价值引领和育人导向这一教学的核心要素。以至于造成了思政课在高校的"孤岛化"困境。这种情况一方面反映了改革开放40年来我国社会已出现利益多样化、价值多元化、教育国际化、观念开放化的深刻冲击，使得主流意识形态对青年人的影响力大大减弱；另一方面也折射出高校对大学生价值观教育的滞后甚至缺失。事实上，在今天的"互联网＋"时代，知识的获取越来越容易，但知识选择、价值判断和为谁服务的问题，却变得越来越突出。因此，强调专业教育与思政教育保持目标和方向的一致，强调将知识传授、技能培养与价值引领和育人导向相结合、相统一，正是当前高校推进课程思政的一个核心主旨。②

第二，专业教师要注重显性教育与隐形教育相结合、育德意识和育德能力相

---

① 杜震宇，张美玲，乔芳. 理工科课程思政的教学评价原则、标准与操作策略[J]. 思想理论教育，2020：2.

② 赵鸣歧. 高校专业类课程推进"课程思政"建设的基本原则、任务与标准[J]. 思想政治课研究，2018：10.

统一。显性教育与隐形教育是高校思想政治教育的两种基本模式，体现了教师“立德树人”的途径和方式。思政课是高校思想政治教育的主渠道，具有鲜明的显性教育色彩，其特征是教学目的和教学内容主要以正面、直接的宣讲为主，以塑造和提高大学生的思想政治觉悟和道德素质为根本目的，以使大学生的情感、意志和行为符合国家的要求和规范。而专业类课程多具隐形教育的属性，其教学目的和教学内容主要以隐蔽、间接的传播为主，使受教育者在没有意识到自己在受教育的过程中，不知不觉地接受教育，并转化为自己的思想品质、道德行为，从而达到潜移默化的教育效果。可见，显性教育与隐形教育各具特色、功能互异，既相互独立，又相互联系，互为补充，互为渗透。思政课为专业课提供了价值导向，确保了人才培养的方向性；专业课为思政课提供了知识依据，突显了人才培养的科学性。因此，在推进专业课程思政，即专业思政时，应注重显性教育与隐形教育的有机结合。事关政治认同、国家意识、历史文化、社会发展等大是大非问题，必须旗帜鲜明，与党中央保持一致。涉及专业概念、学术理论、学术观点、学科文化等学术问题，也要理性分析、客观评介。对于课程思政，我们要牢固树立这样一种观点：任课教师并不是安排专门的授课时段进行与教学内容无关的道德说教与政策宣讲，而是明确教学目标、创新授课方式，积极主动地挖掘学科文化中的育人资源，做到科学性与价值性、知识性与思想性的辩证统一。①

第三，构建专业课与思政课有机融合、专业课教师与思政课教师协同联动的运行机制。开展课程思政的目的，是要着力建立思政课“价值引领”、综合素养课“以文化人”、专业课“润物无声”的课程思政教学体系，着力建立全程、全员、全方位育人的新平台和新机制，着力建立形成学校各部门、各专业教师参与思想政治教育的常态化和制度化。这是一项复杂的系统工程，是合力育人的“大思政”概念和格局，它牵扯到学校的方方面面和诸多部门，需要学校上下凝聚共识、破除

① 田鸿芬.课程思政:高校专业课教学融入思想政治教育的实践路径[J].未来与发展,2018:4.

惯性、统筹协调、相互配合才能顺利有效地实现，这就要求学校必须进行顶层设计。对此，教育部党组明确要求，加强党对高校思想政治工作的领导，落实主体责任，建立党委统一领导、部门分工负责、全员协同参与的责任体系。加强督导考核，严肃追责问责，把“软指标”变成“硬约束”。①

第二节 课程思政实效评价的指标体系

高校课程思政改革成效如何，需要构建适宜的评价体系，其中，评价指标的选取是关键。明确了各级评价指标，才能根据指标导向，全面、通透地了解课程思政的进展现状，加深对课程思政改革有效性的理性认识，从而进行科学合理规划，优化完善改革方案，并通过对改革的有效性评价，完成推动高校课程思政改革，建设一流课程，落实立德树人根本任务。

《纲要》指出：要紧紧围绕国家和区域发展需求，结合学校发展定位和人才培养目标，构建全面覆盖、类型丰富、层次递进、相互支撑的课程思政体系。要切实把教育教学作为最基础最根本的工作，深入挖掘各类课程和教学方式中蕴含的思想政治教育资源，让学生通过学习，掌握事物发展规律，通晓天下道理，丰富学识，增长见识，塑造品格，努力成为德智体美劳全面发展的社会主义建设者和接班人。② 高校课程思政能否达到这一目标，需要进行科学合理的评价，而要进行实效评价，首先要构建评价指标。

(一)课程思政实效评价指标体系的意义

指标体系是指由若干个反映社会现象总体数量特征的相对独立又相互联系的统计指标所组成的有机整体。指标体系的建立是进行预测或评价研究的前提和基础，它是将抽象的研究对象按照其本质属性和特征的某一方面的标识分解

① 中共教育部党组.高校思想政治工作质量提升工程实施纲要[Z].教党，2017：62.

② 教育部关于印发《高等学校课程思政建设指导纲要》的通知：http://www.moe.gov.cn/srcsite/A08/s7056/202006/t20200603_462437.html

成为具有行为化、可操作化的结构，并对指标体系中每一构成元指标赋予相应权重的过程。构建课程思政实效评价指标体系十分必要，由于课程思政是一个复杂的体系，因此实效评价指标又具有综合性。

1. 必要性

教育目标是党和国家对于教育效果的预设和期待，不同教育目标能够反映不同课程的价值走向，课程思政建设的起点和落脚点是增进各类课程与思政课的教育目标耦合。

第一，是高校实现育人目标耦合的必然选择。育人目标耦合和目标群建设是高校课程思政建设的出发点和归宿。育人目标引导学习者知识技能和思想品德的发展方向，在整个教育过程中发挥导向、激励、调控的作用。教育内容耦合、教材建设、管理统筹、评价衔接等工作都需要为课程思政教育目标服务，高校应当基于教育总目标、学科或专业分目标以及学段目标进行建设，目标体系的耦合程度直接影响课程思政其他部分的衔接效果。

第二，是实现“人的全面发展”教育目标的必然选择。大学教育阶段，各类课程既存在不同的特殊矛盾和阶段性任务，也拥有共同的育人目标和价值指向——促进人的全面发展。人的全面发展是“人以一种全面的方式，就是说，作为一个完整的人，占有自己的全面的本质”。① 其中，思想政治素养是全面发展的重要内容。究其原因，思想政治教育是一种培养和发展个体思想政治素质的活动，不仅有助于获得强大的精神动力，坚定正确的政治方向，而且能够培养高尚的思想道德，塑造健全的人格品质。因此，课程思政建设的本质在于解决高校各类课程“同向育人”的问题，目标群的设置状况能够体现课程思政建设的规划程度，目标群内容直接影响“人的全面发展”教育目标的实现程度和速度。②

---

① 马克思，恩格斯. 马克思恩格斯文集[M]. 人民出版社，2009：89.

② 孟祥凤. 构建高校“课程思政”目标体系的必要性、原则及措施[J]. 兰州教育学院学报，2020：3.

2. 综合性

对课程思政实效评价的综合性而言，学术界存在两种观点。一种观点认为：对当代大学生思想道德和政治素养的评价应以显性表现为主，即以学生的思想政治理论学习成绩和日常的外在行为表现为主要的考量因素进行客观评价。另一种与之相对的观点认为：对当代大学生思想道德和政治素养的评价绝不是简单量化评价的问题，而必须进行多元的综合评价，即通过建立多元主体全程参与式的新考评体系，由各门课程的教师进行主评、辅导员和班主任进行测评、学生开展自评，对学生的德育及智育情况进行综合考评。因为当今不同的大学生在情感个性方面展现出很大的差异性，在德智体美劳等方面呈现出多元性，这都决定了对他们的考核评价绝不能是单一化的，而应当在全面考量的基础上进行综合评价，将大学生的理论学习、课外实践和企业实训表现相结合，突出“知行合一”理念在考评中的地位。

客观地说，对课程思政的考核评价不仅要看课程思政建设对学生的积极影响，还要看课程思政建设对任课教师产生的积极影响。评价体系也不能再沿用传统的评价方式，仅仅用一串数字成绩来简单地反映大学生复杂多样的思想政治状况以及反映任课教师的教学效果，而必须另辟蹊径，尊重当今大学生个性化与多元化的发展趋势，重新立足于学生全面发展的角度，合理协调德智体美劳等考评维度在课程思政实效评价体系中的价值占比，将思想政治教育的定性考评与德智体美劳等维度的定量考评有机统一起来，充分地让每一个学生的个性特点与能力得到应有的体现，才能更好地评价任课教师在课程思政建设中所起到的积极作用。因为既然思政育人是全方位、全过程的，那么对课程思政建设的实效评价也应当从多维度出发。

(二)课程思政实效评价指标体系的标准

任何评价都是以评价标准为依据的，课程思政实效评价也不例外。评价标准不仅要明确评价包括哪些方面，即关注点或聚焦点，而且还必须明确规定每个关注点的权重以及不同关注点评价分数的汇总方法。根据课程思政所要达到的目标，其实效评价标准具体包括：

1. 课程思政的目标是否正确适当、明确具体

第一，目标的正确性。关于目标是否正确的问题，习近平总书记在全国教育大会上的讲话为我们指明了判断标准。具体而言，可以结合相关的课程内容，从以下几方面进行判断：一是是否在坚定理想信念上下功夫；二是是否在厚植爱国主义情怀上下功夫；三是是否在加强品德修养上下功夫；四是是否在增长知识见识上下功夫；五是是否在培养奋斗精神上下功夫；六是是否在增强综合素质上下功夫。关于目标是否适当的问题，主要考虑课程思政目标是否与课程的知识内容适配。不同的课程所蕴含的思政元素会有差异，这就决定了课程思政目标也因此会各有侧重。譬如，与哲学社会科学类课程不同，自然科学类课程的思想政治教育重点，在于体现马克思主义哲学原理的科学思维，探索科学、追求真理的科学精神，热爱祖国、服务人民的伟大情怀。

第二，目标具体性。关于目标是否明确具体的问题，要看教师对所教课程的思想政治教育总目标是否表述明确，是否将总目标落实和细化到具体的章节。我们以中南大学基础医学院病理生理学系课程思政团队为例加以说明。该课程团队首先设计 10 个和党的十八大提出的社会主义核心价值观相匹配的案例来了解中南大学 2017 级临床医学专业医学生的价值观、世界观现状。然后结合医学专业的学习特点，以及社会主义核心价值观，设立了病理生理学的线上慕课学习的四个思政教学目标：社会主义核心价值观和责任感、医学学生职业胜任力、辩证唯物主义世界观、批判性思维和创新意识（表 1）。① 然后将这四类目标细化为多个子目标，并落实到具体的章节中。

① 谭斯品等. 病理生理学混合式教学课程思政的设计与实践[J]. 教育教学论坛，2020:31.

表 1 病理生理学思政教学目标

思政教学目标	慕课案例	线下教学讨论题
社会主义核心价值观、责任感	1. 高原边防战士的案例(章节:缺氧) 2. 我国目前脑硬死亡立法的现状(章节:疾病概论) 3. 我国几十年来 DIC 病因排序变化的客观数据(章节:凝血与抗凝血平稳紊乱) 4. 汶川大地震的回顾(章节:应激)	1. 我国几十年来 DIC 病因排序的变化及其原因(章节:凝血与抗凝血平衡紊乱) 2. 冠心病患者出现劳力性呼吸困难的原因和机制是什么,如何和患者进行沟通(章节:心功能不全) 3. 你对血吸虫病所致的腹水有怎样的了解,血吸虫病的防治关键是什么(章节:水电解质平衡紊乱)
医学生职业胜任力	1. 白求恩是从自己静脉多次抽血抢救八路军伤员(章节:休克) 2. 呼吸性酸中毒治疗时,机械通气过快,可能引起的后果(章节:酸碱失衡) 3. 一张造假病假条案例,加强学生的诚信教育(章节:发热) 4. 讲解应激反应后综合征治疗原则,强调心理关怀对治疗患者的重要(章节:应激) 5. 讨论妊娠和高凝状态的关系,对学生进行人文关怀的职业道德教育(章节:血液凝集与抗凝失衡)	1. 在什么情况下需要输液,你对"中国是一个输液大国"如何看待(章节:水电解质平衡紊乱) 2. 产科疾病为什么是 DIC 的常见病因 3. 肝性脑病的最常见诱因是什么(章节:肝功能不全) 4. 汶川大地震患者在获救后出现少尿或无尿、肢体肿胀及高钾血症等症状,甚至会出现死亡(章节:肾功能不全) 5. 作为医学生如何通过向病人解释吸烟与呼吸功能不全之间的关系并劝告病人戒烟(章节:呼吸功能不全)
	1. 运用辩证唯物主义基本原理分析机体的损伤与抗损伤、稳态的失衡与调节、因果交替、局部与整体关系(章节:绪论) 2. 介绍一个患者临床表现与病情严重程度有出入的肝性脑病病例,培养学生透过现象看事物的本质(章节:肝功能不全)	1. 解释疾病发生发展的普遍规律与马克思主义哲学基本原理的联系(辩证唯物主义) 2. 运用辩证思维解释发热对人类的作用(章节:发热) 3. 运用一分为二的辩证唯物主义思想解释缺血预适应与缺血后适应的主要差别(章节:缺血再灌注损伤) 4. 介绍休克的概念时强化科学研究探索一分为二、抓主要矛盾、具体情况具体分析、矛盾的普遍性和特殊性等马克思主义哲学思想(章节:休克)
	1. ACEI 类药物改善心肌梗死后左心功能不全案例(章节:心功能不全) 2. 引入适应性锻炼和缺氧预适应等研究新概念,训练学生创新科研思维(章节:缺氧)	1. 发热病人都需要用抗生素治疗吗,为什么(章节:发热) 2. 作为一名医务工作者,如何帮助高血压患者预防和治疗高血压性心脏病(章节:心功能不全)

2. 课程思政元素的挖掘是否充分到位

判断教师是否充分挖掘了所教课程蕴含的思想政治教育资源，应该用挖掘度而不是挖掘量来衡量。挖掘量是个绝对指标，因课程而异。就像自然资源的地理分布不均衡一样，不同课程的思想政治教育资源蕴含量也各不相同。哲学社会科学课程的思想政治教育资源蕴含量显然要高于自然科学课程。习近平总书记指出："高校哲学社会科学有重要的育人功能，要面向全体学生，帮助学生形成正确的世界观、人生观、价值观，提高道德修养和精神境界，养成科学思维习惯，促进身心和人格健康发展。"①不仅不同课程的思想政治教育资源的蕴含量不同，而且不同课程思想政治教育资源内容的重点也存在差异。例如，经济学课程蕴含的主要是新时代中国特色社会主义经济思想，而理工类课程所蕴含的主要是科学精神、爱国情怀和专业伦理等。因此，课程思政实效评价，将挖掘量作为观察点是不适当的。与挖掘量不同，挖掘度是个相对指标，是指挖掘量与蕴含量之间的比率，在不同的课程之间具有可比性。思想政治教育元素挖掘度，一方面，取决于教师对专业内容本质的理解程度，理解得越透彻，挖掘度就越高；另一方面，挖掘度也取决于教师对思政内涵的把握情况和教师课程育人的积极性和主动性，教师对思想政治教育内涵的把握越准确越清晰，课程育人的积极性和主动性越高，挖掘度也就越高。因此，从一定意义上讲，评价挖掘度，就是评价教师对专业和思想政治教育内涵的把握程度，就是评价教师课程育人的积极性和主动性。

3. "思政"与"专业"是否做到了有机融合

形象地讲，"思政"和"专业"有机融合，就是专业课要讲出"思政味"。教育心理学的"无意识理论"和"暗示理论"告诉我们："思政"与"专业"的融合度决定专业课的育人影响力，越是水乳交融，越是仿佛在不经意间而为之，育人效果就越

① 《习近平谈治国理政》(第2卷)，外文出版社，2017：345.

好。因此，评价融合度本身在很大程度上就是评价课程思政的实效。融合度评价可以从如下两方面考虑：

第一，在专业课学习中，思想政治教育内容的切入是否自然无痕？也就是是否达到了润物无细无声的效果。对于哲学社会科学课程而言，做到自然无痕相对容易一些；对于理工科课程而言，虽然有一定难度，但只要教师具有强烈的课程育人意识，下一番功夫，总能够发现自然无痕的切入点。譬如，科学史和有重要贡献的科学人物就是课程思政的自然切入点。复旦大学讲"核技术概论"课的教师，把"两弹一星"科学家爱国奉献的精神融入专业教学之中，专业知识和思想政治教育自然地结合在了一起。长沙医学院李东阳教学团队，在讲授"预防医学"课程时，结合了湘雅医学院汤飞凡组建国民政府防疫处的事迹和常德细菌战防控的历史事迹，把医学生的价值观与医德相结合，潜移默化地培养医学学生正确的价值导向，德与术并行发展，实现教书育人双重功能。湘雅医学院是医学学生熟悉并向往的，常德细菌防御战是湖南抗战中的一个典型事件，这样的教学就结合本地历史和本专业知识，实现了自然结合。

第二，思想政治教育内容的融合是否重点突出，是否在深入、深刻上下功夫？课程思政不应该大篇幅地谈论思想工作和政治教育，毕竟专业课不是思想政治理论课。课程思政就是课程"思政化"的提法是欠妥当的、甚至是有害的。在课程思政实践中，为了突出重点和深度融合，有时需要采取化整为零的策略。有时需要将思想政治教育内容结合到课程的习题、特别是探究性作业之中，进而实现深度融入。例如，2019 年底到 2020 年中国抗疫故事，充分彰显了以习近平同志为核心的党中央始终把人民群众生命安全和身体健康放在第一位，举国上下同舟共济、众志成城，为坚决打赢疫情防控阻击战英勇奋战，汇聚起坚不可摧的磅礴力量，取得了抗击疫情的重大胜利。全国人民在党中央的坚强领导下打赢疫情防控的整体战、阻击战的人民战争应该成为 2020 年课程思政的重点。特别是医学院校，各课程就应该以讲好中国抗疫故事、传播好中国声音作为重中之重。

彰显以习近平同志为核心的党中央对人民高度负责的使命担当，同时充分理解中国特色社会主义制度的巨大优势，坚定四个自信。

4. 课程思政是否具有较强的时效性

时效性主要考核教师、特别是哲学社会科学领域的教师是否做到与时俱进，紧跟时代发展和理论创新的步伐。将时效性作为评价的焦点之一，体现了课程思政应该“因事而化、因时而进、因势而新”的理念。时效性考核，一方面，有助于督促教师和学生关心国内外大事、关心当代中国的伟大社会变革，有助于增强师生的社会责任感；另一方面，考核聚焦时效性也有利于弥补教材内容的滞后性缺陷，加快马克思主义中国化最新理论成果进课堂、进头脑的步伐。时效性考核应该着眼于如下两方面的问题：

第一，课程思政内容是否包括国内外重要时事政治？比如，美国对华发动贸易摩擦，用单边主义挑战多边主义，就是 2018 年我国乃至世界经济生活中的一件大事，应该及时将这件大事结合到经济学教学当中。教师在讲授专业化与贸易的好处、贸易限制引起的福利损失等专业内容时，应该及时引导学生理解美国发动贸易摩擦损人不利己的危害，认识美国的单边主义、贸易保护主义行径对多边贸易体制和自由贸易原则严重威胁，引导学生认清美国遏制中国发展的险恶用心。又如 2019 年是新中国成立 70 周年，我国举行了隆重而盛大的新中国成立 70 周年庆祝活动，这就应该成为 2019 年课程思政的一个重要内容。再如 2020 年我国实现整体脱贫全面建成小康社会，2020 年我们也取得了抗击新冠肺炎疫情的重大胜利，这些都应该作为课程思政的重点内容。

第二，课程思政内容是否包含了马克思主义中国化的最新理论成果？习近平新时代中国特色社会主义思想，是对马克思列宁主义、毛泽东思想、邓小平理论、“三个代表”重要思想、科学发展观的继承和发展，是马克思主义中国化的最新成果。新时代中国特色社会主义思想，是一个开放的体系，随着实践的发展，探索的深化，新的理论成果将不断形成，理论体系将不断丰富和发展，教师要及时将相关的最新理论成果融入课程教学之中。新时代以来，人类命运共同体理念逐渐被世界所接受，特别是2020年全球新冠疫情暴发以来，生物安全、人类健康共同体等新思想新观念在医学院校的课程中就应该及时融入。在人文社会科学课程中，精准扶贫、全面建成小康社会、港版国安法等相关内容都应及时得到体现。在理工类课程中，美国对5G技术的打压，北斗系统的组网成功也应及时融入。

5.课程思政是否包括了对错误观点和思潮的批判和抵制

当前，我国正处于经济社会转型的关键时期，各种社会思潮竞相发声。在这些思潮中，正确与错误并存、先进与落后交织。错误思潮的危害是巨大的。课程思政的一个重要方面，就是结合课程内容，批判相关的错误思潮，揭露错误思潮的本质和危害，抵制西方意识形态的渗透，防止错误思潮的蔓延和散布。

在课程思政绩效评价中，应该考虑教师是否敢于向相关的错误思潮亮剑，是否善于通过批判错误思潮来激浊扬清、扶正祛邪、凝聚共识。比如，历史虚无主义是近年来思想理论界出现的一股打着“思想解放”“反思历史”“范式转变”“还原真相”等旗号，以谣言代替真实，以主观代替客观，以细节代替整体，以局部代替全局，以假设代替史实，肆意抹黑党的领袖、丑化英雄人物、歪曲党史国史军史、无限夸大社会主义改造和建设期间经历的曲折和出现的错误的思潮。相关专业的教师在课程思政中，应该引导学生认识“灭人之国，必先去其史”的道理，引导学生认清，历史虚无主义不仅是一种体现在学术研究领域的思想观点和研究倾向，更是一种带有强烈现实诉求的政治思潮，其目的在于篡史乱今、混淆视听、迷惑大众、搞乱人心，否定中国共产党的领导和社会主义制度。

“普适价值论”是西方国家对中国进行思想渗透，进而颠覆中国政治制度的重要手段，而在我国思想理论界，很多人并不能正确认识“普适价值论”的政治实质，特别是对青年大学生产生较大负面影响。习近平在庆祝中国共产党成立95周年大会上的讲话中提出：“历史没有终结，也不可能被终结。中国特色社会主义是不是好，要看事实，要看中国人民的判断，而不是看那些戴着有色眼镜的人的主观臆断。中国共产党人和中国人民完全有信心为人类对更好社会制度的探索提供中国方案。”①我们批判“普适价值论”、坚持中国特色社会主义，绝对不是封闭自己，不是把中国跟人类文明的发展割裂开来，而恰恰是为了更好地推进人类文明的发展，更好地推动人类的进步，我们不能把自己捆在西方资本主义这艘即将沉没的船上。人文社科类课程思政实效评价就要看教师是否对“普适价值论”进行了批判和抵制。此外还包括历史终结论、宪政主义、社会民主主义、新自由主义、公民社会论等。

6.课程思政是否具有较高的达成度

上述关注点考虑的是过程不同，这个关注点考虑的是教师课程思政的结果。达成度概念的运用，意味着评价模式从常模参照评价向标准参照评价的转变。②达成度评价就是对照标准，评估课程思政实效与预设目标之间的接近程度。严格地讲，预设目标应该分为对学生的育人目标和对教师的自育目标，但从实际来看，育人目标一般而言明确清晰，而自育目标往往模糊，事先难以界定。这个事实意味着，达成度关注的对象主要是学生，主要考核课程结束时，学生的思想、品德、行为等是否出现了积极的变化，多大程度上达到了课程预设的思想政治教育目标。尽管将思想政治教育内容融入考试是必不可少的，但仅凭考试来评价达成度是远远不够的，因为考试强调的是对陈述性知识的评价，测评的是怎么想而不是怎么做。“想”和“做”常常会存在距离，知行不一也是常有的事，因此需要在达成度评价的创新上下功夫。就评价主体而言，应该从主体单一的教师评价向多主体评价转变，可以考虑自己评价与同学、老师评价相结合的方式；就评价时机而言，应该从过分倚重期末评价向过程评价转变；就评价视角而言，应该从重分析性评价向重整体性评价转变；就评价内容而言，应该从重陈述性知识向重功

① 习近平.在庆祝中国共产党成立95周年大会上的讲话[N].人民日报，2016:2.

② [澳]约翰·比格斯，凯瑟琳·唐.卓越的大学教学——建构教与学的一致性[M].译者：王颖等.复旦大学出版社，2015:145.

能性知识转变、从重“知识”向重“行为”转变;就评价方法而言,应该从单一化考试向多元化考核转变,充分发挥学生自建思想、行为履历方法的作用。这种方法要求学生收集相关材料和证据,证明自己在思想、品德和行为操守方面确实发生了积极转变,而且这种转变在一定程度上达到了课程思政目标的基本要求。①

(三)课程思政实效评价指标体系的构建

1.课程思政实效评价指标构建原则

高校课程思政实效评价体系的构建是一项系统工程,不仅体现为评价内容的科学性、先进性,还关系到考核评价的关键点是否客观、可测,关系到评价结果的真实性、有效性,还关系到考核评价结果运用的导向性、涉他性等问题。因此,高校课程思政实效评价体系的构建必须遵循问题导向原则、体系完整原则和简便易行原则。

第一,问题导向。要针对当下高校课程思政实效评价存在的有普遍性和突出性的问题进行指标体系构建,并以了解和解决这些问题为旨归。问题导向是实践的起点,也是解决问题的起点。要从解决这些问题入手来设计指标体系,考核评价高校教师是否胜其任、担其责、称其职,这对全面提升高校课程思政实效具有积极的引导和促进作用。

第二,体系完整。按照结构论的观点,事物的功能首先取决于事物构成要素的完整性。如果构成事物的要素残缺不全、结构不完整,事物的功能就不可能得到充分发挥。要保证高校课程思政实效评价能科学准确地反映出高校课程思政的真实水准,其所依存的考核评价指标体系必须具有系统的完整性,尤其是核心指标的齐备性,这样才能反映出高校课程思政的整体风貌。既要考核评价个体所反映的政治素质,要考察评价个体所反映的思想素质,还要考核评价个体所反映的职业操守。

① 成桂英,王继平.教师“课程思政”绩效考核的原则和关注点[J].思想理论教育,2019:1.

第三，易于操作。构建高校课程思政实效评价体系的主要目的是为客观地考核评价高校课程思政提供基本的标准。考核评价指标体系应该有一级指标、二级指标、三级指标及与其相对应的观测点构成。指标项目的设立要紧紧围绕立德树人、同向同行、思想观念、道德品质和政治修养以及教师的思想认识、职业行为和政治觉悟等，与其对应的观测点不仅要紧扣行为方式、行为结果等现实表现，还要指向明确、显性可测，避免产生歧义，操作起来简便易行。

2.课程思政实效评价指标体系

要评价课程思政教学效果如何，首先需明确课程思政要达到怎样的目标。学生层次不一样，目标会稍有差异。指标体系一定要有层次性，一般来说，一种评价系统的指标体系分为四级。即一级指标、二、三级指标和四级指标，四级指标一般为具体考核点，也可以是量化评分点。按照教育部印发的《纲要》要求，课程思政建设内容要紧紧围绕坚定学生理想信念，以爱党、爱国、爱社会主义、爱人民、爱集体为主线，围绕政治认同、家国情怀、文化素养、宪法法治意识、道德修养等重点，优化课程思政内容供给，系统进行中国特色社会主义和中国梦教育、社会主义核心价值观教育、法治教育、劳动教育、心理健康教育、中华优秀传统文化教育。①

根据《纲要》要求，可以从教师、教学、学生、课程和社会五个层面构建课程思政实效评价目标体系。即一级指标：教师、教学、学生、课程和社会 5 个一级指标。二级指标(17 个)：即师德师风、思政素养、教学目标、教学过程、教学评价、思想引领、情感培育、行为规范、职业精神、公民人格、目标性、融合性、时效性、家长层面、见习实习阶段、工作单位和特色。依法执教、爱岗敬业等 54 个三级指标。政治立场坚定、政治品德高尚、政治水平高深等 153 个观测点或具体考核点。具体见下表 2：

① 教育部关于印发《高等学校课程思政建设指导纲要》的通知：http://www.moe.gov.cn/srcsite/A08/s7056/202006/t20200603_462437.html

表 2　课程思政评价指标

一级指标（评价要素）	二级指标（评价要点）	三级指标（具体内容）	四级指标（具体考核点）
1. 教师	1.1 师德师风	(1)依法执教	①认真学习法律规范
			②自觉遵守法律法规
			③教育学生懂法守法
		(2)爱岗敬业	①乐业、勤业、精业
			②干一行、爱一行、钻一行
		(3)关爱学生	①尊重学生人格平等公正对待学生
			②严慈相济做学生良师益友
			③保护学生安全关心学生健康
		(4)团结协作	①顾全大局开展课程思政
			②同心同德共建课程思政
			③相互学习完善课程思政
		(5)为人师表	①严于律己以身作则
			②举止文明衣着得体
			③情操高尚知荣明耻
			④诲人不倦教学相长
	1.2 思政素养	(1)政治素养	①政治立场坚定
			②政治品德高尚
			③政治水平高深
		(2)意识形态素养	①主动占领主阵地主课堂
			②讲好中国故事弘扬中国声音
			③主动开展舆论斗争
			④不发表不当言论，及时制止其他不正当言论
		(3)专业素养	①善于挖掘专业课程本身的科学价值和思政元素
			②让学生深切感悟到课程内容背后的德育内涵
			③显性教育育隐性教育有机结合

续表

一级指标（评价要素）	二级指标（评价要点）	三级指标（具体内容）	四级指标（具体考核点）
2.教学	2.1 教学目标	(1)人才培养方案	①课程思政是否纳入人才培养方案
			②课程思政内容是否具体规范
		(2)课程质量标准	①课程思政是否纳入课程质量标准
			②课程思政所占比例是否合理
		(3)课程教学大纲	①课程思政是否纳入教学大纲
			②课程思政内容是否具体明确
		(4)课程考试大纲	①课程思政是否纳入考试大纲
			②课程思政考核内容是否科学合理
	2.2 教学过程	(1)教学内容	①内容是否融入了课程思政
			②融入是否有机统一
		(2)教学方法	①方法是否体现课程思政
			②方法是否促进课程思政
		(3)教学资源	①是否建立了课程思政资源库
			②思政资源是否有效利用
			③思政资源学生接受度如何
		(4)考核方式	①设计上体现融入隐性课程思政的内容
			②学生对知识、能力评价基础上体现“课程思政”教育成效是否有效
			③是否体现形成性评价和终结性评价的结合
	2.3 教学评价	(1)学生评价	①参与积极性
			②评价覆盖面
			③评价有效性
		(2)教师互评	①互评参与度
			②互评有效度
			③互评真实度
		(3)督导评价	①评价覆盖面
			②评价过程性
			③评价反馈度
		(4)部门评价	①评价时效性
			②结果科学性
			③结果运用

续表

一级指标（评价要素）	二级指标（评价要点）	三级指标（具体内容）	四级指标（具体考核点）
3.学生	3.1思想引领	(1)政治认同	①坚持对马克思主义的信仰
			②坚持对中国特色社会主义的信念
			③坚持对实现中华民族伟大复兴中国梦的信心
			④增强“四个意识”、坚定“四个自信”、做到“两个维护”
		(2)国家意识	①国家主权意识
			②国家利益意识
			③国家安全意识
		(3)社会责任	①维护国家统一和各民族团结
			②维护祖国安全、荣誉和利益
	3.2情感培育	(1)家国情怀	①家国同构
			②共同体意识
			③仁爱之情
		(2)文化情怀	①对优秀传统文化的了解、认同、传承育弘扬
			②对先进文化的了解、认同、传承育弘扬
			③对革命文化的了解、认同、传承育弘扬
			④坚定文化自信
		(3)审美情趣	①欣赏、鉴别、评判美丑的能力
			②崇尚真善美，抵制假恶丑
	3.3行为规范	(1)社会公德	①文明礼貌
			②助人为乐
			③爱护公物
			④保护环境
			⑤遵纪守法
		(2)职业道德	①爱岗敬业
			②诚实守信
			③办事公道
			④服务群众
			⑤奉献社会

续表

一级指标 (评价要素)	二级指标 (评价要点)	三级指标 (具体内容)	四级指标 (具体考核点)
3.学生	3.3行为规范	(3)家庭美德	①尊老爱幼
			②男女平等
			③夫妻和睦
			④勤俭持家
			⑤邻里团结
		(4)个人品德	①勤奋刻苦
			②勤俭自强
			③正直善良
			④克己奉公
			⑤见义勇为
	3.4职业精神	(1)敬业精神	①职业理想是否牢固
			②是否自觉遵守职业纪律
			③是否不断优化职业作风
		(2)勤业情怀	①是否勤奋努力
			②是否把工作作为事业
			③是否对工作怀有感情
		(3)创业意识	①是否有商机意识
			②是否有风险意识
			③是否有创新精神
		(4)立业本领	①是否有学习能力
			②是否有创新能力
			③是否有竞争能力
	3.5公民人格	(1)身心健康	①身体健康
			②心理健康
			③与自然和谐相处
		(2)向上向善	①向道德模范学习
			②参与志愿服务活动
			③引领社会风尚
		(3)乐学善学	①学习兴趣浓厚
			②学习方法科学
			③学习效果优良

续表

一级指标（评价要素）	二级指标（评价要点）	三级指标（具体内容）	四级指标（具体考核点）
4.课程	4.1 目标性	(1)知识目标	①课程思政知识是否明确具体
			②课程思政知识是否结合紧密
		(2)能力目标	①是否凸显政治辨别力
			②是否凸显善恶辨识力
		(3)价值观目标	①导向是否正确
			②导向是否明确
		(4)目标指向	①是否在坚定理想信念上下功夫
			②是否在厚植爱国主义情怀上下功夫
			③是否在加强品德修养上下功夫、
			④是否在增长知识见识上下功夫
			⑤是否在培养奋斗精神上下功夫
			⑥是否在增强综合素质上下功夫
	4.2 融合性	(1)方法	①方法是否具有多样性
			②方法是否具有科学性
			③方法是否具有创新性
		(2)效果	①教育内容的切入是否自然无痕
			②融合是否重点突出
			③融合是否深刻
	4.3 时效性	(1)时间	①课程思政是否开展及时
			②课程思政是否全时段覆盖
		(2)空间	①课程思政是否全面开展
			②课程思政是否线上线下同步
5.社会	5.1 家长评价	(1)态度	①家长对课程思政的认可度
			②家长对课程思政的支持度
		(2)效果	①家长对课程思政效果的认可度
			②家长对课程思政前后的学生反映
	5.2 见习实习评价	(1)态度	①见习、实习单位对课程思政的认可度
			②见习、实习单位对课程思政的支持度
		(2)效果	①对服务对象、工作态度的比较
			②开展课程思政前后比较

续表

一级指标（评价要素）	二级指标（评价要点）	三级指标（具体内容）	四级指标（具体考核点）
5. 社会	5.3 工作单位评价	(1)态度	①工作单位对课程思政的认可度
			②工作单位对课程思政的支持度
		(2)效果	①对单位、工作的认可度
			②职业精神、职业道德的评价
			③对接受过课程思政和没有接受过课程思政的学生的比较评价
6. 特色	特色内容	(1)专业方向	①是否形成了专业化特色可复制
		(2)区域方向	②是否取得区域性特色可推广
		(3)奖项方面	③是否取得省级及以上教学成果奖

以上实效考核的目标旨在引领学生成为中国特色社会主义共同理想的坚定信仰者和实践者，积极拥护中国共产党的领导，树立共产主义远大理想，确立马克思主义坚定信念，坚定中国特色社会主义道路自信、理论自信和制度自信；引领学生成为中华民族伟大复兴中国梦的追梦人，拥有国际视野世界眼光，自觉维护国家荣誉、国家利益和民族团结，将个人发展与国家前途、民族命运紧密联系起来，坚定中国特色社会主义文化自信；引领学生成为社会主义核心价值观的坚定信仰者和践行者，成为德才兼备、全面发展的人才，勇做走在时代前列的奋进者和开拓者；引领学生成为坚守职业精神的高素质技术技能人才，使学生具备职业道德、敬业精神、工匠精神、科学精神和责任意识。

第三节　课程思政实效评价的基本方法

方法论是人们认识世界、改造世界的一般方法，是人们观察事物和处理问题的方式。马克思主义方法论是在概括总结各门具体科学积极成果的基础上，根据自然、社会、思维的最一般的规律引出的最具普遍意义的方法论。马克思主义方法论最重要的特点在于，它不仅是理论认识的工具，而且是实践的工具。它是理论认识方法和实践方法统一的、完整的、科学的方法论，它在社会实践中和精神生活中起着越来越大的作用。要对课程思政的效果进行评价，就必须采取一定的方法。

(一)课程思政实效评价方法的重要性

凡事都要遵循规律，讲究方式方法。方法对头事半而功倍，方法不对空费人力财力。课程思政实效评价是对课程思政的实施效果的客观判断，其结果直接影响教育理念的推进和人才培养质量，也同样影响课程思政的持续性开展步伐。因此，无论从教育理念的维度还是人才培养的维度来看，课程思政实效评价的方法都直接影响课程思政本身。

习近平在全国高校思想政治工作会议上指出："要用好课堂教学这个主渠道，思想政治理论课要坚持在改进中加强，提升思想政治教育亲和力和针对性，满足学生成长发展需求和期待，其他各门课都要守好一段渠、种好责任田，使各类课程与思想政治理论课同向同行，形成协同效应。"[①]课程思政的提出旨在探索如何在专业课程中融入思想政治元素，回应"培养什么人、怎样培养人、为谁培养人"的教育原命题，提高专业课程思政育人水平。

课程思政这一理念提出后，一时成为学术界的热点，也成为各高校改革的重点，高校高度重视教育教学改革，围绕以习近平新时代中国特色社会主义思想为指导，加大从思政课程到课程思政的变革。从发展的角度看，课程思政是拓宽高校育人的新渠道，改变高校以往仅依靠思想政治理论课程单一的思政育人模式，拓展到各学科"＋思政"模式中，实现思政育人的宽度；从理论的角度看，课程思政是回应新时代新要求的新方法，课程思政的理念帮助加大其他学科与思政育人的深度融合，推动其他课程与思想理论课程的同向同行；从实践的角度看，课程思政是创新立德树人的新举措，"守好一段渠、种好责任田"，将思想政治教育

① 习近平.在全国高校思想政治工作会议上的强调：把思想政治工作贯穿教育教学全过程，开创我国高等教育事业发展新局面[J].人民日报，2016:1.

元素融入所有学科的教学环节、学校活动的实践环节，通过学校的第一课堂、第二课程实现将立德树人融入学生的思想中。① 必须充分发挥课程思政价值引领作用，在教学活动中贯穿思政全过程育人。

时下虽然高校课程思政改革如火如荼，学术界也在深入探讨，但毕竟课程思政是新生事物，特别是如何评价课程思政，又应该包括哪些客观标准，都是学术界值得探讨的现实问题。对课程思政进行实效评价，可以有效解决如何将思政教育元素融进专业课的教学内容、教学方案和教学手段的途径，目的是保证课程思政教育教学质量和教学效果，更好地使课程思政为提高各类专业人员素质服务，更有效地为新时代社会发展、社会主义核心价值观的牢固树立服务，通过对课程思政教学效果进行评价，使办学机构和主管部门比较客观地认识工作成绩和差距，发现薄弱环节，寻求教育规律，不断改进创新教育教学方式方法，使课程思政教育整体水平不断提高。

定期或不定期对课程思政工作实施效果进行评价，建立动态化、常态化、滚动式评价模式，将思想政治教育的要素融入课程教学的全过程中，同时将教师开展课程思政效果评价作为考核激励的重要参考依据。同时，改革学生在课程学习方面的评价方式，把思想引领、价值培养、能力提升的教学目标纳入学生学习的整个过程进行评价。②

（二）课程思政实效评价的基本方法

课程思政是一个复杂的系统。因此，对其实效评价的时空维度、对象维度、形式维度等不同方法也各异，往往根据实效评价所要得到的结果采取不同的评价方法。

---

① 韩宪洲. 以“课程思政”推进中国特色社会主义一流大学建设[J]. 中国高等育，2018：23.

② 于腾云. 学生评价”与“评价学生”：课程思政改革的效果评价和优化对策研究[J]. 教育现代化，2020：25.

1. CIPP 模式

CIPP 模式，亦称决策导向或改良导向评价模式，是美国教育评价理论家斯塔弗尔比姆倡导的课程评价模式。它认为评价就是为管理者做决策提供信息服务的过程。背景评价（context evaluation）、输入评价（input evaluation）、过程评价（process evaluation）、结果评价（product evaluation）构成了 CIPP 评价模式。背景评价就是在特定的环境下评定其需要、问题、资源和机会。输入评价是在背景评价的基础上，对达到目标所需的条件、资源以及各被选方案的相对优点所做的评价，其实质是对方案的可行性和效用性进行评价。过程评价是对方案实施过程中做连续不断的监督、检查和反馈。结果评价是对目标达到程度所做的评价，包括：测量、判断、解释方案的成就，确证人们的需要满足的程度等。

第一，背景评价。即确定课程计划实施机构的背景；明确评价对象及其需要；明确满足需要的机会；诊断需要的基本问题；判断目标是否已反映了这些需要。背景评价强调应根据评价对象的需要对课程目标本身做出判断，看两者是否一致。课程思政的背景评价就是要看课程思政的实施内容、方法等是否与实施的课程所蕴含的思政元素一致，同时考虑选修该课程的学生的具体实际、接受情感等因素。也就是通过对制定的课程思政的实施方案进行评估，看是否是从实际出发，力争通过评估让方案最佳，使得课程思政的实施达到润物细无声的效果，而不是因为课程思政的硬性植入，引起学生的反感。

第二，输入评价。主要是为了帮助决策者选择达到目标的最佳手段，而对各种可选择的课程计划进行评价。课程思政的输入评价，就是课程思政的决策者和实施者根据不同的课程，结合学生层次对课程思政的实施方案进行评价，评判其实施手段的科学性和目标的可能达成度，以保证实施方案最大程度与课程和学生融合，实现课程思政实施的最佳路径。

第三，过程评价。主要是通过描述实际过程来确定或预测课程设计本身或实施过程中存在的问题，从而为决策者提供如何修正课程计划的有效信息。课程思政的过程评价就是对课程思政实施的全过程进行跟踪评价，在反馈的基础上随时修正实施方案以达最优化。过程评价一般包括前置评价、中程评价和终结评价。前置评价主要评价可行性，中程评价主要评价顺利性，终结评价主要评价效用性。

第四，成果评价。即要测量、解释和评判课程计划的成绩。它要搜集和结果有关的各种描述与判断，把他们与目标以及背景、输入和过程反面的信息联系起来，并对它们的价值和优点做出解释。课程思政的成果评价主要是对课程思政所取得的创新性成果，学生的政治方向，家国情怀、国家意识、职业精神、个人品德等思政素养进行评价，以考核课程思政的计划的完成度、目标达成度。

2. 定性定量法

任何事物既有性质属性，同时又具有数量属性，是质和量的有机统一体。因此，课程思政实效评价也就有了定性评价和定量评价之分。定性评价是对评价资料作“质”的分析，是运用分析和综合、比较与分类、归纳和演绎等逻辑分析的方法，对评价所获得的数据、资料进行思维加工。定量评价是采用数学的方法，搜集和处理数据资料，对评价对象做出定量结果的价值判断。

第一，定性评价。在思想政治教育的定性考评上，就学生而言，应当主要看学生是否树立了正确的世界观、人生观、价值观，是否正确认识到青年一代的时代责任和历史使命，是否形成了正确的信仰和良好的道德品行，是否能够运用正确的道德观念进行行为判断。就教师而言，应当主要考量“课程思政”建设是否对教师本人带来积极变化，教师的政治立场、自身思想政治素质和职业道德水平是否得到提高。此外，在对教师的考评上还应当注意课程思政建设给学生在思想政治和道德品行方面带来的积极变化，并不能简单地归结于某一门或者某几门课程所做的贡献，因为课程思政建设是一个整体协同的建设而不是某一门或者某几门课程的事情，所以在对教师的考评上应更重视过程的考评，即任课教师在课程思政具体实施过程中是否做到“智育”与“德育”有机融合、所授课程的思政元素是否挖掘充分、思政元素是否与时俱进等。课程思政实效评价的定性评价可以分为优、良、中、差等级，直截了当地确定课程思政实施效果的等级，有利于反馈结果，也有利于课程思政实施的各方对照目标持续推进和提高。

第二，定量评价。所谓定量评价，就是要确定评价指标的具体占比。因为人才培养是一个系统工程，学生全面发展应该是德智体美劳全面发展，因此课程思政实效评价就必须兼顾智育、体育、美育和劳育，应充分地体现智体美劳在课程思政评价体系中的价值占比。因为高校教育教学的目的是立德树人，把学生培养成德智体美劳全面发展的社会主义建设者和接班人。① 所以在考核评价体系上也应当体现出智育、体育、美育、劳育应有的地位。教育教学的对象是学生，考核评价的对象也主要是学生，在对学生进行考评时要通过自我评价、班级同学评价、任课教师评价、辅导员评价、班主任评价等多角度全面了解学生在德、智、体、美、劳等方面的具体表现情况，并合理突出智育、体育、美育、劳育在课程思政评价中的占比，综合考量学生是否能够做到知行合一，把德育理念贯穿到平时的学习和生活中。②

第三，定性定量结合评价。课程思政是一个复杂的统一体，实效评价也就自然是一个多角度多层次的系统。由于需要得到的结果不同，往往评价的视角不同，采取的方法也不同。由于课程思政涉及教师、学生、学校、社会等多个方面，牵涉教学目标、教学过程、教学方法多个层面，覆盖思想引领、情感培育、行为规范、职业精神、公民人格多重角度，实效评价往往需要定性评价与定量评价结合。

3. 外评法

外评法是从课程思政本身之外对课程思政的实效进行评价的方法，包括学生自评、学生互评、同行互评、督导评价和社会评价。

第一，学生自评。自我评价是指个体对自身的思想、观念、态度和行为等方

---

① 史秋衡，王爱萍. 立德树人的历史责任与路径设计[J]. 中国高等教育，2018：24.
② 项波，吴仰祺，杨路萍. 高校课程思政建设的“四个维度”[J]. 黑龙江高教研究，2020：4.

面进行的判断与评价。课程思政学生自评就是学生根据课程思政实施前后的对比结合思想政治教育沟通的内容对自身的世界观、价值观、人生观，以及课程思政所要达到的思政素质做一个自我评价。学生自评可以体现学生的切实体会，也是一种最直接的评价方法。但学生自评往往会受到主观意识的影响，需要对其评价结果辩证看待。人的发展形态是由片面发展到全面发展的，只有公正地做出自我评价大学生才可以实现自我教育、自我完善和自我的全面发展。

第二，学生互评。学生互评是根据评价指标，相互评价在课程思政实施前后的思政素质的养成情况。学生互评可以是一对一的随机组合，也可以采取小组评议的形式。学生互评既可以是对本身课程思政素质的评价，也可以是对课程素质本身的评价。学生互评在一定程度上避免了主观因素的影响，但必须要提供较为详细的评价标准。同时，学生互评要统一时间段，否则会影响实效评价的质量。学生互评一般在课程思政实施的中期和完成阶段进行。

第三，同行互评。同行互评也称同行评议，是目前我国科学系统评价事物使用的最普遍的方法之一。课程思政同行互评有广义和狭义之分。广义的同行互评可以理解为凡是实施了课程思政工作的同行之间对课程思政实效的相互评议；狭义的同行互评则是相同专业课程实施课程思政的同行之间的相互评议。同行互评主要从三个方面对课程思政实效进行评价：一是课程实施者对该课程思政元素的挖掘程度；二是实施者对思政元素的运用效果；三是对学生的影响实效。同行评议要力求客观公正，并要及时反馈。

第四，督导评价。督导评价是高校对教学实效评价的最常见的方式。督导都是由具有较高水准的专业人员构成，并且经验丰富，同时督导评价都是有客观评价指标的，也兼顾了定性评价和定量评价。督导评价专业性高，科学性强，可靠性强。课程思政实效评价的督导评价一般由该课程相关专业和思想政治教育专家组成督导组，按照事先制定的评价指标，对某课程或某教师实施的课程思政的效果进行评价，并指出成功之处和需要改进的地方。督导评价权威性较高，评价结果也容易得到课程思政实施者的认同,可以有效推进课程思政。

第五,社会评价。社会评价是指课程思政的相关利益方对课程思政实效的评价,包括家长、用人单位等。社会评价范围广,标准难以把握,评价结果会因人而异。因此,课程思政社会评价宜粗不宜细,对评价结果也要辩证看待。不过,课程思政社会评价却是不能忽略的,因为我们培养的学生最终都要走向社会,最终要通过社会来检验。课程思政实效的重要评价指标就是看我们培养的学生能否做到知行统一,社会评价是最能反映这一指标的,因此,课程思想实效评价必须包含社会评价。

4. 行为法

行为是指人们一切有目的的活动,它是由一系列简单动作构成的、在日常生活中所表现出来的一切动作的统称。人的行为不仅与个体的身心状态有关,而且与个体所处的周围环境有着密切的联系。德国心理学家勒温认为,人的行为取决于内在需要和周围环境的相互作用。课程思政实效评价的一个重要考核指标就是看课程思政对学生行为的影响,也就是说我们的课程思政是否影响了学生的行为,或者说影响程度有多深。

第一,问卷调查法。问卷调查法也称问卷法,是调查者运用统一设计的问卷向被选取的调查对象了解情况或征询意见的调查方法。问卷调查是以书面提出问题的方式搜集资料的一种研究方法。课程思政实效评价的问卷调查法就是评价者先制定调查问卷,然后对课程思政实施的主体和客体开展问卷调查,再根据调查的结果分析课程思政的实效,最后给出评价结论。互联网时代,问卷调查往往借助网络开展,例如当下著名的调查问卷软件——问卷星。通过问卷星借助SPSS分析软件,很方便得到评价结论。问卷调查法一是要设计好调查问卷,二是要注意调查的覆盖面,三是要利用好结论。

第二,考试考核法。课程思政实效评价的考试考核法就是要将思政元素纳入考试考核范围内。专业课课程思政大多采用的是润物细无声的模式,但这种模式的另一方面是很难做到强制植入，因而其效果也很难保证。在课程考试中设置一定量的蕴含思政元素的题，通过这些题来考核学生对本课程的思政元素的掌握程度，进而评价课程思政的实效。考试考核法的运用需要注意以下几点：一是考试的题量不宜过多，一定要控制在科学合理的比例之内；二是题目的设计要与专业课有机融合，不能过于直接，否则就变成了思政课考试题了，就会失去其本身的意义；三是所有专业课程都应该融入并形成长效机制，通过持续影响来提升课程思政实效。

第三，行为考察法。思想政治教育与专业教育的协同推进，实现了知识传授、能力培养与价值引领有机统一。逐步引导学生培育和弘扬社会主义核心价值观，内化于心、外化于形，才能成为社会主义合格建设者和接班人，成为新时代的好公民。高校课程思政的最终落脚点在于立德树人，具体表现为教育引导大学生爱党、爱国、爱社会主义，增强四个意识、坚定四个自信；教育引导大学生将个人价值与国家需要相统一、将个人前途命运与国家发展前途相统一、将个人理想与民族复兴的中国梦相融合，成为德智体美劳全面发展的担当民族复兴大任的时代新人。课程思政实效评价行为考察法就是要通过对学生的具体行为表现的考察来评定课程思政的效果。行为考察法主要包括以下三个阶段的考察：一是在校阶段实施课程思政前后的日常行为对比考察；二是见习、实习等实践阶段的行为考察；三是毕业后进入社会的行为跟踪考察。考察的重点都是看实施课程思政后学生是否将思政元素落实在了实际行动中，做到了知行统一。

（三）课程思政实效评价方法实例

教学评价是对任课教师教学状况和教学成效的检验与建议，课程评价策略一般可分为内部评价与外部评价。内部评价一般采用教学测验和问卷调查等形式，其评价结果可供教师自身参考使用。外部评价则往往来自同行、教学督导和教学管理人员，通常采用听课或管理部门的课程评价信息化数据统计等策略进行。由于课程思政的教学成效往往很难用知识性测试来进行评价，因此课程思政的教学评价策略必然与传统的教学评价策略有所差异。

课程思政实效评价可以分为两大部分。一是基于专业学习的评价，一是基于课程思政特点的评价。基于专业学习的评价定位于专业学习的成效。无论是以教师为主的内部评价，还是以同行和教学管理部门为主的外部评价，评价者都必须以敏锐的观察力，通过对学生课堂表现与课程专业内容的考试成绩的分析，判断课程思政教学对学生专业学习态度和学习成效的影响。基于课程思政特点的评价定位于针对课程思政教学本身，包括整体性评价体系、融于专业考核的思政考核评价、主观描述性反馈评价、量化问卷评价和长期跟踪评价等。以下对各策略做简要论述并适当举例说明。

一是基本教学要素评价体系。“教学目标具体明晰、教学内容合理准确、教学方法灵活巧妙、教学情境真切感人、教学考核细腻无形”是理工科课程思政的教学评价标准。包括教师自身在内的评价者可以按照上述标准，根据自身或本单位情况，对教学目标、教学内容、教学方法、教学情境设置和教学考核的手段进行定性或量化评价，通过检查教学大纲和教案、随堂听课、分析教学反馈等方法，因地制宜，建立覆盖教学全过程的课程思政评价体系。

二是融于专业考核的思政考核评价。学生是否理解、认同并接受教师在课程思政教学中所传递和强化的思政元素，是课程思政教学的重要评价内容。因此，有针对性的测试和考查是必要的。由于课程思政是融合于专业课程的隐性教学，与此相对应，教师对课程思政的教学考核也应该是隐性的。教师可以在专业课程的过程性考核（如课堂汇报、课后作业、教学讨论等）和期中、期末测试的结果性考核中，将思政元素融于专业课程考核之中，设计兼具专业考核和思政考核的巧妙作业或考题，从中评价课程思政教学的有效性。比如，在“微生物学”课程的考试中，可以设计以下考题：“我国政府于 2020 年开始全面禁止在养殖业饲料端使用抗生素，请阐述我国政府颁布此法规的出发点是什么？并从微生物学专业的角度分析此法规的科学依据是什么？”这一考题既可考查学生对我国政府关注民生的理解，也考察了学生使用微生物学专业知识深入分析现实社会事件的能力。分析学生对此类考题的回答，能使教师掌握学生对课程思政元素的理解和接受度，并做出相对客观的教学评价。

三是主观描述性反馈评价。课程思政教学是以引导并影响青年学子的思想品性为主要教学目标的，由于学生的思想觉悟、认知水平、性格习惯、生活背景存在很大差异，课程思政的教学成效在不同学生身上的表现也会有所差异。因此，主观描述性反馈是课程思政评价的一种实际可行的评价方式。无论是任课教师还是教学管理部门，都可采用不同形式搜集学生对本课程或者本次课的描述性评价，并从一定数量样本的描述性反馈中评价教师的课程思政教学的优缺点和效果。从具体操作角度，教师可以在重要教学环节结束后，或者期中或期末布置并搜集学生对于课程教学、专业必要性和学习本专业意义等具体问题的实名或匿名评价，教学管理部门可以借助信息化平台搜集选课学生的评教记录。成功的课程思政教学，其成效往往会表现在学生的评价中。一般而言，这些评价往往含有学生对本课程教学影响他们认识世界、认识国家、认识专业等方面的个人感悟。这些感悟在一定数量的反馈样本中的出现频率以及感悟的内容、认识深度，经过和教师事先设定的课程思政教学目标的对应对照，并经过合适的数据处理，便可以非常直观地反映课程思政教学的成功与否。从笔者的实践看，这是一种进行课程思政教学评价的理想方法。

四是量化问卷评价。问卷调查是常用的教学评价方式。在课程思政教学评价中，问卷调查也是一种可以补充使用的教学评价方法。评价者可以设计一系列符合本课程特点的，以调查学生是否感受、理解、认可和接受课程思政内容为主要目标的问题，在课程结束后进行匿名的问卷调查，并根据调查结果进行数据分析。这种分析方法，特别适用于班级之间的课程思政教学效果的分析比较。它既可用于分析平行班之间不同教师的课程思政教学模式差异，也可以比较同一教师所负责的不同班级学生对课程思政接受和认可程度的差异。此外，笔者建议，量化问卷评价应该在课程结束后进行，以避免在授课期间学生因为问卷调查而刻意寻找教学过程中的思政元素，反而干扰课程思政溶盐入汤式的教学模式。

课程思政教学重在融盐入汤、春风化雨，其教学形式不拘一格，灵活多样。因此，根据不同单位的实际情况和不同教师的个人风格，课程思政的教学评价也必然呈现出丰富的操作形式与策略。只要紧紧抓住课程思政的改革初衷和内在要求，紧扣课程思政的教学评价基本原则，制定符合教学规律的评价策略，课程思政的教学评价工作便能真正发挥其应有功能，保障课程思政的教学质量，推动课程思政的深入开展，全面而规范地促进课程育人。①

第四节　课程思政实效评价的反馈机制

要了解课程思政的实效如何？是否真正落实了立德树人根本任务？是否真正做到了与思想政治理论课同向同行？了解这些情况就必须要对课程思政进行实效评价，然后及时将评价结果反馈给课程思政实施的主体和客体，不断增强高校课程思政的针对性、实效性，就必然要建立课程思政实效评价反馈机制。

所谓反馈，就是指用系统活动的结果来调控整个系统活动的过程，又称反馈机制。正如苏联著名学者奥马罗夫所说：在社会系统中反馈的利用是十分广泛的。全面研究和完善这种联系是提高管理质量的一个最重要的前提。反馈的这种特殊作用是由这样一种情况决定的：它为调节管理对象活动的过程提供一些最合理的途径和方法。而且，只有在系统的调节器具有反馈联系的条件下，才有可能在实际上对复杂的对象进行管理。② 系统论认为，任何事物都是以系统形式存在和发展的，任何一个控制系统都是由包括施控系统和受控系统在内的诸

---

① 杜震宇，张美玲，乔芳．理工科课程思政的教学评价原则、标准与操作策略[J]．思想理论教育，2020:7.

② 奥马罗夫．社会管理[M]．浙江人民出版社，1987:98.

多子系统有机构成的,其中反馈机制就是一个至关重要的系统。所谓反馈机制就是指以子系统活动的结果来调整系统活动的作用方式,又称反馈控制系统。课程思政作为一个复杂的系统,其复杂性不仅取决于系统中各构成要素、自身的复杂性,而且取决于系统进行过程中的动态性和干扰因素的多样性。因此,在课程思政实效评价中建立系统而完善的反馈机制,是课程思政本身的客观要求,也是提高课程思政质量的重要前提,特别是对当前高校课程思政工作有着十分重要的作用和意义。

第一,有助于提高高校课程思政工作目标决策的目的性。课程思政目标决策的正确性、科学性与否直接制约着课程思政系统运行的效果,制约着课程思政目的的达成度。正确的、科学的目标决策是课程思政工作系统有序运行的前提。而要做出科学的目标决策,关键在于获得丰富的信息和多种可供选择的预案。通过建立课程思政实效评价反馈机制,一方面可为课程思政目标决策提供大量真实信息,从而为正确决策打下坚实的基础。另一方面又可以借助反馈机制,多渠道提供预案,进而及时修改或调整。

第二,有助于保证课程思政工作系统运行的稳定性。建立课程思政实效评价反馈机制,就可以不断调整系统运行各环节中输入的信息对输出信息的影响,尽可能地对系统进行纠偏,减少工作盲目性,提高课程思政运行系统的有序性和稳定性。

第三,有助于课程思政系统的最优化。借助反馈机制,一方面可以在课程思政工作系统实施的过程中不断消除预想目标与实际达到结果之间的差异,提高计划、方案、措施、指标等的精确性。另一方面,也可以借助控制所给定的环境条件对系统运行的影响程度,及时做出相应的调整,把问题和矛盾解决于萌芽当中。这样,课程思政运行机制就可以按照预设目标可控性地运行,实现结果的最优化。

(一)课程思政实效评价反馈机制的类别

课程思政实效评价反馈机制建立在广泛主体的支持和参与之上,利用多元化的评价主体对教学进行全方位、多角度考察和评估;教师、学生、学校职能部门、毕业生、用人单位、家长等都可以作为评价主体参与课程思政的评价和反馈活动,形成对教学质量多角度的考量,以保证评价的客观合理性。课程思政实效评价是学校教学质量保障体系的重要组成部分。其主要目的是为了实现对课程思政教学质量的正确认识和客观判断,以便不断完善、修正和改进,并保证课程思政的质量和效果。通过对课程思政实效的评价,促进教学质量的提高,优化教学管理机制,使课程思政教学实效再上一个新的台阶。通过包括督导、领导、学生、同行、用人单位等多个渠道的反馈,实现课程思政全员参与、全程监控、全方位反馈、全力整改的动态闭环评价模式,确保课程思政教学质量持续提升。课程思政实效评价反馈机制是一个复杂的统一体,但不同的视角反馈机制又有所区别,根据反馈层次和主体的不同可以将课程思政实效评价反馈机制分为对象反馈、方式反馈和职能反馈。

1. 对象反馈

根据反馈的对象不同,又可分为学生评价反馈、同行评价反馈、学生家长评价反馈和用人单位评价反馈。

第一,学生评价反馈。学生评价主要作为高校课程思政反馈体系的辅助体系,其中,学生评价的主要目标是搜集教育受体对教育主体工作表现的评价,建议采用不记名评价方式,该类反馈渠道为常设、常态意见搜集渠道,需要在校内设置实体意见箱、院校教学管理公众号意见搜集渠道、院校官方网站意见搜集渠道,用于了解学生对课程思政的实际感受,并为院校课程思政教学管理提供意见参考。学生评价和反馈中,院校也应当注意针对此类评价和反馈的引导,必要条件下可以强制要求每一位学生对课程思政质量进行评价,由此真正从教育受体的角度搜集更能准确反映院校教学质量的信息。

第二,同行评价反馈。同行反馈主要包括同类院校实效评价反馈和同专业课程实效评价反馈。同类院校实效评价反馈是指类别一致的院校(如都为医学院校、美术学院、音乐学院)所进行的课程思政实效评价反馈。同类院校的实效评价反馈具有可比性,能够较直接地对实效评价进行定性和定量的综合考核,可以减少因院校不同课程不同而造成的差异性,可以最大程度消除主观评价信度偏低的问题。同专业课程实效评价反馈又包括不同学校相同专业的课程思政实效评价反馈和同一学校统一专业不同的任课教师的实效评价反馈。不同学校的实效评价反馈要统一标准、统一时段、统一人员反馈,确保实效评价反馈的客观性,同时重点搜集其中成果相对较为显著、创新效果相对显著的做法。同一学校相同专业不同任课教师的课程思政实效评价反馈重点在实效的差异性反馈,然后根据本校条件和教育氛围,制定适用于本校教学质量监督和评价的有效支持体系。

第三,学生家长评价反馈。家长反馈是多元评价的次要辅助体系,评价内容主要为大学生综合素质发展情况。由于大学生家长的文化水平差异较大,且较少接触大学生校内学习生活,因此此类评价的内容仅以主观感受为主,评价结果不纳入院校层面评价体系,仅对其中负面表现较为显著的描述性评价进行搜集,用于发现较为突出的教学问题。一般家长评价在院校教学质量评价体系中权重不应过高,规避低文化水平家长错误地高估学生发展和成长问题。

第四,用人单位评价反馈。用人单位评价是教育受体学习发展质量的主要外部评价主体,用人单位评价与校内评价的指标基本相同,但权重有所差异。用人单位评价主要考察职业道德修养与个人品德和职业认同度等。该评价强调人才应用能力的价值转化。在用人单位评价与反馈中应当规避反馈意见获取的被动化问题,高校不应消极等待用人单位的反馈和建议,而应当定期派驻专人到用人单位进行走访、调查,重点观察本校输出人才在用人单位基层工作中的实际表现、能力水平、同业者评价等,搜集更直观的意见。由此一方面判断用人单位评价的准确性，另一方面也为课程思政提供合理参考。

2.过程反馈

根据反馈的时间先后顺序，又可分为前置反馈、中程反馈和后继反馈。

前置反馈。前置反馈是指在控制系统中，当施控系统的输入信息作用于受控系统但尚未产生输出信息之前，施控系统即提前发出控制信息来纠正即将发生的偏差，而不是产生了偏差之后再通过反馈信息来纠正，它可对系统运行结果作前瞻性的控制。但作为结果的反馈信息的产生和传递需要一个过程和一定的时间，所以，反馈信息总要滞后一段时间才能反输到施控系统。反馈信息的这种滞后性，对于时间性强、运动进程短的事物，往往会成为“马后炮”，难以发生作用，甚至会造成不可弥补的损失。为了克服这一缺陷，前置反馈必不可少。这是由于人的认识不可能一次或几次就可以获得正确的答案，因而目标决策本身也很难就是正确的，真理也总是相对的，因此，在作为输入信息的目标付诸实施之后，虽然结果尚未输出，但人们通过进一步的分析、论证与认识的深化，往往可以对已输入的信息采取一些控制措施，以控制和影响事物运动发展的趋向和结果。

课程思政系统中的前置反馈，是指在受教育者的思想和行为开始之前，教育者便按照预定的目的或根据可能出现的问题和偏差预先发出控制信息来调整和控制受教育者思想和行为的趋向，而不是坐等受教育者思想和行为出现远离思政目标的偏差之后再去做纠正。具体做法是，教师在课程思政开始之前，即根据思政工作目的要求和科学预测的结果采取思想动员、专题教育、典型示范等针对性和预见性都比较强的措施来引导、控制工作方向，引导、控制人们向正确的方向发展，以获取未雨绸缪的效果。即在讲授该门课程之前，根据专业特点和人才培养的目标，对该课程课程思政的内容、方法进行反馈。这种反馈可以反馈给学生，也可以反馈给同行。

中程反馈。中程反馈是指在施控系统发出决策控制信息(方案、计划、方法、内容、措施)作用于受控系统的过程中，由于环境变化的影响，常使决策信息出现自身不周密或与客观情况的变化不相适应的地方，需要及时地把原决策信息与客观环境之间存在的矛盾情况输送给决策者，从而对决策信息做出必要的修改或补充。任何一个系统，其实际运行的过程，就是决策的执行实施过程。系统的施控者（即决策者）总是把希望达到的预期结果定为目标，之后根据目标制定方案，编拟计划，选择方式、方法与内容，择取途径与措施，然后将其付诸实施。因此决策的执行过程也就是方案、计划、方式、内容、途径、措施实际实施的过程。但由于系统中的环境变量常常带有偶发性和不可预测性，使得系统运行会因环境变量的影响而出现偏离目标运动的不稳定状态。为了及时调控系统运行的方向，保证系统运行的稳定性，就需要借助中程反馈把决策执行过程中的信息反馈给决策者，以便及时加以修正和调整。

在课程思政运行系统中，构建中程反馈机制，就是要把环境信息的来源、特点对教育者和受教育者所产生的影响以及方案计划、方法、内容、途径、措施等决策信息的执行情况，借助多级反馈通道及时地反馈给决策者。具体来说，是在系统运行中，在目标决策的执行阶段要建立“多向反馈”“网络反馈”“层级反馈”等多级性的中程反馈机制，形成一个执行系统的反馈环路，及时反馈原决策与环境变化之间的偏差信息，以便由决策者不断地加以修正与调整。多向反馈是指系统目标决策执行阶段各子系统各要素都应有一条通向决策者的直接反馈通道。在课程思政工作中就是要求方案计划的实施者，方法、内容、途径、措施的选择者，实施者与参与者，环境信息的被作用者，都应主动寻求建立与决策者之间的信息反馈渠道，以便与决策者保持密切联系，从而使目标决策者能及时地从不同方向和维度了解工作系统运行的状态。

后继反馈。后继反馈又称终点反馈，有时简称“后馈”，它是指系统运行过程（控制过程）结束时，将其结果反输回来。后继反馈所传递的是最后的反馈信息。人们之所以要对系统运行施以有效的控制，目的在于通过控制，系统运行能达到预期的结果。这就需要在系统控制过程结束后，及时地对运行所产生的结果加以客观的全面的分析和考评,通过分析考评我们就可以获得有关系统运行结果的信息。由于后继反馈是在控制过程结束时进行的,其反馈信息一般不再对本控制过程发生影响。

课程思政工作系统中的后继反馈是指在系统运行结束后,要以教育者思想、行为变化为基础,通过对系统运行结果加以分析考评,使受教育者受到鼓舞、震动和教育。我们这里所建构的后继反馈,虽然与传统思政工作的评估总结有相似甚至重叠之处,但却有着与以往相异之特色。一方面,我们是把后继反馈作为反馈机制这一子系统的有机构成来提的,目的在于强调反馈系统的整体作用;另一方面,后继反馈更加突出信息反馈对未来或下一步课程思政工作系统的指导,调控作用,而不是传统的走过场或“为总结而总结”。事实上,正是由于课程思政工作自身较浓的人本特色,由于人的思想行为的复杂性,使得后继反馈在课程思政工作中显得更为重要,这一方面因为某一事物、某一过程的结束只是人生的一个阶段或一个转折,后继反馈只相当于人生里的中程性反馈,它所提供的信息依然对人的思想、行为变化产生一定的作用;另一方面是因为受教育者思想、行为变化并不以教育者的主观愿望为转移,它有着自身内在的规律,并主要取决于受教育者主观内因的作用。借助于后继反馈信息,不仅可以使受教育者在课程思政工作系统运行结束后得到及时的教育强化,使其受到教育和鼓舞,而且可以充分启发受教育者自我教育的自觉性,使其能不断汲取以往的经验教训,自觉主动地认识和纠正自己思想和行为上的偏差,使之符合课程思政工作之目的要求。①

(二)课程思政实效评价反馈机制的原则

高校课程思政评价信息的反馈,要根据控制论中反馈原理的要求,结合专业特点和课程特点分对象、分层次地进行。其基本过程就是评价者根据评价目标的不同,确定反馈信息,并通过一定的信息反馈通道,向评价决策者、评价对象或

---

① 杨绍礼,张来君.论反馈机制在思政工作中的建构与应用[J].山东省青年管理干部学院学报,1999:2.

其他反馈信息接受者传递，促进反馈信息接受者强化或校正相关决策与行为，形成新的信息输出，从而构成一个完整的、良性循环的信息流程，对高校课程思政体系的构建和完善，以及高校课程思政体系转化为教学体系、教学体系转化为大学生素质体系的过程和模式进行调节和优化，充分实现高校思想政治教育主渠道的作用。① 同时实现课程思政与思政课程的同向同行，共同提高思政工作的效果，提高人才培养质量。课程思政实效评价反馈机制有其自身的规律，因此，课程思政实效评价反馈机制也要遵循以下基本原则。

1. 客观性原则

客观、全面、准确，努力实现价值判断与客观事实的统一，这是贯穿于整个评价过程的总的原则。但在实践中，由于评价工作是由人来完成的，不可避免地会受到一些主观因素的影响，要做到与客观对象完全一致几乎是不可能的。因此在评价的各个环节都要反复强调评价工作的客观全面，强调评价工作要以促进高校思想政治工作和大学生的全面发展与健康成长为出发点和落脚点。评价者在向评价决策者反馈评价结论时，既不可为了评优评先而“报喜不报忧”，也不可为了争取某些资源而“报忧不报喜”。评价者在向评价对象反馈评价结论时，除了认真分析、全面把握评价报告所反映的信息外，还要了解评价对象其他方面的情况，以弥补反馈信息的不足，矫正反馈信息的误差，把准确全面的信息反馈给师生，使之从评价活动中真正受益。

2. 及时性原则

信息社会，瞬息万变。高校课程思政评价中更多地涉及大学生的思想信息，因此及时的反馈是十分必要的，只有及时，才能迅速发现问题和解决问题，把学生的思想问题解决在萌芽状态。同时，要发挥高校课程思政评价的激励功能，也要求评价者尽快地将评价结论反馈给评价对象，使评价对象能根据反馈信息及

① 骆郁廷. 高校思想政治理论课建设的规律性初探[J]. 思想理论教育导，2007:3.

时调整自己的学习和工作方法,实现正向激励的促进作用和负向激励的鞭策作用。再者,高校课程思政虽如火如荼地进行着,但依然还没有形成较为成熟的模式,而且受到课程和学生的影响,反馈必须及时。高校课程思政评价反馈时间间隔不宜过长,否则一是会影响教师的积极性,二是会影响课程思政的效果。

3. 结合性原则

即反馈要与指导性的意见相结合。评价本身不是目的,高校课程思政评价是为加强和改进高校课程思政建设,实现其与思政课程"同向同行"的作用,为促进大学生的全面发展服务的,因此在处理评价信息、反馈评价结论等环节中,特别是在需要指出评价对象存在的问题时,评价者要帮助评价对象找出产生问题的根源,并提出指导性的意见和建议。

(三)课程思政实效评价反馈机制的构建

1. 建立反馈通道

反馈是指控制系统输出的控制信息作用于被控系统之后,把产生的结果再输送回来,与给定信息进行比较、判断,确定它与预期目标的差距,然后按照此差距采取相应措施进行调节,以消除或减少差距,实现系统预定目标的过程。就信息流动的情况看,这一过程分为信息输出、信息返回输入、再输出三个阶段,构成一个不断循环往复的闭环控制系统。

美国学者泰勒在其行为目标模式中认为,预定的目标决定了教育教学活动,而评价就是找出实际活动偏离目标的程度,通过评价信息的反馈,促进教育教学活动尽可能地逼近目标。① 高校课程思政实效评价本身就是一个反馈的过程,即通过课程评价确定课程活动与课程目标的差距,不断修正差距以实现既定目标的过程。高校课程思政实效评价的结论,根据反映课程要素、课程实施过程、课程效果等不同客体的内容,将部分或全部反馈给不同的对象,用于为决策提供

① 王瑛春. 西方教育评价观的演进及对我国的启示[J]. 教育与现代化. 2005:1.

依据或供评价对象修改目标和改进工作，这时的评价结论，也可称为反馈信息。根据反馈的对象和要求的不同，可以将高校课程思政实效评价分为三种不同的反馈渠道。

一是职能反馈。由评价者向评价决策者汇报评价结果，为他们提供决策依据。这是自下而上的纵向反馈方式，主要由评价者向学校行政职能部门或上级教育主管部门全面反馈高校课程思政建设及评价的有关信息，特别是课程体系、教学体系的建设情况及其对大学生思想道德素质发展的影响等，以利于评价决策者对高校课程思政体系建设情况及其“同向同行”作用发挥情况进行客观判断。职能反馈的形式可以是书面汇报，也可以是口头汇报或召开汇报会。

二是对象直接反馈。由评价者向评价对象（教师和学生）直接反馈相关评价结论，使评价对象能迅速、及时了解课程教学和课程学习的效果，必要时要对有些结论作出解释，并向评价对象提出今后改进的意见和建议，引导、激励评价对象不断改进、完善自己的工作和学习。这是一种点对点式的反馈方式。当然，这里的评价对象既可以是个人，也可以是相关利益群体，如某个课程组的全体教师或某个班级的所有学生等。反馈信息的内容多为涉及评价对象的敏感性、不便公开的问题。对象直接反馈是课程思政实效评价中最常用的信息反馈形式，对于规范和创新高校课程思政质量起着十分重要的作用。

三是大众反馈。大众反馈是借鉴本科教学评估和审核评估而采取的一中反馈模式。评价者通过一定的媒体在一定范围内公布评价结果。这是一种横向反馈方式，主要用于评价结论中具有公共价值又不涉及保密性的数据和信息，通过广播、报纸、网络等大众媒体，在不同的范围内公开，既可作为相关学者进行研究的有效资料，又可促进不同地区不同高校教师相互学习、借鉴，取长补短，还可通过数据和事实向广大的社会民众展示高校课程思政的实效并接受社会的监督，在一定程度上消除社会民众对高校课程思政可能存在的误解和偏见，广泛争取社会民众对高校课程思政的认同和支持，从而大大提高评价结论的使用率。

2. 跟踪反馈信息

高校课程思政评价反馈通道建立以后，评价者明确了反馈信息的流向，下一步更为重要的工作是要将反馈信息以科学、恰当且具有建设性的方式反馈给相应的接收者，促使其最大限度地接受，从而帮助评价对象建立客观、全面的认识，改进工作和学习，促进高校课程思政建设和大学生思想道德素质的提高，实现高校课程思政评价的最大价值。在这个过程中，评价者将根据反馈信息、反馈通道及反馈信息接收者情况的不同，采取不同的方式方法进行反馈。

高校课程思政实效评价的调节，随着反馈信息流向、反馈信息接受对象的不同而发挥不同的作用。通过职能反馈通道，将评价结论反馈给评价决策者，可为上级教育主管部门和学校行政职能部门提供科学决策的依据，从制度、政策等宏观层面进一步加强高校思想政治教育，发挥课程评价的宏观调节职能。通过对象直接反馈通道，将评价结论反馈给任课教师，使教师能够及时、有效地掌握课程和学生状况，调整教学的进度、深度、教学方法，更新教学内容，从而不断提高教学水平、教学质量，增强教学效果。将评价结论反馈给学生，有利于学生找到自己在学习过程中存在的差距，明确自己对所学知识掌握的牢固和准确程度，从而端正学习态度，明确学习目标，改进学习方法，提高学习成绩，自觉地内化思想政治理论知识，提高思想道德素质，并在实践中充分体现出来。

3. 进行调节控制

课程思政的调节控制是根据反馈信息对课程思政实施过程的调整。根据反馈调节要素的不同，可以采取不同的调节方式相结合的办法。

第一，正反馈调节与负反馈调节法。反馈调节有正反馈调节和负反馈调节两种。课程思政是一个实施—反馈—调整—再实施的循环往复的过程，因此，课程思政实效评价反馈就必须采用正反馈调节与负反馈调节结合法。根据控制论，正反馈调节与负反馈调节在任何系统中都存在。正反馈调节是指将系统运动的反馈信息返送回来，加强再输出信息，以扩大系统运动的正效应；负反馈调节是指将反馈信息对照预定的目标,对所有偏离目标的因素进行调节和控制,而使整个系统趋于稳定状态。高校课程思政实效评价要通过负反馈调节不断完善课程体系,协调高校课程思政各方面的关系,改进教学方法,消除教学过程中所产生的教与学两方面的偏差,保证高校课程思政建设按照中央和教育主管部门规定的目标和要求,高效率、高质量地有序推进,实现高校课程思政的最优化。同时,还必须重视和强化课程思政评价系统的正反馈调节作用,不断激发和放大有利因素,促进课程体系和课程教学的改革创新。适应不同学生的个性发展,因材施教,培养一大批社会主义现代化事业的合格建设者和可靠接班人。

第二,过程反馈调节与结果反馈调节结合法。过程反馈调节是在课程思政实施过程中进行,通过评价—反馈—调节,将实际教学过程中反映出来的反馈信息,不论是优点还是缺点都在较短时间内反馈给评价对象,以利其扬长避短,在教或学的过程中,及时修正偏差,巩固成绩,增强高校课程思政的科学性和针对性,提高课程教学的有序性和自组织、自适应能力,有效促进大学生良好思想道德素质的形成。过程反馈调节是提高课程思政质量的关键。结果反馈调节是在课程思政教学活动结束后,将对评价对象的定性与定量的终结评价与鉴定结果,返送到系统的输入端,与预定的目标进行比较,找出差距,并采取措施纠正偏差的调节方法。结果反馈调节是正确评价高校课程思政效果,提高课程思政针对性和实效性的关键。只有把过程反馈调节与结果反馈调节结合起来,才能形成完整的高校课程思政评价的反馈调节。

第三,主体反馈调节与环境反馈调节结合法。主体反馈调节是指通过评价主体(主要是教育主体和学习主体)的自我评价和相互评价,对主体的思想、行为和能力等方面进行调节,以实现对高校课程思政的有效调控。主体反馈调节有利于在高校课程思政体系中充分发挥教师的主导性和学生的主体性。高校课程思政的实施总是处于一定的社会舆论之中,这个舆论主要是指社会民众对高校课程思政的意见、观点和看法的总和,形成课程的外环境。正向舆论对高校课程思政实施起着积极的促进作用，而负向舆论则起着干扰和破坏作用。所谓环境反馈调节就是通过对高校课程思政外环境的导向和调节，强化正向舆论氛围，抑制负向舆论氛围，促进高校课程思政建设。主体反馈调节的反馈信息主要来源于教师和学生，作为教学活动和评价活动的主体，他们的反馈调节往往带有一定的主体性、主观性，而环境反馈调节则扩大了反馈信息的来源和信息的客观性、准确性。因此，要将两种反馈调节结合起来，既能保证课程评价客观公正，又能有效地发挥评价主体的主观能动性，共同促进大学生思想政治教育工作的开展，充分发挥课程思政的育人功能。①

① 甘泉.论高校思想政治理论课程评价的反馈调节机制[J].思想理论教育，2007:12.

后 记

培养什么人、怎样培养人、为谁培养人是教育的根本问题，立德树人成效是检验高校一切工作的根本标准。2016 年 12 月，习近平总书记在全国高校思想政治工作会议上明确指出："要用好课堂教学这个主渠道，思想政治理论课要坚持在改进中加强，提升思想政治教育亲和力和针对性，满足学生成长发展需求和期待，其他各门课都要守好一段渠、种好责任田，使各类课程与思想政治理论课同向同行，形成协同效应。"2018 年 9 月，在全国教育大会上，习近平总书记又指出："要把立德树人融入思想道德教育、文化知识教育、社会实践教育各环节，贯穿基础教育、职业教育、高等教育各领域。"2019 年 3 月，在学校思想政治理论课教师座谈会上，习近平总书记再次强调："要完善课程体系，解决好各类课程和思政课相互配合的问题，鼓励教学名师到思政课堂上讲课。"我们要深刻认识到加强高校思想政治教育工作，推进课程思政建设是全面贯彻党的教育方针、从根本上解决人才培养的目标、手段等问题的重大创新，对实现中国特色社会主义教育的根本任务具有重要的意义。

本书通过深入研究高校课程思政教学现状，就新时代高校课程思政教学创新研究进行了梳理分析，全书共六章。第一章主要从世界形势、国内背景等方面分析新时代高校课程思政的时代特征。第二章从课程思政的科学内涵、内容供给、主要特征和价值意蕴四个方面就构建新时代高校课程思政的教育体系进行了系统分析。第三章在分析灌输教育与渗透教育、隐性教育与显性教育、刚性教育与柔性教育基础上就如何创新开展新时代高校课程思政的教学方式进行了论述。第四章从顶层设计、制度建设、队伍建设等方面就如何拓展新时代高校课程思政的主要途径进行了论述。第五章主要从信息化教学手段在课程思政教学中的运用、新时代高校课程思政教学资源库的建设和网络平台的开发打造进行研究。第六章则就课程思政实效评价的基本原则、指标体系、基本方法和反馈机制进行了分析。

本书为2019年度湖南省社科基金重点课题《"课程思政"提升高校思想政治教育实效的路径研究》(湘教工委通〔2019〕19号—19A02)在研成果,由文学禹、韩玉玲合作完成,文学禹负责全书大纲的拟定、撰写和全书的审稿、定稿,韩玉玲负责两章共计约7万字的撰写任务。在写作过程中得到了王斌教授、姚江云博士、青年学者张娟红、刘旺副教授、彭佩林老师的大力支持,特别感谢湖南省高校思想政治理论课教学指导委员会副主任、长沙理工大学原马克思主义学院院长、二级教授傅如良老师为本书撰写序言和给予本书的指导与支持。本书参考了众多专家学者的研究成果,在此表示诚挚的感谢!由于作者水平有限,书中难免存在漏洞和缺点,敬请各位专家、读者批评指正,以便本书不断完善!

编者

2020年8月于衡阳